A IMAGINAÇÃO MORAL

Arte e alma da construção da paz

John Paul Lederach

A IMAGINAÇÃO MORAL
Arte e alma da construção da paz

Tradução de Marcos Fávero Florence de Barros

1ª edição

São Paulo, 2011

Título original: The Moral Imagination
Copyright @ 2005 Oxford University Press

Coordenação editorial: Lia Diskin
Projeto gráfico: Vera Rosenthal
Diagramação: Tony Rodrigues
Revisão: Marcelo Dias Almada, Débora Macedo e Rosie Mehoudar

Dados Internacionais de Catalogação na Publicação (CIP)
(Câmara Brasileira do Livro, SP, Brasil)

Lederach, John Paul
A imaginação moral : arte e alma da construção da paz / John Paul Lederach ; tradução de Marcos Fávero Florence de Barros. – São Paulo : Palas Athena, 2011.

Título original: The Moral Imagination.
ISBN 978-85-60804-12-2

1. Acordos pacíficos para conflitos internacionais 2. Administração de conflitos 3. Consolidação da paz 4. Mudança social
I. Título. II. Título: Arte e alma da construção da paz.

11-04267   CDD-303.66

Índices para catálogo sistemático:
1. Cultura da paz : Sociologia 303.66

1ª edição, agosto de 2011
Todos os direitos reservados e protegidos pela Lei 9.610 de 19 de fevereiro de 1998.
É proibida a reprodução total ou parcial, por quaisquer meios,
sem a autorização prévia, por escrito, da Editora.

Direitos adquiridos para a língua portuguesa por Palas Athena Editora
Rua Leôncio de Carvalho, 99 – Paraíso
04003-010 – São Paulo, SP – Brasil
Fone (11) 3289-5426
www.palasathena.org.br
editora@palasathena.org.br

Este livro é dedicado a Rose Barmasai

Assim nos erguemos
Dançarinos do pó
Sandálias no chão
Entre calor e fogos.
A escuridão não importa
Pois ela se levanta toda noite
Sorriso saltando
Olhos ancestrais iluminando
O céu do Rift Valley

Ela, Rose.

Em memória de Rose Barmasai
9 de março de 2000

John Paul Lederach

Pensamentos para um prefácio

Por longo tempo debati comigo mesmo esta desconcertante questão: para quem estou escrevendo este livro? Sempre operei com a ideia de que um autor deve escolher um público, ou melhor, uma única pessoa representativa daquele público e escrever para ela. Mas eu queria escrever um livro de interesse amplo, que atravessasse várias disciplinas e tivesse atrativos para pessoas que elaboram políticas e para praticantes; para pessoas em prefeituras e para aquelas ajoelhadas em oração na sexta-feira, ou sentadas para o sábado, ou ainda em bancos de igreja; para teóricos sociais e profissionais de conflito. Entretanto, quanto mais você tenta falar para todos, menos você fala a cada um individualmente. Como não estava conseguindo encontrar uma solução elegante, deixei a questão em suspenso e simplesmente comecei a escrever.

Lá pelo meio do processo de desenvolver os capítulos, surgiu um senso de conversação. Percebi que estava escrevendo para colegas das profissões de transformação e mediação de conflitos, justiça restaurativa e construção da paz. Ainda alimento esperanças de que as ideias que quero dividir e discutir tenham uma ampla atratividade, mas meu interlocutor está claro.

Este livro começou como se fosse uma continuação. Depois de terminado, parece mais um preâmbulo. Inicialmente me lancei na escrita de uma continuação daquele que é provavelmente o livro mais bem conhecido deste pequeno universo em que eu tendo a lecionar e trabalhar. As primeiras páginas de *Building Peace: Sustainable Reconciliation in Divided Societies* [Construção da paz: Reconciliação sustentável em sociedades divididas] foram escritas no início de 1990, embora a edição publicada e compartilhada mais amplamente através do U.S. Institute of Peace Press só tenha aparecido em 1997. Na prática podemos dizer que a primeira minuta desse livro foi escrita há mais de quinze anos. Efetivamente, muita coisa de *A imaginação moral* tem a natureza de uma continuação. O leitor encontrará a descrição da evolução e das mudanças de minhas ideias, abordagens, revisões e referências específicas à forma como se desenvolveram desde que escrevi *Building Peace*. Mas *A imaginação moral* não é um adendo a alguma outra coisa. O livro se tornou um esforço para encontrar um caminho de volta à fonte do meu trabalho, à nascente daquilo que repousa invisível abaixo da superfície mas, que dá vida a uma corrente que primeiro goteja e depois flui.

Building Peace pode ser entendido principalmente como um livro sobre a engenharia das mudanças sociais. Não foi essa a intenção declarada nem a linguagem que usei para descrevê-lo. Mas, honestamente, esta pode muito bem ser uma forma melhor de situar o conteúdo. Com base na experiência, tentei fornecer um arcabouço teórico para melhorar a aplicação prática. Com frequência eu disse que o arcabouço de *Building Peace* não sugere soluções. Coloca uma série de questões úteis para pensar e desenvolver iniciativas e processos de resposta em contextos de conflitos profundamente arraigados. Entretanto, esses processos precisam ser ligados às situações e contextos específicos. Isto ainda é verdade, e é a base da potencial utilidade do livro. Não obstante, por sua própria natureza, o arcabouço se presta ao projeto e à engenharia da construção da paz. Aqui encontrei uma tensão presente não apenas na área em geral, quanto à forma de se passar da violência destrutiva para o engajamento social construtivo, mas também dentro de mim.

Através de *A imaginação moral* quero tratar dessa tensão. Em alguns aspectos, talvez mais do que em qualquer dos outros livros que escrevi, descobri que conversar com meus colegas da área de resolução de conflitos, definida de forma ampla, era efetivamente manter uma conversa comigo mesmo como profissional de conflito. Carl Rogers sugeriu que as coisas que são mais pessoais são universalmente compartilhadas. Acredito que a ideia tem grande mérito, embora tenda a não ser praticada nos escritos acadêmicos formais. No mundo profissional dos escritores, encaramos com cautela e até suspeita o aparecimento do pessoal, e damos mais ênfase de legitimidade a modelos e habilidades, teorias, estudos de caso bem documentados e à aplicação técnica da teoria que conduza àquilo que consideramos a objetividade da conclusão e da proposta. Ao fazê-lo, prestamos um desserviço à nossa profissão, à construção da teoria e da prática, ao público, e em última instância a nós mesmos. O desserviço é o seguinte: quando tentamos eliminar o pessoal, perdemos de vista a nós mesmos, nossa intuição profunda e a fonte de nossa compreensão – *quem somos* e *como estamos* no mundo. Ao fazê-lo, chegamos a um destino paradoxal: acreditamos no conhecimento que geramos, mas não no processo inerentemente bagunçado e pessoal por meio do qual nós o adquirimos.

A imaginação moral trata desta bagunça da inovação. Proponho explorar a evolução de meu entendimento da construção da paz empreendendo uma jornada sobre onde e como eu realmente estive neste mundo de experiências que chamo de lar vocacional. É um esforço de partilhar o que vi, as histórias que vivi e, o mais importante, como aconteceram ao longo do caminho as ideias que levaram a formas diferentes, e talvez inovadoras, de construir as mudanças sociais. Nesse aspecto, como notaram os primeiros leitores do manuscrito, este é um livro de abordagem decididamente pessoal, com todos os pontos fortes e fracos que acompanham uma tal tentativa. À medida que fui escrevendo, descobri que o texto falava de coisas das quais eu estava consciente mas não havia tratado, e menos ainda adotado. Do lado da frente e de trás da engenharia da paz, descobri que *A imaginação moral* estava descobrindo a pista da arte e da alma daquilo que faço.

Historicamente, tem havido uma tensão, em geral silenciosa, entre duas escolas de pensamento neste campo, insinuadas em algumas conferências e em perguntas ocasionais da plateia para um palestrante principal: a construção da paz é uma arte ou uma habilidade? Surgiram discussões entre os que acreditam que a resposta a um conflito e a construção de mudanças sociais é basicamente uma habilidade aprendida, e os que a veem como arte. *A imaginação moral* entra com uma visão diferente: a construção de mudanças sociais em cenários de conflito enraizado precisa de ambos. Mas a evolução da profissão, a orientação para a técnica e a gestão do processo na resolução de conflitos e construção da paz encobriram, subestimaram e muitas vezes esqueceram a arte do processo criativo. Este livro, assim como minha própria jornada profissional, é uma compilação de conversas sobre maneiras de encontrarmos novamente a arte neste assunto.

Não acho que encontrar a arte neste assunto seja apenas uma pequena correção em um sistema que nos demais aspectos é saudável. Isto requer uma mudança de visão de mundo. Eu irei propor que, como profissionais de conflito, precisamos ir bem além do colateral, bem além das promessas para atingir a arte e a alma das mudanças construtivas. Precisamos enxergar nosso trabalho como um ato criativo, mais afim à busca artística que ao processo técnico. Isto nunca invalida a habilidade e a técnica. Mas sugere que a fonte que dá vida não se encontra nos andaimes do conhecimento detalhado da substância e do processo, nem na parafernália que acompanha qualquer empreendimento profissional, seja ele artístico, político, econômico ou social. A fonte se encontra em nossa imaginação moral, que vou definir como *a capacidade de imaginar algo, apoiado nos desafios do mundo real, porém capaz de fazer nascer aquilo que ainda não existe.*

Como qualquer autor, tenho minhas dúvidas e ansiedades em relação ao que escrevi. Elas são maiores neste livro que nos anteriores. Sinto que estou entrando em arenas que, embora baseadas em minha experiência, me pressionaram a ouvir as vozes filosóficas e artísticas dentro de mim. Qualquer livro, e sobretudo este livro, é incapaz de atender a toda a gama de esperanças e desejos de uma comunidade variada de leitores, embora sejam legítimos e importantes. Este livro entra em território novo, mas reconheço que o faz com certas deficiências. Em uma etapa posterior, tenho certeza de que haverá tempo para refletir, aprender pelas reações, e tratar das lacunas que necessariamente fazem parte de uma primeira rodada de pensamento novo. Mas aqui estão meus temores.

Tenho certeza de que os praticantes vão perguntar: "Como exatamente isso se traduz em habilidades práticas?" Embora eu fale a respeito em alguns capítulos, a natureza deste livro não tenta oferecer um manual técnico. Na realidade, ele propõe justamente transcender essa visão. Convido os praticantes a suspenderem a necessidade de ferramentas, respostas e técnicas. Se possível, permitam que estas páginas fluam para uma questão mais profunda: por que fazemos este trabalho e o que nos sustenta.

Os pesquisadores, teóricos e acadêmicos provavelmente vão querer saber: "Onde está a evidência empírica?" Onde está o arcabouço teórico? Em certos lugares, falo sobre alguns aspectos dessas preocupações. Por exemplo, relato quatro histórias-guia, e não estudos de caso, às quais me refiro no livro inteiro. Elas são evidência da imaginação moral, mas são incompletas. Seria legítimo levantar perguntas como: "Seriam essas histórias individuais demais, microcosmos de inovação, porém não respostas sistêmicas? Os ambientes e processos seriam particulares demais, exclusivos de um dado contexto e não replicáveis? Até que ponto essas histórias são relevantes para mudanças de larga escala?" Todas essas questões são legítimas, e não são tratadas plenamente neste livro. Meu esforço aqui não é propor definições acadêmicas rigorosas nem novas teorias inteiras no sentido clássico do termo. Com efeito, talvez a verdade seja o contrário: quero ficar perto da confusão real das ideias, processos e mudanças, e a partir daí especular sobre a natureza de nosso trabalho e as lições nele aprendidas.

Os filósofos, os especialistas em assuntos religiosos e os estudiosos da ética provavelmente perguntarão: "Como a imaginação moral se relaciona com as escolas existentes de pensamento, e o que acrescenta a elas?" Em alguns capítulos de fato forneço referências de escritores influentes e comparo algumas escolas de pensamento, mas meu propósito foi encontrar um espaço para refletir sobre a natureza da imaginação, da mudança social e da quebra de ciclos de violência. Muitos capítulos recorrem mais a fontes e lentes periféricas, como a poesia haicai ou o estudo do mundo natural, como as aranhas e seus observadores, do que aos campos aos quais tradicionalmente recorrem os que escrevem sobre mudança social ou que praticam transformação de conflitos e construção da paz.

Em termos simples: quero partilhar os pensamentos e a compreensão que ganhei ao longo do caminho sobre o funcionamento da mudança social construtiva e os fatores que contribuem para ela. Acredito que isso tem muito a ver com a natureza da imaginação e com a capacidade de visualizar um quadro de relações humanas. Essa imaginação porém precisa surgir das duras realidades dos assuntos humanos, e tratar delas. Essa é a natureza paradoxal da imaginação, bem como da transcendência: ambas precisam estar com um pé no existente e outro além do existente. Isto é necessariamente um processo bagunçado, em que se podem esperar coisas embaraçosas ou ofensivas. Isto é da natureza da inovação. É da natureza da busca da mudança. E, como vou propor, exige ingenuidade e serendipidade.

É claro que os livros são sempre apoiados em pensamentos, *insights* e ideias. Mas talvez seja raro um autor explicitar a natureza do compartilhamento de pensamentos, que saem do reino das ideias, emergindo com frequência no decurso de muitas conversas, para se tornar algo que aparece no papel. As letras pretas, nítidas sobre uma página branca, adquirem um significado que não corresponde à delicada natureza da existência real dos pensamentos. Quando uma ideia aparece no papel, associamos a ela uma qualidade de coisa definitiva. Gostaria de sugerir o contrário. Quero dividir pensamentos em um processo mais parecido com uma conversa, se possível clara, mas ainda assim dinâmica e incompleta por sua própria natureza. Alguns alunos comentaram que, ao que parece, eu nunca apresento a mesma ideia da mesma forma em duas aulas. Espero que isso não seja um comentário sobre convicções e sim uma reflexão sobre a natureza das ideias e do aprendizado, um processo indefinido e em constante evolução.

No sentido mais construtivo do termo, proponho uma discussão, uma luta com a natureza desse desafio. Com relação a isso, eu me posiciono a favor da intrigante afirmação de Eric Hofer sobre movimentos de massa, quando sugeriu que o seu esforço não era o de criar um livro-texto com autoridade. Em lugar disso, escreveu ele, "é um livro de pensamentos, e não evita as meias verdades desde que elas sugiram uma nova abordagem e ajudem a formular novas perguntas". Citando Bagehot, conclui ele: "Para ilustrar um princípio, você precisa exagerar muita coisa e precisa omitir muita coisa" (Hofer, 1951:60). Levando isso a sério, intencionalmente iniciei o título de cada capítulo com a palavra "sobre" para dar a ideia de que o que estou escrevendo são "pensamentos sobre" assuntos tais como simplicidade, espaço, tempo e vocação.

Esses pensamentos não vieram à luz através de um processo organizado de planejamento familiar. Muitos foram acidentes. Formalmente, a comunidade científica se refere a isso como *aprendizado indutivo*. Uma outra forma de descrever é dizer que apareceram surpresas enquanto eu fazia outros trabalhos, e elas muitas vezes sugeriam que não apenas meu trabalho deveria mudar, como também minha maneira de descrever meu trabalho para outros e para mim mesmo.

Surpresas pode parecer ridículo para um livro sério. Alguns prefeririam "lições aprendidas". Cientistas rígidos poderiam sugerir "hipóteses na busca de uma teoria de paz mais ampla". Outros ainda poderiam sugerir que são a "vanguarda de novas técnicas de resolução de conflito". Para mim, a maioria foram surpresas vocacionais. Ultimamente tenho me sentido mais confortável chamando meus pensamentos de "surpresas" quando pouco a pouco fui percebendo que as grandes descobertas científicas da história humana foram mais acidentais que intencionais. Dedico um capítulo inteiro ao aparecimento da serendipidade na vida diária como parte integrante das mudanças construtivas, e naturalmente os praticantes bem como os cientistas também compartilham esse aspecto das surpresas diárias, mesmo que não o reconheçam. E foi assim que alguém esbarrou na placa de Petri e eis que a mistura não intencional trouxe uma surpresa, mais tarde considerada uma descoberta. De Louis Pasteur a Thomas Edison, o inesperado, o não planejado e o erro subitamente criaram avenidas inteiras de novas visões e compreensões. As surpresas são acidentes retratados por um ângulo positivo.

É isso que espero compartilhar: alguns pensamentos sobre a imaginação moral, a arte e alma de uma vocação, e como apareceram as visões e descobertas serendipitosas quando estava tentando achar meu caminho para a construção da paz.

Agradecimentos

Este livro deve muito de sua evolução a conversas com alunos e colegas por mais de uma década. Compartilhei minutas de capítulos bem como o texto completo com meus estudantes de pós-graduação no Instituto Internacional de Estudos da Paz Joan B. Kroc da Universidade de Notre Dame, e com participantes de vários cursos de verão de construção da paz na Universidade Menonita do Leste. Este melhoramento do texto pelo retorno recebido dos alunos e colegas é substancial. Gostaria de agradecer especialmente aos meus colegas que responderam a capítulos ou ideias específicas. Entre eles estão Emmanuel Bombande, Aküm Longchari, Jarem Sawatsky, Dekha Ibrahim, Janice Jenner, Harold Miller, Herm Weaver e Wendell Jones. Pelo maravilhoso apoio e sugestões para o texto como um todo, tenho uma profunda dívida de gratidão para com Bernard Mayer, Chris Honeyman, Bill Hawk, Heidi Burgess e Billy Uri. Devo um agradecimento muito especial é devido a meus colegas no Instituto Kroc por seu retorno à medida que eu avançava pelas ideias principais e pelo texto. Em especial sou grato pelos comentários e visões que surgiram das conferências da Iniciativa de Pesquisa sobre Resolução de Conflitos Étnicos, e especificamente a John Darby e Scott Appleby. Passei momentos maravilhosos fazendo rabiscos com meu pai, John Lederach, cuja mão é muito mais hábil e cujos dons artísticos são muito maiores que os meus, o que resultou nas grandes imagens encontradas neste texto. O texto final deve muito à maravilhosa revisão e ao olho cuidadoso de Maria Krenz. Quero apresentar uma especial nota de apreciação a Cynthia Read, Theo Calderara e Jennifer Kowing da Oxford University Press. Obrigado ao Happy Trails e à Acoustic Coffeehouse em Nederland, Colorado, EUA, pelo café e pela lareira enquanto eu lutava para pôr ideias no papel. Finalmente, nenhum projeto literário meu frutifica sem a paciência e apoio de minha família – Wendy, Angie e Josh –, com quem tenho uma dívida de gratidão e de quem recebo energia e sustento. Obrigado.

Sumário

1. Sobre a formulação do problema e da tese 1
2. Sobre tocar a imaginação moral: quatro histórias 5
3. Sobre este momento: pontos de virada 21
4. Sobre simplicidade e complexidade: encontrando a essência da construção da paz 33
5. Sobre acordos de paz: imagem de uma linha no tempo 45
6. Sobre a dádiva do pessimismo: *insights* provenientes das geografias da violência 57
7. Sobre a estética: a arte da mudança social 73
8. Sobre o espaço: a vida na teia 85
9. Sobre massa e movimento: a teoria do fermento crítico 101
10. Sobre a observação de teias: encontrando a alma do lugar ... 121
11. Sobre a serendipidade: a dádiva da sagacidade acidental 135
12. Sobre o tempo: o passado que está à nossa frente 157
13. Sobre flautistas de Hamelin: imaginação e criatividade 181
14. Sobre a vocação: o mistério do risco 197
15. Sobre conclusões: o imperativo da imaginação moral 207

Epílogo: uma conversa 215

    Glossário 217

    Notas 221

    Bibliografia 225

    Índice remissivo 233

1

SOBRE A FORMULAÇÃO DO PROBLEMA E DA TESE

NA PRIMAVERA DE 2002 ENCONTREI AKMAL COMPLETANDO A PRIMEIRA de suas obras sobre a tragédia que atingira os Estados Unidos no outono de 2001. Um ano mais tarde ele terminou a que você encontra aqui. Akmal Mizshakarol pintou a imagem da capa deste livro após os trágicos eventos desencadeados em Nova Iorque e Washington em 11 de setembro de 2001. Seu título é essa data. Nascido no Tadjiquistão, seu estúdio está localizado na sua casa no fim de uma rua a alguns quarteirões da avenida Rudaki, a principal via de Duchambe. Em minhas visitas regulares ao Tadjiquistão, onde estive ajudando a desenvolver um currículo nacional sobre resolução de conflitos com sete universidades, procurei artistas contemporâneos e encontrei o estúdio dele. Com o tempo e as visitas, tornamo-nos amigos.

Para os tadjiques, uma visita à casa de qualquer pessoa envolve um processo de receber bem o convidado, chegue ele com ou sem aviso prévio. Na casa de Akmal, muitas vezes visitávamos primeiro o estúdio para ver suas pinturas mais recentes e depois, mais cedo ou mais tarde, acabávamos na varanda do pátio. Galinhas-d'angola em gaiolas cacarejavam acima de nós. Árvores de rosas, maçãs e abricotes nos abençoavam com aromas e sombra. Mesmo para uma pequena visita, a mesa estava cheia de nozes, passas, pães e sucos. Os temas de conversa iam desde as filhas (conselhos para casá-las bem) até a arte (a solidão e intensidade do trabalho de estúdio); desde a política local até a internacional. Suas filhas, maravilhosamente corteses e interessadas, ficavam por perto, ouviam e ocasionalmente ajudavam na tradução com seu inglês quase perfeito. Elas são da nova geração de tadjiques, mais familiarizadas com o mundo exterior para além da Ásia Central do que seus pais.

Akmal estudou no Instituto Surikov de Arte de Moscou, uma das melhores academias de arte russas. Perto do final de seus estudos ele se desviou das normas de seus mentores russos, explorando as raízes dentro de si e em seu Tadjiquistão natal. Sobre seu estilo, cada vez mais reconhecido internacionalmente, ele uma vez comentou: "Levou um certo tempo, mas encontrei minha voz. Em algum ponto, apesar de toda a incerteza, você tem que assumir o risco de seguir sua própria intuição, sua própria voz". Todas as citações diretas de meus amigos e colegas foram reconstruídas, da melhor forma que consegui, a partir de minhas anotações, diários e lembranças.

Falamos sobre a pintura que ele chamou de 11 de setembro. À primeira vista, fiquei hipnotizado pela combinação da própria pintura, do contexto em que foi feita, da escolha das cores, das faces e das implicações de tal esforço. Um pintor tadjique muçulmano, logo ao norte do Afeganistão, refletira por suas mãos uma reação aos eventos que tinham ocorrido do outro lado do mundo e, no entanto, estavam perto de casa. Quando perguntei o que ele estava pensando quando pintou a tela, Akmal, no melhor estilo da maioria dos artistas, respondeu:

"Não posso comentar muito. A pintura é o comentário. Mas me lembro daquele dia. Olhamos incrédulos os aviões se chocando. É como se estivéssemos todos de pé olhando para o céu. Pensando de onde aquilo tinha vindo e o que estava caindo na nossa vida. Eu costumava sonhar que estava em um avião, um daqueles sonhos em que o avião está caindo e você acorda logo antes de ele se espatifar. É como se isso estivesse muito próximo daquele sonho."

Ele acrescentou: "Foi a mesma sensação que tínhamos na nossa guerra civil. Cada dia, olhávamos para o céu pensando qual a próxima coisa que viria. E esperando que pudéssemos encontrar algo melhor, algo para interromper aquilo, algo para terminar o pesadelo".

De pé no estúdio de Akmal, fiquei olhando a pintura. Nela, cinco pessoas formam um círculo em um pátio, três mulheres e dois homens olhando para o alto, atentos ao que pode estar vindo. Um está obviamente perplexo. Alguns estão assombrados e, ao que me parece, com uma sensação de procurar algo para além do que lhes está acontecendo. Está claro que expressam preocupação, até mesmo ansiedade. No entanto a pintura como um todo, talvez pelas cores escolhidas, engendra esperança. É o tipo de esperança que une pessoas em lados opostos do mundo e sugere a possibilidade de mudança, uma preocupação não apenas com a tragédia que se abateu sobre alguns e o medo do que pode nos acontecer a todos, mas também uma preocupação com o que vamos criar a partir desta humanidade que compartilhamos, e para ela. Nessa pintura, encontro uma qualidade de transcendência, algo que procura tocar uma correnteza de humanidade compartilhada, para além da violência. A partir da tela e do contexto ao redor de seu criador, encontrei uma simples oferta de reciprocidade e cura. Eu disse a Akmal que desejava usar sua pintura *11 de setembro* na capa de um livro que estava escrevendo porque ela captava muitos elementos do título e da tese de meu livro.

A comunidade acadêmica, ao contrário da artística, muitas vezes começa sua interação com o mundo e sua jornada por eles enunciando um problema que define tanto a jornada como a interação. A comunidade artística, ao que me parece, parte da experiência no mundo e então cria uma jornada para expressar algo que capte a inteireza daquele sentimento em um momento sucinto. As duas comunidades têm em comum o seguinte: ao final, em algum momento no tempo, ambas se apoiam na intuição.

Embora eu nunca tenha sido um grande entusiasta de enunciar problemas, acabei por apreciar a arte de colocar uma boa pergunta. A pergunta que este livro coloca é simples e infinitamente complexa: *Como transcender os ciclos de violência que enfeitiçam nossa comunidade humana enquanto ainda estamos vivendo dentro deles?* Poderia chamar isto de o enunciado do problema. Poderia sugerir que ele surge de vinte e cinco anos de experiência trabalhando em cenários de conflito prolongado, e que portanto esta questão é a imagem da condição humana em muitas partes de nosso globo. Vim a acreditar que esta é *a* questão que a construção da paz, esta nobre tentativa de romper os grilhões da violência, precisa necessariamente enfrentar a cada passo.

Ao longo deste livro, proponho uma tese que sinto que pode ser um início de resposta àquela questão: transcender a violência é algo forjado pela capacidade de gerar, mobilizar e construir a imaginação moral. O tipo de imaginação ao qual me refiro é mobilizado quando quatro disciplinas e capacidades são mantidas juntas e praticadas por aqueles que conseguem encontrar um caminho para se elevarem acima da violência. Em palavras simples, a imaginação moral exige a capacidade de nos imaginarmos em uma rede de relações que inclui nossos inimigos; a capacidade de manter uma curiosidade paradoxal que abraça a complexidade sem se apoiar nas polaridades dualísticas; a crença fundamental no ato criativo e o seu exercício; e a aceitação do risco inerente de entrar no mistério do desconhecido que se encontra além da paisagem tão familiar da violência.

A tese de que um certo tipo de imaginação está ao nosso alcance e é necessária para transcender a violência exige a exploração dessas quatro disciplinas em duas grandes direções. Primeiro, precisamos entender e sentir a paisagem de violência prolongada e por que ela coloca desafios tão arraigados à mudança construtiva. Em outras palavras, precisamos entrar profundamente nas geografias e realidades produzidas pelas relações destrutivas, nos legados que deixam, e naquilo que será exigido para quebrar os padrões de violência. Segundo, precisamos explorar o próprio processo criativo, não como uma indagação tangencial, mas como a fonte que alimenta a construção da paz. Em outras palavras, precisamos nos aventurar no território, em grande parte não mapeado, do caminho do artista, porém aplicado à mudança social; nas telas e na poesia das relações humanas, da imaginação e da descoberta; e, finalmente, no mistério da vocação para aqueles que empreendem tal jornada.

A indagação à nossa frente é: "O que poderia possibilitar um movimento para além dos padrões enraizados de conflito prolongado e destrutivo?" Nossa tese exige que exploremos a sobrevivência do gênio e do dom do artista nas terras de violência.

2

SOBRE TOCAR A IMAGINAÇÃO MORAL

Quatro histórias

Uma história de Gana: "Eu o chamo de pai porque não desejo desrespeitá-lo"

NOS ANOS 1990, O NORTE DE GANA ENFRENTAVA A ESCALADA DO conflito étnico misturada com o permanente clima de tensão das relações entre muçulmanos e cristãos. Na África ocidental de forma mais ampla, a Libéria havia caído em violenta e caótica guerra interna, transbordando refugiados para os países vizinhos. O caos parecia simultaneamente endêmico e contagioso. Em pouco tempo, Serra Leoa mergulhou em ciclos de derramamento de sangue e crueldade sem precedentes na sub-região. A Nigéria, o maior e mais poderoso país da região, equilibrava-se sobre uma fina linha e parecia mal conseguir evitar as chamas de uma guerra civil plena. Nesse contexto, o surgimento de violência intercomunitária, e os massacres esporádicos nas comunidades do norte de Gana, aparentemente tinha todos os sinais de um desastre paralelo.

Esses ciclos de violência não eram historicamente isolados. Era fácil constatar que as raízes do conflito entre vários grupos, especialmente os konkombas e os dagombas, remontavam à era da escravidão[1]. Os dagombas, um grupo com uma forte e persistente tradição de chefia, têm uma estrutura de sociedade e de liderança que se prestava a negociações com os traficantes de escravos europeus. Eram o grupo mais poderoso e o predominante do norte do país; seus aliados ao sul eram o povo do Império Ashanti, igualmente poderoso. Os grupos *com chefia* mantinham uma realeza, culminando no chefe supremo, enquanto os grupos de Gana denominados *sem chefia* não tinham mais, ou não receberam, uma estrutura política de chefia.

Os konkombas, por outro lado, eram mais dispersos. Principalmente agricultores, "plantadores de inhame", como eram às vezes estereotipados e denegridos, os konkombas não se organizavam com as mesmas características sociais e reais. Eram uma tribo sem chefia, não necessariamente por opção. A alta chefia proporcionava a seu povo nesta parte do mundo benefícios e uma sensação de relativa importância, que se traduzia em superioridade. Por exemplo, os grupos com chefia ganhavam vantagens com a colaboração com o tráfico de escravos: os sem chefia estavam destinados a viver a grande farsa de desumanização e exploração encarnada nesse comércio de homens, mulheres e crianças. Após o período do tráfico de escravos, os grupos com chefia novamente se beneficiaram durante o período da colonização. Tiveram reconhecimento, e seu tradicional poder e senso de superioridade se arraigaram ainda mais. As sementes da divisão, plantadas no período de escravidão, germinaram no período de dominação colonial.

Nos séculos seguintes, os conflitos se manifestaram no controle das terras e seus recursos. A chegada de movimentos missionários de base religiosa acrescentou novos elementos de divisão às suas relações. Enquanto alguns grupos permaneceram animistas, os konkombas seguiram o cristianismo, e a maior parte dos dagombas, inclusive as poderosas casas reais e a chefia suprema, se tornaram muçulmanos. Um resultado inesperado foi que as missões cristãs, com sua ênfase na educação, forneceram escolas que deram aos konkombas acesso e entrada a um *status* social mais elevado. Isso teria mais tarde um impacto sobre as comunidades e a política.

Quando Gana ganhou a independência, o país se encaminhou para a democracia baseada em eleições. Os políticos que aspiravam a votos entenderam as divisões e temores existentes, e muitas vezes os exacerbavam para obter o apoio de sua comunidade durante as campanhas eleitorais. Os períodos eleitorais se tornaram ciclos regulares de violência repetida e crescente. Até eventos pequenos, como um atrito entre duas pessoas em um mercado por causa de uma compra, podiam desencadear uma escalada de violência, como ocorreu na Guerra das Galinhas-d'Angola.

Em 1995 o ciclo ameaçou explodir novamente. Um conflito em torno de terras reivindicadas pelos dois grupos em uma pequena cidade no norte subitamente explodiu em violência aberta durante a campanha eleitoral. A onda de matanças se espalhou rapidamente, transbordou muito além do local do conflito original e ameaçou a estabilidade de toda a região norte. As imagens do recente colapso caótico na Serra Leoa e na Libéria estavam frescas na memória de muitas pessoas. Esse ciclo de violência intercomunitária em Gana parecia prestes a criar mais uma destrutiva guerra civil de plenas proporções. Em resposta, um consórcio de organizações não governamentais trabalhando na região norte de Gana começou a pressionar por um esforço de construção da paz. Uma pequena equipe de mediadores africanos, inicialmente liderada por Hizkias Assefa e Emmanuel Bombande, começou o processo de criação de espaço para diálogo entre os representantes dos dois grupos étnicos. Mais tarde, esse processo encontraria uma forma de evitar que a violência escalasse para uma guerra civil e até criaria uma infraestrutura para lidar com a frequente repetição das crises que no passado tinham se transformado em luta mortal. Mas não foi um caminho suave.

Em um dos primeiros encontros, os envolvidos na mediação observaram uma história que criou uma transformação no processo e na relação entre esses dois grupos, e portanto mudou a direção fundamental do conflito. No primeiro encontro face a face dos dois grupos, o chefe supremo dagomba chegou em plena indumentária real e acompanhado de sua comitiva. Havia pessoas designadas para carregar seu cetro e sentar-se aos seus pés. Nos momentos iniciais da reunião ele adotou uma forte atitude de superioridade. Assumindo o papel de chefe supremo, logo começou a denegrir e atacar verbalmente os konkombas. Dadas as tradições e os direitos concedidos aos chefes mais altos, havia pouco a fazer exceto deixar o chefe falar.

"Olhem para eles", disse ele dirigindo-se mais aos mediadores que aos konkombas. "Quem são eles para que eu precise estar nesta sala com eles? Eles nem têm um chefe. Com quem eu vou falar? Eles são um povo sem nada que acabaram de chegar do campo e agora nos atacam em nossas vilas. Eles poderiam pelo menos ter trazido um ancião. Mas vejam! São apenas meninos, nascidos ontem."

A atmosfera era arrasadora. Para piorar, os mediadores se sentiam em uma enrascada. Culturalmente, ao se defrontarem com um chefe, nada havia que pudessem fazer para controlar o processo. Simplesmente não se pode dizer a um chefe para prestar atenção no que diz ou para seguir regras básicas, especialmente na presença de seu séquito e seus inimigos. Parecia que todo o projeto tinha sido mal concebido e estava chegando ao ponto de ruptura.

O porta-voz konkomba pediu para responder. Temendo o pior, os mediadores lhe deram espaço para falar. O jovem se voltou e se dirigiu ao chefe da tribo inimiga:

"O senhor está perfeitamente certo, Pai, nós não temos um chefe. Faz anos que não temos. O senhor nem vai reconhecer o homem que escolhemos para nosso chefe. E este tem sido o nosso problema. A razão pela qual reagimos, a razão pela qual nossas pessoas saem fazendo arruaça e brigando, resultando em todas essas mortes e destruição, é consequência desse fato. Nós não temos o que vocês têm. Na verdade não se trata da cidade, nem da terra, nem daquela galinha-d'angola do mercado. Peço que ouça minhas palavras, Pai. Estou chamando-o de Pai porque não queremos desrespeitá-lo. O senhor é um grande chefe. Mas o que sobra para nós? Temos algum outro meio exceto essa violência para receber a única coisa que buscamos, ser respeitados e estabelecer nosso próprio chefe que poderia de fato conversar com o senhor, em vez de pedir a um rapaz que o faça em nosso nome?"

A atitude, o tom de voz e o uso da palavra *Pai* pelo homem konkomba ao que parece afetaram de tal forma o chefe, que ele ficou sentado por um momento sem reação. Quando finalmente começou a falar, foi com uma voz mudada, dirigindo-se diretamente ao jovem e não aos mediadores:

"Vim aqui para colocar vocês no devido lugar. Mas agora sinto apenas vergonha. Embora eu tenha insultado seu povo, você ainda me chamou de Pai. Quem está falando com sabedoria é você, e quem não viu a verdade fui eu. O que você disse é verdade. Nós, que temos chefes, sempre consideramos vocês inferiores porque não têm chefes, mas não tínhamos entendido o aviltamento que vocês sofreram. Peço, meu filho, que me perdoe."

Nesse momento o jovem konkomba se levantou, andou até o chefe, ajoelhou-se e segurou seu tornozelo, um sinal de profundo respeito. Ele pronunciou uma única vez, e audivelmente, "Na-a", uma palavra de afirmação e aceitação.

Os que estavam assistindo ao encontro relataram que a sala estava eletrizada, carregada de sentimento e emoção. Certamente não foi o fim dos problemas e desentendimentos, mas algo aconteceu naquele momento que criou um impacto sobre tudo que se seguiu. A possibilidade de mudança dos seculares ciclos de violência havia começado, e talvez as sementes que evitaram uma eventual guerra civil de plenas proporções em Gana tenham sido plantadas naquele momento.

Essa possibilidade de mudança continua. Em março de 2002, o rei dos dagombas, Ya Na Yakubu Andani II, foi morto em um conflito interno entre dois clãs dagombas, as famílias Abudu e Andani. Na condição de antigos adversários dos dagombas, poder-se-ia esperar que os konkombas tirassem vantagem da contenda interna entre os dagombas. Ao contrário, eles se reuniram em um grande durbar de todos os jovens e anciãos e emitiram uma declaração oficial na televisão de Gana. Primeiro expressaram solidariedade aos dagombas em seu momento de angústia e perda. Depois instaram os dagombas a trabalharem juntos para encontrar uma solução de longo prazo para sua disputa interna de chefia. Declararam que os konkombas não permitiriam que nenhum de seus membros solapasse os dagombas por causa das dificuldades internas pelas quais estavam passando. Concluíram sugerindo que os konkombas que se aproveitaram do conflito interno dos dagombas para criar uma situação que pudesse levar à violência seriam isolados e entregues à polícia.

Uma história de Wajir: Como algumas poucas mulheres pararam uma guerra

As mulheres de Wajir não se propuseram a parar uma guerra.[2] Elas queriam apenas assegurar que teriam comida para a família. A ideia inicial era simples: ter certeza de que o mercado é seguro para qualquer pessoa comprar e vender.

O distrito de Wajir é localizado no nordeste do Quênia, perto das fronteiras da Somália e da Etiópia. O distrito é formado em sua maioria de clãs somalis. Assim como em outras partes do leste da África, as pessoas de Wajir sofreram o impacto de numerosas guerras internas na Somália e Etiópia. Com o colapso do governo somali em 1989, o aumento das lutas dentro do país criou inúmeros refugiados, ultrapassaram a fronteira entrando no Quênia. Wajir logo se viu envolvido em lutas entre clãs, com um movimento de armas, grupos em luta e refugiados que tornavam a vida cada vez mais difícil. Em 1992 o governo do Quênia declarou estado de emergência em Wajir.

Nos anos 1990, pela primeira vez Wajir passou pela experiência de uma guerra de clãs, que logo se tornaria um dos piores ciclos de violência. Dekha, uma das principais mulheres líderes de Wajir, recorda que uma noite em 1993 irrompeu novamente um tiroteio perto de sua casa. Ela correu para pegar seu primeiro filho e ficou escondida várias horas debaixo da cama enquanto as balas cruzavam seu quarto. Pela manhã, discutindo os eventos da noite, sua mãe relembrou os dias em 1966 quando Dekha era criança e a mãe a segurou debaixo da cama. Naquela manhã, elas refletiam e se sentiam tristes porque a violência não tinha chegado ao fim. Como mães, estavam cansadas da violência. Dekha foi tão afetada pela afirmação de sua mãe que tomou a decisão de encontrar uma forma de tornar Wajir um lugar onde sua filha pudesse desfrutar de uma vida sem violência. Encontrou outras mulheres com histórias semelhantes. Fatuma conta que em um casamento as mulheres estavam preocupadas com a volta para casa e tiveram que sair mais cedo. Lamentaram a violência crescente, os roubos nas estradas, os revólveres que estavam em toda parte, carregados por seus meninos, e o medo de abuso e estupro com o qual conviviam as meninas até mesmo em sua vila natal.

Então as mulheres se reuniram sem alarde, inicialmente menos que uma dúzia. "Só queríamos reunir cabeças", disseram elas, "para ver o que sabíamos e o que poderíamos fazer. Decidimos que o lugar para se começar era o mercado". Concordaram com uma ideia básica. O mercado deveria ser seguro para que qualquer mulher, originária de qualquer clã, pudesse vir, vender e comprar. As mulheres estavam cuidando das perspectivas para os filhos. O acesso ao mercado e a segurança nele eram um direito imediato que tinha que ser assegurado. Como o mercado era operado majoritariamente por mulheres, elas espalharam a mensagem. Estabeleceram monitores que observariam todos os dias o que estava acontecendo no mercado. Elas iriam dar parte de quaisquer infrações, qualquer abuso por causa do clã ou da região de origem da pessoa. Sempre que surgia alguma questão, um pequeno comitê de mulheres rapidamente entrava em ação para resolvê-la. Em um curto período de tempo, as mulheres haviam criado uma zona de paz no mercado. Suas reuniões e iniciativas resultaram na criação da Associação de Mulheres de Wajir pela Paz.

Enquanto trabalhavam duro no mercado, logo descobriram que o conflito mais amplo ainda estava afetando a vida. Novamente reunidas, decidiram ter conversações diretas com os anciãos de todos os clãs. Embora tivessem acesso a eles, não era algo fácil de fazer. "Quem são as mulheres para que possam nos aconselhar e pressionar?" era a resposta que elas temiam receber. Então se reuniram e refletiram para entender o sistema de anciãos, os anciãos que eram efetivamente os principais, e como eram constituídos os clãs somalis em Wajir. Usando cada uma seus contatos pessoais em seu próprio grupo, trabalharam junto a homens interessados e conseguiram reunir os anciãos de todos os grupos. Elas se posicionaram com cuidado para não pressionar ou dominar a reunião. Em vez disso, acharam um dos anciãos, bastante respeitado, mas que vinha de um dos clãs locais menores e consequentemente menos ameaçadores. Na reunião, ele se tornou o porta-voz delas, falando diretamente com os outros anciãos e apelando à sua responsabilidade. "Por que realmente", perguntou ele, "estamos lutando? quem se beneficia disto? Nossas famílias estão sendo destruídas". Suas palavras provocaram longas discussões. Os anciãos, inclusive alguns que haviam promovido mortes por vingança, concordaram que iriam enfrentar as questões e parar de lutar. Formaram o Conselho de Anciãos pela Paz, que incluía um grupo para reuniões regulares e subcomissões. Começaram o processo de enfrentar os lutadores no mato e de lidar com os choques entre clãs.

As mulheres, reconhecendo que esse esforço poderia ser muito importante para Wajir, decidiram estabelecer contato com funcionários do governo do distrito, e finalmente com os representantes nacionais no parlamento. Acompanhadas de alguns anciãos, descreveram de forma transparente a iniciativa e o processo. Concordaram em manter os funcionários informados e os convidaram para várias reuniões, mas em contrapartida pediram que eles não se imiscuíssem no processo que estava em andamento. Receberam as bênçãos do governo.

Logo a questão passou a ser a de como envolver os jovens, especialmente os rapazes lutando escondidos no mato. As mulheres e os anciãos se reuniram com os principais jovens do distrito e formaram o que veio a se chamar a Juventude pela Paz. Juntos, não somente foram para o mato encontrar outros lutadores, como também começaram a viajar pelo distrito, dando palestras públicas para mães e jovens. Logo descobriram que uma das principais preocupações era emprego. Os revólveres, as brigas e o roubo de gado representavam benefícios econômicos significativos. Se era para os jovens deixarem as brigas, os revólveres e o mato, eles precisariam de algo para preencher o tempo e fornecer renda. A comunidade de negócios foi então envolvida. Foram oferecidas iniciativas de reconstrução e de empregos locais. Conjuntamente, as mulheres do mercado, as comissões de anciãos, a Juventude pela Paz, os homens de negócios e os líderes religiosos locais formaram o Comitê de Paz e Desenvolvimento de Wajir.

Pelo trabalho dos anciãos, foram firmadas tréguas. Criaram-se comissões para verificar e ajudar o processo de desarmar as facções dos diversos clãs.

Com essas comissões e com a polícia do distrito, coordenou-se um processo de entrega de revólveres. Foram formadas equipes de resposta emergencial constituídas por anciãos de diferentes clãs, que prontamente viajavam para lidar com o ressurgimento de lutas, roubo de gado ou roubo em geral.

Consolidando a paz que surgia, o Comitê de Paz e Desenvolvimento de Wajir reuniu todos os grupos e manteve encontros regulares com líderes distritais e nacionais. Não conseguiam controlar a luta que continuava na Somália, sua vizinha, nem o influxo de problemas através das fronteiras, todavia cada vez mais encontravam modos de proteger as vilas e fazer cessar as lutas locais antes que ficassem fora de controle. Uma das chaves do sucesso foi a capacidade de agir com rapidez e interromper os momentos de potencial escalada enfrentando diretamente as pessoas envolvidas. Antigos lutadores agora desarmados e de volta à comunidade se tornaram aliados do movimento. Ajudaram a enfrentar construtivamente outros grupos de luta, aumentando o processo de desarmamento. Quando eram cometidos crimes, o próprio grupo apresentava os responsáveis, e buscava-se uma reparação em vez da proteção cega ou ciclos de vingança.

Dez anos depois, o distrito de Wajir ainda enfrenta sérios problemas, e o Comitê de Paz e Desenvolvimento de Wajir ainda trabalha ativamente pela paz e continua a se expandir. Os novos programas incluem treinamento para a polícia e trabalho nas escolas locais. Mais de vinte escolas estão participando e formaram a Rede de Educação para a Paz, que envolve mediação entre pares e treinamento de professores em resolução de conflitos.

A pobreza e o desemprego continuam sendo desafios significativos em Wajir. As armas de fogo ainda atravessam fronteiras na região. Na Somália, a luta não parou e transbordou para Wajir. Os problemas religiosos e as implicações globais surgidas do 11 de setembro de 2001, com a presença de *marines* americanos e as campanhas antiterrorismo, tornaram-se novas questões. Mas os envolvidos no Comitê de Paz e Desenvolvimento de Wajir continuam fortes em seu trabalho. Os anciãos se reúnem regularmente. Há maior cooperação entre as vilas, os clãs e os funcionários distritais.

E as mulheres que fizeram parar uma guerra agora monitoram um mercado muito mais seguro.

Uma história da Colômbia: Decidimos pensar por nós mesmos

Josué, Manuel, Llanero, Simón, Oswaldo, Rosita, Excelino, Juán Roy, Miguel Ángel, Sylvia e Alejandro tinham várias coisas em comum que os uniram para sempre.[3] Viviam ao longo do Rio Carare em uma área chamada La India, nas florestas de Magdalena Medio no interior da Colômbia. Eram *campesinos*, isto é, camponeses. Consideravam-se pessoas comuns. E enfrentaram um desafio extraordinário: como sobreviver à perversa violência de numerosos grupos armados que atravessavam suas terras e demandavam sua aliança.

O Rio Carare está localizado no coração de Magdalena Medio. É um território que reúne uma corrente de influências e de pessoas. A água corre por esse território de espessas florestas e atraiu *campesinos* de outras partes da Colômbia em busca de terra em meados do século vinte. Vieram em busca de refúgio de zonas mais conflituosas da Colômbia em meio a uma guerra de cinquenta anos, a mais longa do hemisfério ocidental. Era, quando muito, um território de fronteira com muitos perigos naturais, uma ausência de quaisquer leis ou proteções civis básicas, e que exigia trabalho duro. Foi descoberto petróleo, que agora flui dessa região para a costa do Atlântico, para ser entregue à comunidade internacional. O mesmo faz o rio de traficantes de drogas. E, obviamente, como em muitas partes rurais da Colômbia, o rio de grupos armados e de armas de fogo também flui.

Ao final dos anos 1960 o movimento guerrilheiro Farc (Forças Armadas Revolucionárias da Colombia), de orientação esquerdista, ingressou nos territórios de Carare. Seguiram-se uma resposta militar do governo e uma escalada. Incapazes de afetar ou eliminar a influência dos movimentos guerrilheiros da região, os proprietários de terras financiaram privadamente e organizaram secretamente, muitas vezes em conjunto com os militares, os "paras", esquadrões da direita, que logo ganharam maior independência. Foram travadas batalhas não só pelas terras em que os *campesinos* haviam construído suas casas e contra tributos informais de guerra, como por sua própria aliança. Quem controlasse um dado território em certo momento controlava as leis: quem roubar será morto; quem matar alguém será morto; quem informar alguém de nossa presença será morto. Como foi enunciado uma vez: "Ninguém é obrigado a seguir nosso código; você sempre tem o direito de ir embora do território." Prevalecia a lei do silêncio: "É proibido falar sobre a morte de qualquer amigo ou familiar, sobre os que o mataram, ou as razões pelas quais foi morto". Tais eram as realidades enfrentadas por Josué, Héctor, Manuel e outros *campesinos* da região.

Em 1987 a situação chegou a seu nadir. O crescimento das lutas e os massacres de larga escala começaram a se impor. Em resposta aos guerrilheiros, um capitão notoriamente violento do exército colombiano reuniu mais de dois mil camponeses de La India e lhes ofereceu perdão na forma de uma anistia se aceitassem suas armas e aderissem à milícia local para combater os guerrilheiros. Aos olhos do capitão, muitos camponeses eram culpados de terem apoiado os guerrilheiros, ou até de participação direta. Assim, a proposta de perdão era considerada um ultimato para que escolhessem um dos lados no conflito. Concluiu com algo que chamou de as quatro escolhas ante os *campesinos*: "Vocês podem se armar e aderir a nós, podem aderir à guerrilha, podem abandonar suas casas, ou podem morrer".

A multidão estava estarrecida. Em meio ao silêncio, um *campesino* de meia idade, Josué, falou do meio da multidão o que estava em seu coração. Seu discurso aquele dia foi tão memorável que até hoje encontram-se camponeses em La India capazes de reproduzir a resposta dele ao capitão palavra por palavra, embora nem estivessem presentes. Garcia (1996), que fez um estudo desse movimento, ofereceu a seguinte versão do discurso de Josué naquele dia. Respondendo ao capitão na reunião aberta, ele disse:

"Você fala de perdão, mas o que você tem a nos perdoar? Vocês são os que violaram. Nós não matamos ninguém. Você quer nos dar milhões em armas pagas pelo estado, e no entanto você não facilita nem o menor crédito necessário para nossa agricultura. Há milhões para a guerra mas nada para a paz. Quantos homens armados há na Colômbia? Num cálculo grosseiro eu diria no mínimo cem mil, mais a polícia, mais vinte mil guerrilheiros, para não falar dos Paras, dos grandes traficantes e dos exércitos privados. E para que serviu tudo isto? O que isso consertou? Nada. Na verdade, a Colômbia está no meio da maior violência que já tivemos. Chegamos à conclusão de que as armas não resolveram nada, e que não há nenhuma razão para nos armarmos. Precisamos de créditos agrícolas, implementos, tratores, caminhões para fazer com que o pequeno esforço agrícola que fazemos produza mais. Vocês, como membros do exército nacional, em vez de nos incitarem a nos matarmos mutuamente, deveriam fazer seu trabalho conforme a Constituição, isto é, deveriam defender o povo colombiano. Olhe para todas as pessoas que vocês trouxeram aqui. Nós todos nos conhecemos. E quem é você? Sabemos que há alguns anos você próprio estava com os guerrilheiros e agora você é chefe dos paramilitares. Você trouxe pessoas para nossas casas para nos acusar, você mentiu, e você mudou de lado. E agora você, um vira-casaca, quer que nós sigamos o seu violento exemplo. Capitão, com o devido respeito, não temos planos de aderir ao seu lado, nem ao lado deles, e a nenhum lado. E não vamos abandonar este lugar. Vamos encontrar nossa própria solução". (Garcia, 1996:189).

Mais tarde naquela semana, um grupo de vinte *campesinos* decidiu dar a última cartada. Seguiriam o caminho da resistência civil sem armas. Como disse um deles: "Naquele dia resolvemos falar em nosso próprio nome". Nas semanas e meses seguintes, organizaram um dos mais singulares e espontâneos processos de transformação já vistos na Colômbia em cinquenta anos.

Formaram a Associação dos Trabalhadores Camponeses de Carare (ATCC). Seu primeiro ato foi quebrar o código de silêncio. Desenvolveram formas de organização e participação. A participação era aberta a todos. A quota de entrada era um simples compromisso: sua vida, não seu dinheiro. Isso era expresso na frase "Morreremos antes de matar". Desenvolveram uma série de princípios para guiar todas as suas ações:

1. Diante da individualização: solidariedade.
2. Diante a Lei do Silêncio e do Segredo: fazer tudo publicamente. Falar alto e nunca esconder nada.
3. Diante do medo: sinceridade e disposição de dialogar. Nós compreenderemos os que não nos compreendem.
4. Diante da violência: falar e negociar com qualquer um. Não temos inimigos.
5. Diante da exclusão: encontrar apoio nos outros. Individualmente somos fracos, mas juntos somos fortes.
6. Diante da necessidade de uma estratégia: transparência. Diremos a cada grupo armado exatamente o que conversamos com os outros grupos armados. E vamos contar tudo para a comunidade. (Garcia, 1996:200).

E não eram apenas ideias. Os *campesinos* criaram, sob grande risco, um laboratório vivo de impacto imediato. Consolidaram o grupo identificando um núcleo que denominaram "turma-chave", cujos integrantes se encontravam em posição especial para fazer a ligação com diferentes áreas geográficas de La India e com vários grupos. Dentro de poucas semanas de conversas nas vilas da região, afixaram avisos escritos à mão com o título "O que dizem as pessoas daqui", incluindo uma declaração de que nenhuma arma seria permitida nas vilas. Espontaneamente, declararam que suas terras eram um território de paz.

Foram mandadas delegações para encontros com os grupos armados. As reuniões eram sempre públicas e nunca realizadas por uma só pessoa; cada reunião com cada grupo armado diferente exigia muito cuidado nos preparativos e na escolha das pessoas que iriam falar. Mas a mensagem permaneceu a mesma: respeito pelo território de paz e pelos *campesinos*. Em cada reunião a abordagem era procurar a ligação com a pessoa e não a instituição. Várias pessoas relataram que a chave era achar um modo de ir ao encontro do ser humano, da pessoa real. Foram alcançados acordos e arranjos informais, e em alguns casos formais também. A associação cumpriu sua promessa de nunca ceder às armas e nunca desistir do diálogo. Na discussão pública que havia após cada reunião, todos eram bem-vindos, amigos como inimigos. As portas nunca estavam fechadas. A transparência foi levada ao máximo.

Nos anos seguintes a violência diminuiu muito, embora Magdalena Medio tenha continuado, e ainda seja hoje, território fértil para o conflito armado. Em 1990 a Associação ganhou o Prêmio Nobel Alternativo da Paz por seu trabalho inovador. Em 1992 o movimento teve o reconhecimento das Nações Unidas através do Prêmio Nós Somos o Povo. Não obstante, a campanha local em prol do respeito e da dignidade teve seu preço. Josué e vários outros líderes foram assassinados por *sicarios* (pistoleiros) até hoje não identificados. Os sobreviventes acreditam que os assassinatos foram devidos a políticos locais e não aos grupos armados. O legado deles, porém, continua vivo. Hoje na Colômbia muitos falam do potencial que têm os grupos locais para o desenvolvimento e construção de uma capacidade de resistência civil, que poderia ser a chave para a construção de uma paz permanente. Como bem escreveu Alejandro Garcia, professor de história que entrevistou longamente muitos participantes, fundadores e posteriores, da associação: "Nascida no núcleo da violência, a ATCC introduziu na lógica da guerra uma sensação de incerteza: quebrou o ciclo convencional de violência crescente e desenvolveu através de demonstrações vivas a ideia básica de que as soluções sem violência são possíveis" (Garcia, 1996:313).

Uma história do Tadjiquistão: Falando de filosofia com o senhor guerreiro

As informações seguintes são baseadas em anotações do diário de um instrutor datadas de fevereiro de 2002.

Estamos sentados em uma sala de conferências em Duchambe com vinte e quatro professores de sete universidades de todo o Tadjiquistão. Dois pequenos aquecedores elétricos, com a resistência brilhando vermelha, nos protegem do frio de fevereiro no Centro Republicano para um Estilo de Vida Saudável. Estamos com a nata. Um ou dois são reitores e alguns outros são chefes de departamento. Da perspectiva dos organizadores, podemos nos dar por felizes tendo quatro mulheres e um bom contingente de acadêmicos mais jovens. Embora sentado todos os dias em um canto, e ocasionalmente entrando e saindo de cochilos vespertinos, está presente também o chefe do Departamento de Comunismo Científico, agora chamado Ciência Política, de setenta anos de idade e sempre gentil e entusiasmado.

A Guerra Intertadjique pertence ao passado de seis anos atrás. Nosso seminário sobre resolução de conflitos e construção da paz examina os desafios e dificuldades de tomar posição diante da violência e de construir uma nação nesse país recém-independente da Ásia Central. Após os eventos de 11 de setembro de 2001, o calendário de nossa iniciativa de três anos, voltado para a construção da sociedade civil, foi atrasado em alguns meses, pois a fronteira tadjique-afegã e o espaço acima dessa região montanhosa assistia ao desenrolar do esforço de guerra antitaliban. Nosso tema agora parece duplamente interessante e urgente.

Nossos colegas da Universidade Tadjique tiveram sua educação superior no sistema soviético. A maioria tem grau de doutor. As viagens, quando aconteciam por motivos acadêmicos, eram para a Rússia ou Europa do Leste. Dos vinte e quatro, quatro falam inglês com alguma proficiência. Nossa tradução tadjique-inglês é dolorosamente lenta. Alguns prefeririam o russo. Sob o encorajamento e direção do ministro da educação vamos produzir um texto em língua tadjique compilando várias abordagens à construção da paz de diferentes partes do mundo, juntamente com pesquisas originais tadjiques sobre conflito e paz nesse cenário.

Os professores ficam consideravelmente mais animados quando vem à tona o tópico da guerra civil tadjique. Eles têm opiniões diversas sobre as dificuldades atravessadas e sobre as razões que permitiram uma paz negociada sob a orientação de um mandato da ONU. Um participante pergunta a minha colega instrutora, Randa Slim, e a mim, os dois únicos não tadjiques na sala, por que tão poucos na comunidade internacional deram tão pouca atenção ao que os tadjiques conseguiram ao terminar a guerra. Pode muito bem ser que eles tenham razão. O Tadjiquistão, como convincentemente propõe o jornalista Ahmed Rashid, é o único país da região – e efetivamente do mundo – que terminou uma guerra civil brutal com a "criação de um governo de coalizão incluindo islamitas, neocomunistas e líderes de clãs". Ele prossegue: "Os islamitas perderam as eleições, mas eles foram *representados* nas eleições, e aceitaram sua perda". (Rashid, 2002:241). Os professores querem uma resposta direta: Por que as pessoas não dão atenção ao que aprendemos? Nenhum de nós tem uma boa resposta.

Na pausa daquela tarde, tomo chá com o único professor de nosso grupo que conhece alguns dos detalhes internos de como os tadjiques conseguiram negociar enquanto a guerra ardia e trazer os movimentos islâmicos para as negociações em lugar de isolá-los ou tentar derrotá-los. Ele me puxa para um canto para contar a história.

"O governo me pediu para abordar e convencer um dos senhores guerreiros, um importante comandante-mulá localizado nas montanhas, a entrar nas negociações", começa o professor Abdul. "Isso era difícil, senão impossível, pois esse comandante era considerado um notório criminoso e tinha matado um dos meus amigos próximos." Ele para enquanto a tradução transmite o lado pessoal de seu desafio.

"Quando cheguei pela primeira vez ao acampamento, o comandante disse que eu estava atrasado e que era hora das orações. Então fomos rezar juntos. Quando terminou, ele me disse: 'Como é possível que um comunista reze?'.

"Eu não sou comunista; meu pai é que era", respondi.

Então ele perguntou o que eu lecionava na universidade. Logo descobrimos que éramos ambos interessados em filosofia e no sufismo. Nosso encontro passou dos vinte minutos previamente combinados para duas horas e meia. Nessa parte do mundo você tem que chegar à verdade em círculos, através de histórias."

No corredor, as obturações de ouro de Abdul brilhavam em seu sorriso enquanto ele terminava sua ideia: "No sufismo existe uma ideia de que as discussões não têm fim." Uma vez firmado esse ponto, o professor retomou a história:

"Continuei a ir visitá-lo. Falávamos principalmente de poesia e filosofia. Pouco a pouco perguntei a ele sobre acabar a guerra. Queria persuadi-lo a assumir o risco de depor as armas. Depois de meses de visitas finalmente tínhamos confiança suficiente para dizer a verdade, e tudo se resumia a uma preocupação."

Abdul parou e se inclinou, assumindo a voz do senhor guerreiro. "O comandante me disse: 'Se eu depuser as armas e for a Duchambe com você, você pode garantir minha segurança e minha vida?'" O narrador tadjique fez uma pausa, com pleno senso do momento. "A minha dificuldade era que eu não podia garantir a segurança dele."

Abdul esperou o tradutor terminar, certificando-se de que eu tinha entendido o dilema da construção da paz, e então concluiu: "Então eu disse a verdade a meu amigo senhor guerreiro filósofo: 'Não posso garantir sua segurança.'"

No corredor, o professor Abdul passou o braço por baixo do meu e se pôs ao meu lado para enfatizar a resposta que então deu ao comandante: "Mas isto eu posso garantir, vou com você, lado a lado. E se você morrer, eu morro."

O corredor estava em silêncio total.

"Naquele mesmo dia o comandante concordou em se reunir com o governo. Algumas semanas depois descemos juntos das montanhas. Quando ele se encontrou pela primeira vez com a comissão do governo, ele disse: 'Não vim por causa de seu governo. Vim por honra e respeito a este professor.'"

O professor parou. "Veja, meu jovem amigo americano", e bateu de leve no meu braço, "isto é mediação tadjique."

Terminamos nosso chá e voltamos às discussões na sala de aula sobre a teoria do conflito e construção da paz.

Passaram-se anos desde o fim da guerra. As armas foram depostas. As coisas não estão fáceis no Tadjiquistão, mas segundo todos os relatos o professor-mediador e o senhor guerreiro trânsfuga estão vivos e muito bem, e ocasionalmente ainda conversam sobre poesia e filosofia.

A moral das histórias

O que possibilitou essas mudanças? Embora estivessem dando o melhor de si, e fossem muito hábeis em sua profissão, no momento dos encontros iniciais não foram as técnicas usadas pelos mediadores nem a natureza e o projeto do processo que criaram a guinada no encontro dagomba-konkomba. Pode ser que o inverso seja verdade: o processo parecia ter começado mal. Não foi a perícia técnica introduzida pelos profissionais construtores da paz em Wajir ou em Magdalena Medio, ou pelo professor-filósofo e seu interlocutor, o senhor guerreiro. Não foi o poder político local ou nacional, as exigências, o temor de uma guerra mais ampla, nem a influência e pressão da comunidade internacional que criaram a guinada. Não foi uma tradição religiosa específica: na verdade as histórias cruzam fronteiras religiosas. Não foi o poder político, econômico ou militar em nenhum dos casos. O que então criou um momento, um ponto de virada de tal significado que desviou aspectos inteiros de um quadro de conflito violento e prolongado?

Acredito que foi o aparecimento serendipitoso da *imaginação moral* nos assuntos humanos.

3

SOBRE ESTE MOMENTO
Pontos de virada

> *Não fiqueis a lembrar coisas passadas,*
> *não vos preocupeis com acontecimentos antigos.*
> *Eis que farei uma coisa nova,*
> *Ela já vem despontando: não a percebeis?*
> – **Isaías** 43:18-19

NA PRIMEIRA DÉCADA DO NOVO SÉCULO E MILÊNIO ESTAMOS NOS defrontando com um ponto de virada, um momento singular com potencial para afetar e redefinir a maneira de organizar e dar forma a nossa família global. As passagens de século – e mais ainda as passagens de milênio – são momentos ímpares para refletirmos sobre a grande jornada da humanidade. Atravessamos um século cheio de mudanças extraordinárias, e que nos deixou desafios ainda maiores. Ao longo de várias décadas, cresciam e em seguida desmoronavam expectativas de que estávamos encontrando o caminho para um mundo definido não tanto pelas divisões mas sim pela cooperação; não tanto pelo flagrante desprezo da dignidade e dos direitos humanos, mas sim pela capacidade de atender às necessidades fundamentais humanas. O século vinte pelo menos nos deu uma compreensão mais precisa de que a humanidade tem potencial para mudanças construtivas ao nosso alcance nas esferas política, econômica e técnica, e também uma dose de realismo sobre nossa incapacidade de realizar nosso potencial. Se levarmos a sério esse potencial realizável e nossa incapacidade de alcançá-lo, estaremos diante de uma questão que nos deixa particularmente perplexos, e que parece especialmente apropriada na época da primeira década do novo milênio: "Qual é o legado coletivo global que estamos deixando a nossos bisnetos neste século?"

Esse não é apenas um desafio colocado de forma geral, ou reservado para líderes políticos ou para aqueles que estabelecem normas e diretrizes. Trata-se de um desafio que gostaria de propor às áreas atualmente crescentes da transformação de conflito e da construção da paz, definidas de forma ampla com todas as suas aplicações profissionais. Considero-me praticante dessas disciplinas e acredito que precisamos de uma dose de realismo. Nossa profissão sofre de uma tendência a prometer grandes mudanças. É verdade. Nossa retórica é fácil. Se as mudanças sociais construtivas avançassem com a mesma facilidade com que despejamos palavras e promessas, a justiça e a paz mundiais certamente já teriam sido alcançadas.

Alguns argumentam que sofremos de exagero retórico combinado a uma compreensão excessivamente otimista, e portanto irrealista, do real funcionamento do mundo e da possibilidade ou impossibilidade das mudanças. Após os eventos de 11 de setembro, ouvi falar que um membro do conselho de uma grande fundação, que havia contribuído com várias iniciativas na área de resolução de conflitos, perguntou: "Os nossos investimentos não fizeram nenhuma diferença significativa nas coisas em linhas gerais?" Embora eu nem remotamente acredite que se possa acusar qualquer área específica, nem que a sua eficácia possa ser determinada pelo que transpirou em 11 de setembro de 2001, existe um alerta, inerente aos eventos, que se propagou nos primeiros anos deste milênio.

O início dos anos 1990 era pleno de esperanças de que estávamos, como comunidade global, testemunhando uma nova era. As ideias de nossa área – encontrar formas inovadoras para que os indivíduos, comunidades e até nações respondam à violência e construam uma "pazjusta"[1] – pareciam uma grande alvorada desta nova era. Agora, quinze anos após, precisamos nos perguntar uma temível série de questões. Estas não são colocadas como respostas a dúvidas sobre nosso potencial, dúvidas que com frequência surgem de diferentes fontes, particularmente dos defensores da *realpolitik*. Estas perguntas levantam algo mais importante. Elas pedem uma reflexão crítica sobre o cerne de nossa profissão de praticantes da justiça, paz e conflito.

Como acontecem as mudanças sociais construtivas? Como podemos ser mais estratégicos ao perseguir essas mudanças? O que nos leva mais perto da realização das nossas promessas? Como acontecem os pontos de virada que fazem diferença? Somos capazes de participar de um ponto de virada que afete toda a comunidade humana?

3 – Sobre este momento

Para pensar sobre a natureza de um ponto de virada e entendê-la, é necessária uma capacidade de nos situar em uma visão de tempo expansiva e não estreita. Elise Boulding sugeriu que uma visão de tempo como essa precisa ocorrer dentro daquilo que tocamos e conhecemos, mas que nunca pode ficar limitada a um momento fugaz que nos abandona. Através de uma provocativa contorção de termos ela criou uma intrigante imagem: vivemos em um "presente de duzentos anos" (Boulding, 1990:3). Sua ideia não é difícil de calcular. Permita-me dar um exemplo pessoal para ilustrá-la.

Lembro-me bem de conversas com minha bisavó Lydia Miller, cujas mãos segurei na primeira década da minha vida. Ela nasceu nos anos 1860. Os mais jovens membros de minha família expandida são Nona Lisa, Eliza Jane, Gracie e Garrison, que estão nos primeiros meses ou anos da aventura. Se eles desfrutarem de uma vida plena, eu terei segurado as mãos de pessoas que, em sua velhice, talvez estejam vivas para ver a comemoração do ano 2100. A sugestão de Boulding é tomarmos a data projetada do falecimento da pessoa mais jovem de nossa família, e subtrairmos dela a data de nascimento da pessoa mais velha que conhecemos em nossa vida. Em meu caso, as mãos que seguraram as minhas remontam ao século dezenove, e as que eu agora toco irão viver até o século vinte e dois. Este é meu presente de duzentos anos. É constituído das vidas que me tocaram e daquelas que eu tocarei. O presente de duzentos anos representa minha história vivida. É nesse sentido de "presente" que precisamos nos localizar a fim de entender a natureza do ponto de virada.

A convergência de eventos nos primeiros anos do novo século, talvez simbolizada na tragédia de 11 de setembro de 2001, me parece representar um tal momento, uma cristalização de uma singular oportunidade. O ponto de virada em nosso presente de duzentos anos está impregnado de um enorme potencial para impactar construtivamente e afetar o bem-estar fundamental da comunidade humana. Entretanto, ao contrário da gama de projeções científicas e políticas, essa virada na jornada da humanidade não gira em torno das formas específicas de governo das estruturas políticas, econômicas ou sociais que possamos conceber. Não gira em torno de respostas às constantes questões sobre crescimento populacional, degradação ambiental, uso dos recursos naturais ou pobreza. Sua essência não reside na busca da compreensão das raízes da violência, guerra e terrorismo, ou da solução para os mesmos. Ela não se desenvolve com base no aprendizado de habilidades de comunicação, novas metodologias de facilitação, ou técnicas ensináveis de resolução de conflitos. Cada uma dessas coisas é importante, e algumas representam os desafios essenciais que enfrentamos. Mas elas não constituem a capacidade de criar um ponto de virada que nos oriente para um horizonte novo e mais humano. O ponto de virada da história humana nesta década do futuro de duzentos anos reside na capacidade da comunidade humana de gerar e sustentar uma coisa concedida exclusivamente à nossa espécie, mas que apenas em raras ocasiões compreendemos ou mobilizamos: nossa imaginação moral.

Em meados do século passado, apareceu um ensaio crítico que criou uma agitação na evolução das ciências sociais. C. Wright Mills sugeriu que o empreendimento assumido pela comunidade científica precisaria abraçar um desafio mais profundo do que aquele entendido por seus colegas cientistas. Desmascarando as falsas tensões ideológicas que pretendiam governar o debate político e intelectual, e afastando as prolixas camadas de grandiosas teorias sociais que obscureciam em vez de esclarecer, Mills apresentou um argumento simples: a história estrutural e a biografia pessoal são ligadas. Ele advertiu os acadêmicos, em particular os cientistas sociais, para que assumissem sua vocação adequada. Essa vocação fica perdida, segundo ele, quando é desviada em consequência da estreiteza das aplicações técnicas baseadas em disciplinas, ou se embriaga em falatório esotérico que foge à avaliação crítica do mundo social. O antídoto, como ele escreveu em uma frase inesquecível, se encontra somente naqueles dispostos a se envolver e a construir a "imaginação sociológica".

Reconheço a dívida intelectual e cultural deste livro em relação à visão de Mills e à sua formulação do problema. Meu interesse não é em continuar a desenvolver a crítica dele à situação da comunidade científica. Tampouco vou me voltar para a exploração do destino que teve sua imaginação sociológica, embora nenhuma pessoa, lendo seu livro cinquenta anos depois de escrito, deixe de ser atingida por sua extraordinária relevância para os debates e polêmicas acadêmicos e científicos contemporâneos. Meu interesse surge inicialmente de meu próprio senso de vocação e da necessidade de refletir mais intencionalmente sobre as experiências que me foram concedidas nos últimos vinte e cinco anos de construção internacional da paz. Obviamente, o círculo de experiências de uma pessoa influencia o que ela observa e escreve. Minha vocação e meu círculo de experiências me levaram à geografia do conflito humano violento. Nesses contextos fui testemunha do melhor e do pior lado da humanidade.

Em outros escritos, eu me referi propositadamente à vocação diversas vezes. Embora a resolução de conflito e a construção da paz se tenham constituído como profissões, e embora eu me considere um profissional trabalhando nessas áreas, sempre entendi minha entrada e permanência em termos de vocação. Para além da profissão, minha preocupação sempre foi a de encontrar e seguir uma vocação, uma voz mais profunda. No mais verdadeiro sentido do termo, vocação é aquilo que nos agita por dentro, algo que pede para ser ouvido, que pede para ser seguido. Vocação não é o que eu faço; suas raízes estão naquilo que eu sou e no senso de finalidade que tenho na terra.

Seguir a voz e desenvolver o trabalho como "artesanato" na esfera científica social, segundo Mills (1959), exige uma imaginação sociológica. Para nós profissionais de justiça, paz e conflito, a vocação nos chama de volta à estrada cujas curvas ultrapassam as paradas de repouso das técnicas e da prática diária. Ela nos acena para procurarmos nossas possibilidades e propósitos mais profundos, que podem ser encontrados mais naquilo que somos do que naquilo que fazemos. Para que a nossa comunidade humana encontre o senso mais profundo de quem somos, onde estamos situados e para onde vamos, é necessário localizarmos nossa posição, nossa bússola. O funcionamento do ponteiro de uma bússola consiste em encontrar o seu norte. A melhor forma de enunciar o norte da construção da paz é encontrar nosso caminho para nos tornarmos e sermos comunidades humanas locais e globais caracterizadas por respeito, dignidade, justiça, cooperação e resolução não violenta de conflitos. Para entendermos esse norte, para lermos uma tal bússola, é preciso reconhecer e desenvolver nossa imaginação moral de uma forma muito mais deliberada.

Esse tipo de imaginação tem um paralelo com as propostas de Walter Brueggemann, teólogo do velho testamento, contidas no título de seu livro: *The Prophetic Imagination* [A imaginação profética]. Para todos os efeitos, a base da vocação do profeta é encontrar a voz da verdade, encontrar maneiras de se voltar para a humanidade da forma mais plena possível, e a fidelidade para viver sustentado por Deus, o Criador. Brueggemann, intrigantemente, sugere uma forte impressão de que esse trabalho é por um lado moral e por outro ligado ao trabalho do artista, particularmente à voz do poeta. Na descrição de Brueggemann o papel do poeta é trazer "à expressão pública exatamente as esperanças e anseios que foram negados" (2001:65). Parece digno de nota que um teólogo do velho testamento e um sociólogo de meados do século tenham mergulhado no reino da imaginação para descrever a capacidade de simultaneamente ligar-se à realidade e transcendê-la. Em ambos os casos isso nos leva a algo além da vida e das lutas diárias das pessoas, mas ao mesmo tempo enraizado nelas.

Em certo momento no meio da redação deste livro, dei uma conferência sobre imaginação moral para uma jovem plateia em um seminário em Yangoon, na Birmânia. Estava presente naquela noite meu colega Ron Kraybill, que expressou seu entusiasmo pelas ideias e acrescentou que, embora não soubesse exatamente onde, ele vira um livro com o título de *A imaginação moral*. Meus sonhos de originalidade se chocaram com o velho adágio "não há nada de novo sob o sol".

Desde 11 de setembro de 2001, venho apelando tanto a líderes religiosos como a políticos para que exerçam maior imaginação moral em resposta àquele dia de violência não provocada. Parecia-me na época, e ainda mais agora quando escrevo, dois anos mais tarde, que nós americanos temos dificuldade em nos enxergar enredados em um ciclo de violência. Os atos de 11 de setembro foram vistos como provocação injustificada, caída do céu. E de fato foram. Mas também é verdade que esses atos podem igualmente ser situados não como eventos isolados e sim como parte de um ciclo, com um histórico de ações, reações e contra-ações. Somente compreendendo o contexto de um *esquema* mais amplo, que pode ser muito difícil de visualizar a curto prazo, é possível ver que nossas opções de resposta terão consequências e implicações em termos do esquema histórico mais amplo. Através de nossa resposta, estamos optando por transcender o ciclo de violência, ou então entrar nele e mantê-lo. Em grande parte, desde 11 de setembro os líderes dos Estados Unidos têm escolhido a rota da perpetuação. Em menos de dois anos, nós como nação nos envolvemos em duas guerras terrestres a um custo de bilhões de dólares. E, segundo todas as avaliações atuais, a rota de escolher uma resposta violenta não aumentou a segurança interna ou externa. Ela só conseguiu promover o ciclo.

Ao final do outono de 2001, argumentei que deveríamos considerar seriamente as implicações de nos tornarmos presas do ciclo de violência, e deveríamos fazer tudo ao nosso alcance para buscar o desenvolvimento de respostas que transcendessem o ciclo. Em vários ensaios e numerosos editoriais em jornais locais, argumentei que para isso é necessário liberar nossa imaginação moral e perseguir o inesperado (Lederach, 2001). Posteriormente vi a expressão aparecer em algumas revistas religiosas. Mas não me havia ocorrido que a expressão *imaginação moral* já tinha sido usada como título de um livro. Em breve a intuição de Ron foi mais do que confirmada: não havia um livro com este título, e sim dúzias.

Logo me senti envolvido em uma comunidade de autores ligados entre si pela escolha de *imaginação moral* como título ou subtítulo de seus livros.[2] Foi uma jornada fascinante ler todo esse leque de disciplinas e perspectivas. Embora eu tenha descoberto e até lido um capítulo sobre Sherlock Holmes como agente da imaginação moral (Clausen, 1986), não consegui descobrir quem foi o primeiro a usar a expressão, nem em qual contexto. Minha melhor hipótese é de que foi no ensaio de Edmund Burke sobre a Revolução Francesa, na qual ele lamenta a perda de elementos que pudessem "embelezar e suavizar a sociedade privada" fornecidos "por um guarda-roupa de uma imaginação moral, propriedade do coração, e ratificada pela compreensão como necessária para cobrir os defeitos de sua natureza nua e arrepiada" (Burke, 1864:515-516). Brown (1999), em seu excelente trabalho *O ethos do cosmos*, sugere em seu subtítulo que a gênese da imaginação moral se encontra na própria criação. Em virtude dessa visão, poderíamos propor, sem forçar a verdade nem a metáfora, que a capacidade da imaginação moral data de tempos imemoriais.

Entretanto, é relevante para nossa explicação indagar por que uma tal gama de autores e disciplinas convergiram no uso da expressão *imaginação moral* como parte do título de livros. Em um primeiro nível, surgem várias categorias. O maior grupo de volumes é orientado para as preocupações e abordagens da ética e da tomada de decisões, principalmente nas esferas dos negócios e de políticas públicas (Clausen, 1986; McCollough, 1991; Johnson, 1993; Tivnan, 1995; Stevens, 1998; Williams, 1998; Werhane, 1999; Brown, 1999; Fesmire, 2003). Uma segunda categoria explora a imaginação moral na literatura e belas artes, baseando-se principalmente em histórias e narrativas para fornecer orientação sobre o desenvolvimento do caráter de adultos e crianças (Price, 1983; Clausen, 1986; Kirk, 1988; Bruce, 1998; Guroian, 1998). Outros ainda se baseiam na expressão para promover um tipo específico de crítica, provocação e encorajamento de suas respectivas disciplinas profissionais rumo a um maior senso de finalidade, ou ao desenvolvimento de padrões morais dentro de uma tradição religiosa

(Babbit, 1996; Stevens, 1998; Allison, 1999; Fernandez e Huber, 2001; Newsom, 2003). Um quarto grupo de autores sugere que esta expressão capta a essência de indivíduos pioneiros excepcionais (Clausen, 1986; Kirk, 1988; Johnson, 1993; Babbit, 1996; Bruce, 1998; Fesmire, 2003). Muitos eram escritores e visionários reconhecidos, como T. S. Eliot, W. H. Auden, Toni Morrison, J. R. R. Tolkien e Martin Luther King Jr. Alguns eram filósofos de renome como Immanuel Kant, Sören Kierkegaard, Hannah Arendt e John Dewey. Outros ainda apontavam para compreensões tradicionais, tais como as do pensamento Kaguru (Beidelman, 1993) ou os esforços contra os significativos impedimentos estruturais às escritoras feministas cubanas em sua busca de uma voz e um lugar (Babbit, 1996).

Olhando para todas essas categorias, podemos começar a localizar vários pontos de convergência. Embora eu estivesse já bem avançado em minha própria redação e conceituação, subitamente me vi à vontade com a essência das ligações entre esses vários conjuntos de autores da expressão *imaginação moral*. Encontrei três chaves.

Primeira, os autores concordavam que a imaginação moral desenvolve a capacidade de perceber coisas mais longe e mais fundo do que aquilo que está visível aos olhos. Esses autores falam da atenção a mais do que está imediatamente visível – o que é talvez mais bem captado no termo de Guroian: *despertar*. Na sua discussão de *The Princess and the Goblin* [A princesa e o duende] de MacDonald, Guroian descreve essa qualidade de imaginação como "um poder de percepção, uma luz que ilumina o mistério oculto por detrás da realidade visível: "É o poder de *enxergar* a própria natureza das coisas" (1998:141).

Segunda, independentemente da disciplina específica, os autores caíram no termo *imaginação* para enfatizar a necessidade do ato criativo. O subtítulo do livro de Brown, *A gênese da imaginação moral na Bíblia* (1999) sugere que esse tipo de imaginação tem sua essência no próprio ato da criação original. Entretanto, são mais frequentes os autores que exploram as "artes", não como o domínio dos artistas profissionais, e sim como um quadro de referência para entender uma característica que define a imaginação moral: a capacidade de fazer nascer algo novo que, em seu próprio nascimento, muda nosso mundo e a forma de vermos as coisas. Johnson intencionalmente explora isso no capítulo que leva o título do livro, "Imaginação moral", comentando que, embora muitas vezes se considere que a arte tem a liberdade de quebrar as regras da moralidade, na verdade a arte possibilita o raciocínio moral. "Todos reconhecem", escreve ele, "que a imaginação é a chave daqueles atos artísticos pelos quais passam a existir coisas novas, são remoldadas coisas antigas, e é transformada nossa forma de ver, ouvir, sentir, pensar e assim por diante" (1993:212).

Terceira, embora expressando-se de diferentes formas para diferentes fins, os autores convergem para a ideia de que a imaginação moral tem uma qualidade de transcendência. Ela quebra aquilo que parecia um estreito beco sem saída, míope e estruturalmente determinado. Seja a capacidade de um personagem de conto de fadas em transcender um aparente desastre predeterminado, ou a necessidade de abrir uma gama mais ampla de possíveis ações nas decisões enfrentadas pelo programa espacial da Nasa ou de uma indústria automobilística, ou ainda um método de estudo antropológico, o exercício da imaginação moral, segundo o argumento destes autores, penetra novos territórios e não se deixa limitar pelo que sugerem as visões existentes da realidade percebida, ou pelo que as respostas prescritivas determinam que é possível. Babbit, em *Impossible Dreams* [Sonhos impossíveis], sua intrigante exploração da racionalidade, sugeriu que o papel da imaginação moral é de por em movimento "o aparecimento de possibilidades inimagináveis em termos atuais" (1996: 174). Em lugar de deixar de lado minha atração inicial pela expressão, eu me senti motivado por muitas dessas leituras sobre a aplicação da imaginação moral à construção da paz. Optei por ficar com o título.

Alguns leitores podem ficar inquietos com o uso da palavra *moral* quando abordamos o tópico de conflito e paz. Ao contrário da palavra *imaginação*, ela parece carregar um forte viés de estreitamento e confinamento em fronteiras. A palavra não está livre de suas conotações negativas, e sem dúvida tem conexões e usos indesejáveis. Entretanto, *moral*, assim como *vocação*, apela a algo grandioso. Enquanto termos, eles nos acenam para nos elevarmos para além do imediatamente aparente e visível. A qualidade desta expressão que eu mais quero adotar reverbera nesse potencial de encontrar uma forma de transcender, ou de ir além do existente, ao mesmo tempo que vivemos nele.

Entretanto, é claro que o termo merece uma discussão sobre o que eu não quero transmitir com a palavra *moral*. Tipicamente, associamos moral a moralidade, e em seguida a relegamos à esfera da religião. Embora eu venha de uma comunidade religiosa, a imaginação moral não é um objeto ou uma área exclusiva de determinada crença religiosa, e menos ainda de algum estabelecimento ou sistema religioso. Além disso, essas comunidades religiosas, sejam quais forem suas crenças, que querem encurralar e confinar a moralidade através de limites rígidos que podem ou não podem ser atravessados, muitas vezes criam a antítese da imaginação moral: dogmas. Fingindo serem doadores de vida, os dogmas pouco mais são que estruturas ideológicas estáticas. Eles nos encaram como ossos em um sítio arqueológico – testemunhas de algo que já foi vivo e que dava vida. A moralização religiosa moderna tem sido muitas vezes traduzida em ideias rígidas, que não reagem e nem se adaptam aos nossos mais prementes desafios. Estamos longe de atingir o potencial que Deus nos deu quando a moralidade se torna um dogma prescritivo, criando estagnação moral. A imaginação moral de que eu falo pouco tem em comum com tal moralidade.

Ironicamente, a imaginação moral não é construída sobre a ética nem é primariamente ligada a ela. Por mais nobres e necessárias que sejam na comunidade humana, as indagações éticas, por sua própria natureza, são um tanto reducionistas e analíticas. O propósito, a razão de ser da imaginação, por outro lado, se movimenta em outra esfera, pois ela procura e cria um espaço para além das peças que existem. A imaginação, sem se deixar confinar pelo existente ou pelo conhecido, é a arte de criar o que não existe.

Há séculos, o apóstolo Paulo descreveu nosso mundo como uma comunidade atormentada por dores que não cedem. "Pois sabemos que a criação inteira geme e sofre as dores de parto até o presente", disse ele (Romanos 8:22). A metáfora sugere que a humanidade vive em tempos de grande dor e grande potencial. O nascimento é simultaneamente dor e potencial, a chegada daquilo que poderia ser mas ainda não é. Acredito que a comunidade humana ainda hoje geme com tais aflições. Buscamos o nascimento de algo novo, uma criação que pode nos resgatar do esperado. Buscamos o ato criativo do inesperado. Este é o potencial e o aspecto da imaginação moral que quero explorar.

De acordo com esta compreensão, não podemos relegar o termo *moral* exclusivamente às indagações religiosas. Nossos desafios exigem que façamos uma ligação da sua energia fundamental aos assuntos e questões políticas que enfrentamos hoje. A política, a economia e as estruturas globais se tornaram tão pouco autênticas que poucos de nós realmente acreditamos nelas. Vivemos no seguinte paradoxo: as coisas mais onipresentes que governam nossa vida são justamente aquelas das quais nos sentimos distantes. Nós nos agarramos ao mito de que as coisas que criamos para governar nossa vida são sensíveis a nós seres humanos e a nossas comunidades. No entanto, ao mesmo tempo, essas criações parecem ter vida própria, independente de nós, estranha a nós e distante de nós. Um questionamento que procura entender como quebrar e transcender ciclos de violência precisa justamente infundir na política, no discurso político e nas estruturas de governo a capacidade de responder ou reagir à nossa comunidade humana.

Neste livro, sugiro e exploro a imaginação moral como capacidade de imaginar algo enraizado nos desafios do mundo real, porém capaz de fazer nascer o que ainda não existe. Em relação à construção da paz, esta é a capacidade de imaginar e gerar respostas e iniciativas construtivas que, ao mesmo tempo que são enraizadas nos desafios diários da violência, transcendem e em última análise quebram os grilhões dos ciclos e padrões destrutivos.

Essa exploração não nos empurra para encontrar a *resposta* para nossos problemas em uma única solução abrangente, como se fosse algum novo e milagroso sistema político, social ou econômico. Não nos força a uma compreensão da natureza dos pontos de virada e da forma de transcender os padrões destrutivos. Os pontos de virada são momentos impregnados de vida nova, que surgem a partir do terreno aparentemente árido da violência e das relações destrutivas. Essa nova vida inesperada possibilita processos de mudança construtiva nos assuntos humanos e constitui a imaginação moral sem a qual a construção da paz não pode ser compreendida nem praticada. Entretanto, tais momentos férteis não vêm à tona pela aplicação rotineira de uma técnica ou receita. Precisam ser explorados e compreendidos no contexto de algo que se aproxima do processo artístico, que é imbuído de criatividade, habilidade, casualidade e artesanato.

Os pontos de virada nos sugerem que a violência e a imaginação moral apontam para direções contrárias. Como disse Vicenç Fisas parafraseando o filósofo Bruno Bettelheim: "Violência é o comportamento de alguém incapaz de imaginar outras soluções para o problema em pauta" (Fisas, 2008:58). Vou defender a tese de que a imaginação moral vai na direção contrária, crescendo com a capacidade de nos imaginarmos em relações, com a disposição de abraçarmos a complexidade sem nos basearmos nas polaridades dualísticas, com a crença no ato criativo, e com a aceitação do risco inerente exigido para quebrarmos a violência e nos aventurarmos no caminho desconhecido da mudança construtiva. A imaginação moral propõe que os pontos de virada e a jornada para um novo horizonte são possíveis, embora apoiados em paradoxos que nos deixam perplexos. Os pontos de virada precisam encontrar uma forma de transcender os ciclos de violência destrutiva, ao mesmo tempo que precisam conviver com esses ciclos e ser relevantes no contexto que os produz. Um horizonte, embora visível, está permanentemente fora do nosso alcance, o que sugere uma jornada épica, cuja busca na construção da paz significa forjar novos caminhos para abordar os assuntos humanos com um inimigo. Em nossa área, esse tipo de jornada não é construído com um manual técnico. Ele exige que exploremos a arte e a alma da mudança social, e começa com a necessidade de explorar a essência da construção da paz e o coração das realidades locais onde os padrões violentos vêm dominando os assuntos humanos.

4

SOBRE SIMPLICIDADE E COMPLEXIDADE

Encontrando a essência da construção da paz

> *Eu não daria um figo podre pela simplicidade do lado de cá da complexidade. Mas daria minha vida pela simplicidade do lado de lá da complexidade.*
> – **Oliver Wendell Holmes**
>
> *O homem é um mecanismo complicado demais. Se ele está condenado à extinção, então é pela falta de simplicidade.*
> – **Ezra Pound**

A CONSTRUÇÃO DA PAZ É UMA TAREFA COMPLEXA. É, SEM SOMBRA DE dúvida, um desafio que nos solicita ao máximo. Como conseguimos realmente fazer com que as sociedades envolvidas há gerações em uma história de violência avancem para um horizonte recentemente definido? Pode parecer estranho que algo desse grau de complexidade comece com uma discussão sobre a simplicidade. Entretanto, quero falar aqui sobre a surpresa da simplicidade precisamente, porque a formulação da imaginação moral veio à tona para mim como resultado de uma conversa durante uma caminhada nas Montanhas Rochosas com um colega, Wendell Jones. Como disse tão bem Margaret Wheatley (2002), as mudanças sociais são, em sua maioria, iniciadas ou esboçadas por uma única conversa, da qual é possível nos lembrarmos. Então permita-me contar a história de uma conversa de montanha que afetou este livro.

Wendell era supostamente meu orientando. No início de 2002, um amigo comum e profissional de resolução de conflitos, Bernie Mayer, entrou em contato comigo. Bernie é sócio fundador da CDR Associates que, juntamente com o programa de mestrado em resolução de conflitos do Antioch College, estava lançando uma nova iniciativa avançada de orientação. A ideia era formar duplas entre um mediador experiente e um mentor que estivessem, ambos, trabalhando em assuntos correlatos. O mentor ficaria à disposição para telefonemas, para encontros ocasionais e para abraçar as questões que o orientando tivesse. Foi assim que Bernie me colocou junto com Wendell.

Wendell tinha trabalhado os últimos dez anos como *ombudsman* no Instituto Sandia no Novo México, na área de conflitos sobre os direitos de conhecimento intelectual enquanto propriedade. Este é efetivamente um campo relativamente novo e complexo de aplicação na resolução de conflitos. A formação de Wendell é em física; em etapas anteriores da vida profissional ele dirigiu equipes de pesquisa em áreas de teoria de vanguarda em física aplicada. Mas ele tinha igualmente uma paixão pelos altos e baixos das relações humanas, pelo desenvolvimento pessoal e espiritual. Assim, eu me vi conversando via email, telefone e finalmente face a face durante uma caminhada nas montanhas com um colega que era mais velho que eu, que tinha realizado pesquisas de "ciência concreta" sobre a teoria da complexidade, e que estava mediando conflitos na disputada área que discute quem é o dono do conhecimento. Nossos títulos de "orientador" e "orientado" eram, na melhor das hipóteses, uma contradição.

Certa manhã saímos em direção à trilha para o Passo de Arapahoe no Front Range das Montanhas Rochosas. Na caminhada, conversamos sobre a vida, o aprendizado e os livros que estávamos lendo e escrevendo. Comentei com Wendell o início deste livro, e que eu tinha em mente escrever capítulos sobre simplicidade e complexidade. Em resposta, ele observou que havia algum tempo que algumas abordagens da "nova ciência" estavam explorando e encontrando ligações entre complexidade e simplicidade. À medida que subimos para altitudes maiores na trilha, ele começou a contar a história de um projeto de pesquisa, um dos primeiros que contribuíram para a teoria e aplicação da complexidade. Basicamente, os cientistas colocaram o desafio de saber se um computador seria capaz de simular um sistema natural complexo. A história prendeu minha atenção a tal ponto que recriou o arcabouço de todo este capítulo.

Wendell deu exemplos do tipo de desafios que as pessoas assumiam. Por exemplo, perguntavam se um computador consegue encontrar uma forma de imitar a ação e o fluxo de um bando de pássaros ou um cardume de peixes. Eu imediatamente senti uma ligação com a imagem dos pássaros.

4 – Sobre simplicidade e complexidade

A cada outono nas fazendas, nas colinas do Vale Shenandoah, eu com frequência observava esses bandos que coloriam os céus. Milhares de melros pretos se movimentavam juntos, se aproximando e afastando, caindo e subindo. Os desenhos que criavam no céu eram de fazer você parar para olhar. Simultaneamente, sem um comandante, os pássaros individualmente se movimentavam com todo um bando, de forma coordenada e, no entanto, imprevisível. Você nunca sabia qual ia ser o próximo movimento, que formato o bando iria assumir, ou o que algum indivíduo iria fazer. Era de uma beleza hipnótica e comovente. Um computador seria capaz de captar isso? Em caso afirmativo, o que seria necessário?

A resposta não era complexidade. Era talvez o que o poeta Oliver Wendell Holmes quis dizer com as palavras "pela simplicidade do lado de lá da complexidade". Os programadores precisavam entender a essência, as regras centrais que punham em marcha a beleza visual resultante. O que eles criaram, começando nos fins dos anos 1980, foram criaturas genéricas simuladas de bandos a partir dos zeros e uns da linguagem numérica dos computadores, em um programa chamado Boids. O programa se baseava em descobrir algumas regras simples, que pudessem ser escritas em um programa de computador para guiar um comportamento grupal complexo. Por exemplo, em linguagem não técnica, eles criaram regras como: dirigir para evitar amontoamento; dirigir para o rumo médio dos companheiros locais.

Quando essas regras eram postas em comandos numéricos, simulava-se na tela do computador uma representação dinâmica do bando. A partir da simplicidade surgiu a complexidade da beleza. Nenhum padrão era previsível, mas surgiam padrões. Você nunca pode prever o que um bando de pássaros vai fazer quando aparece um poste no caminho: eles vão se dividir, subir, ir para a esquerda, para a direita? A beleza está no ato criativo, na resposta imprevisível e inesperada, recriada durante cada voo e cada momento. Permanentemente dinâmicos, permanentemente adaptáveis, eles voam como bando em resposta aos estímulos que surgem. Toda esta complexidade de movimento e de desenhos artísticos se resumia a umas poucas regras básicas e simples. Na base da complexidade estava a simplicidade.

Lembro-me de descer a trilha da montanha ouvindo essa história e, em certo momento, comentei com Wendell: "Você sabe o que eu não fiz. Nunca perguntei: Quais são os três ou quatro elementos mais básicos que constituem a construção da paz? Fico imaginando qual seria o Boids da construção da paz."

O que estava claro para mim era isto. A construção da paz é um processo enormemente complexo, em cenários de violência inacreditavelmente complexos, dinâmicos e em geral destrutivos. Muitas vezes eu havia pensado e sugerido que o construtor da paz deveria aceitar a complexidade e não ignorá-la ou fugir dela. "Complique antes de simplificar" é o que eu dizia nas aulas. Na minha forma de ver, simplificar era o segundo nível de atividade. Uma vez compreendida toda a complexidade, você pode então decidir qual coisa em particular deve ser feita em um dado cenário. Você reconhece então que essa atividade e processo está em um sistema complexo com vários atores impulsionando procedimentos em vários níveis ao mesmo tempo.

Esta era, na verdade, minha definição de trabalho de "complexidade": vários atores, perseguindo várias ações e iniciativas, em numerosos níveis de relação social, em um cenário interdependente, ao mesmo tempo. A complexidade vem da multiplicidade, interdependência e simultaneidade. Em muitos aspectos, este é *o* grande desafio da construção da paz: como construir respostas criativas para os padrões de violência autoperpetuante em um sistema complexo constituído por múltiplos atores, com atividades que estão acontecendo ao mesmo tempo? O que eu ainda não havia contemplado plenamente era a ideia de que, em lugar de focalizar diretamente a complexidade, seria útil localizar um grupo central de padrões e dinâmicas que geram a complexidade. Em outras palavras, a simplicidade precede a complexidade. Isto exigiu que eu pensasse sobre a simplicidade como fonte de energia e não como a opção pelo reducionismo. Foi, como descreverei em um capítulo posterior, uma lição sobre a atitude haicai.

Esse pensamento forneceu uma reorientação à medida que eu escrevia este livro. Coloquei para mim mesmo uma questão ligeiramente diferente da colocada pela abordagem técnica do Boids no computador. Em lugar de procurar as "regras" da simplicidade, fiquei curioso para saber o que constitui as "essências" no cerne da construção da paz. Vim a vê-las como um pequeno conjunto de disciplinas, ou práticas, a partir das quais surge a complexidade da construção da paz em toda sua beleza. Dito de forma ligeiramente diferente, perguntei-me sobre a essência assim: "Quais disciplinas, *se não estivessem presentes*, tornariam a construção da paz impossível?" Ao explorar, descobri que, quando juntas e postas em prática, essas disciplinas formam a imaginação moral que torna possível a construção da paz. A essência se encontra em quatro disciplinas, cada qual exigindo imaginação. São elas: relacionamento, curiosidade paradoxal, criatividade e risco.

O papel central das relações

Na vanguarda de áreas tão variadas quanto a física nuclear e a biologia, a teoria dos sistemas e o desenvolvimento organizacional, as relações são consideradas o conceito gerador central da teoria e da prática. De acordo com a ciência, como salientou muitas vezes Margaret Wheatley, "nada no universo existe como entidade isolada e independente. Tudo assume a forma de relações, sejam partículas atômicas que compartilham energia ou ecossistemas que compartilham alimento. Na teia da vida, nada que é vivo vive só" (Wheatley, 2002:89). Com referência à nossa pergunta, a posição central das relações acumula um sentido especial, pois elas são o contexto em que acontecem os ciclos de violência e a energia geradora que jorra a partir da transcendência desses mesmos ciclos. Invariavelmente, nos lugares em que, em grande ou pequena escala, são quebrados os grilhões da violência, encontramos uma raiz central singular que dá vida à imaginação moral: a capacidade de os indivíduos e comunidades se imaginarem em uma teia de relações envolvendo até seus inimigos.

Esse tipo de imaginação é acompanhado por vários tipos de disciplinas chaves que ela mesma produz. A primeira e mais importante é que, onde os ciclos de violência são superados, as pessoas demonstram uma capacidade de visualizar e fazer nascer aquilo que ainda não existe, um conjunto mais amplo de relações interdependentes. Isto se assemelha ao processo estético e artístico. Arte é aquilo que a mão humana toca, molda e cria, e que por sua vez toca nosso senso mais profundo de ser, nossa experiência. O processo artístico tem a seguinte natureza dialética: surge da experiência humana e então molda, expressa e confere sentido a essa experiência. A construção da paz tem essa mesma qualidade artística. Ela precisa experimentar, visualizar e fazer nascer uma teia de relações. As pessoas em cenários de violência literalmente experimentam e veem os padrões e conexões em que estão enredados. Elas enxergam o fato de que os indivíduos, comunidades e redes, juntamente com suas atividades e ações, estão ligados e contribuem para os padrões que podem dar origem a ações destrutivas ou construtivas. Em face da experiência da violência, a escolha de reação que dá origem à imaginação moral exige o reconhecimento da interdependência. Para perpetrar violência, mais que qualquer outra coisa, é preciso ter uma profunda crença implícita de que as mudanças desejadas podem ser alcançadas independentemente da teia de relações. Interromper a violência exige que as pessoas adotem uma verdade mais fundamental: aquilo que fomos, somos e seremos surge e assume forma em um contexto de interdependência relacional. Como discutiremos mais tarde, a essência da construção da paz exige de nossa parte a exploração, com muito mais detalhes, da constituição interior da criatividade, embutida na compreensão da dinâmica e dos potenciais das redes – as artes de fazer teias e observar teias.

Uma segunda disciplina, igualmente importante, que surge em função da posição central que ocupam as relações, é o ato da simples humildade e autorreconhecimento. As pessoas simplesmente não notam a teia. Elas se situam e se reconhecem como parte do padrão. Os padrões de violência nunca são superados sem atos que em sua base têm uma qualidade de confissão. Espontâneos ou planejados intencionalmente, esses atos surgem de uma voz que diz nos termos mais simples: "Sou parte desse padrão. Minhas opções e meus comportamentos o afetam". Enquanto a justificativa para respostas violentas mostra-se onerosa, a imaginação moral que excede a violência, tem apenas dois: assumir responsabilidade pessoal e reconhecer a reciprocidade das relações.

A construção da paz exige uma visão de relações. Dito sem rodeios: se não há capacidade de imaginar um quadro de relações mútuas, e de se situar como parte dessa rede histórica em constante evolução, a construção da paz entra em colapso. A posição central das relações fornece o contexto e o potencial para interromper a violência, pois situa as pessoas em momentos impregnados de imaginação moral: o espaço da constatação de que, em última análise, a qualidade da nossa vida depende da qualidade da vida dos outros. Ela reconhece que o bem-estar de nossos netos está diretamente amarrado ao bem-estar dos netos de nossos inimigos.

A prática da curiosidade paradoxal

Os ciclos de violência são muitas vezes alimentados pela exigência tenaz de reduzir a complexidade da história a polaridades dualísticas, que tentam artificialmente descrever e abarcar a realidade social. As pessoas, as comunidades, e mais especificamente as opções sobre formas de reagir a situações e expressar visões do conflito, são forçadas em categorias do tipo isto ou aquilo: Nós estamos certos. Eles estão errados. Nós fomos violados. Eles são os violadores. Nós somos libertadores. Eles são opressores. Nossas intenções são boas. As deles são ruins. A história e a sua verdade são compreendidas mais plenamente por nossa visão. A visão deles da história é tendenciosa, incompleta, maliciosamente inverídica e ideologicamente induzida. Ou você está conosco ou está contra nós.

As pessoas que apresentam uma imaginação moral para além dos ciclos de violência em que vivem também transcendem as polaridades dualísticas. Isto é, a imaginação moral se constrói sobre uma qualidade de interação com a realidade que respeita a complexidade e se recusa a cair nos compartimentos forçados das dualidades e das categorias do tipo isto ou aquilo. Assim, essa forma de imaginação está impregnada de uma curiosidade paradoxal.

Paradoxo é uma palavra há muito tempo apropriada pela filosofia, teologia e ciências sociais. Com suas origens no grego (*paradoxos*), paradoxo combina as palavras *para* e *doxa*, e geralmente se considera que significa "contrário à crença comum". Há porém uma nuance que acompanha a etimologia da raiz e sugere que *para* se refere a algo que está fora ou além da crença comum, o que é diferente de algo que seja uma contradição direta do que percebemos como verdade. O conceito de paradoxo sugere que a verdade reside no que é inicialmente percebido, mas também além. A dádiva do paradoxo fornece uma intrigante capacidade: ela vincula duas verdades aparentemente contraditórias a fim de localizar uma verdade maior.

Curiosidade requer atenção e contínua indagação sobre as coisas e o seu significado. Etimologicamente, vem da palavra latina *curiosus*, formada pela palavra *cura*, cujo significado literal é "cuidar de" e que tem a ver com "cura" [e, em inglês, com *care*], como na cura espiritual e física. A partir disso, temos palavras como "cuidador" e "curador". Em sua forma negativa, a curiosidade empurra para a indagação exagerada, cujos melhores exemplos talvez sejam os detetives bisbilhoteiros ou vizinhos excessivamente interessados que se metem demais nos assuntos alheios. Entretanto, em sua manifestação mais construtiva e positiva, a curiosidade compõe uma qualidade de indagação curiosa que vai além dos significados aceitos. Ela deseja se aprofundar e é efetivamente estimulada pelas coisas que não são imediatamente compreendidas.

Quando os dois termos são combinados, temos a *curiosidade paradoxal*, que aborda as realidades sociais com um constante respeito pela complexidade, uma recusa de ser vítima das pressões das categorias dualísticas forçadas da verdade, e um desejo de indagar sobre aquilo que vincula energias sociais aparentemente contraditórias formando um todo maior. Isso basicamente não é o impulso de encontrar terreno comum com base em um denominador estreitamente compartilhado. A curiosidade paradoxal procura algo além do visível, algo que vincula energias sociais aparentemente contraditórias ou até mesmo violentamente opostas. Por sua própria natureza portanto, essa qualidade de perspectiva, essa postura frente aos outros – até inimigos – está construída fundamentalmente sobre uma capacidade de mobilizar a imaginação.

Em vez de saltar para conclusões imediatas, a curiosidade paradoxal suspende o julgamento para poder explorar as contradições apresentadas, nos valores de face e de coração, buscando a possibilidade de que haja um valor para além do que se sabe atualmente, e que possa superar a contradição. *Valor de face* é a forma simples e direta sob a qual as coisas aparecem e são apresentadas. Em cenários de violência, está no contexto tal como é, em toda sua feiura e dificuldade. Está na forma como as pessoas dizem que as coisas são, com todas as contradições que surgem quando ouvimos a diferentes lados da humanidade sofredora. A curiosidade paradoxal começa com um comprometimento de aceitar as pessoas em seu valor de face. O *valor de coração* vai além da apresentação da aparência e se aventura na forma como estas coisas são percebidas e interpretadas pelas pessoas. Ele investiga onde está enraizado o significado. Procura achar onde reside o significado na experiência das pessoas. O valor de face e o valor de coração supõem um paradoxo. Os recursos que possibilitam as coisas e as compreensões do que ainda não existe são inerentes ao que existe e como é apresentado, e lá são encontrados. Este é o paradoxo de aceitar pelo valor de face aquilo que existe, e assumir a jornada rumo ao valor de coração de onde veio aquilo e para onde poderia ir.

Suspender o julgamento e investigar os valores de face e de coração em cenários de violência exige uma capacidade de desenvolver e conviver com um alto grau de ambiguidade. Por um lado, precisamos aceitar a realidade da aparência, a maneira como as coisas parecem ser. Por outro, precisamos explorar a realidade da experiência vivida, como as percepções e os significados surgiram e como poderiam apontar para duas realidades:

para o que é agora aparente, e também para o invisível que está além do que nos é apresentado como sendo conclusivo. Suspender o julgamento não é renunciar à opinião ou à capacidade de avaliar. É fundamentalmente uma força para mobilizar a imaginação e elevar as relações e a compreensão das relações em um contexto violento a um novo nível. A suspensão do julgamento se recusa a tomar histórias sociais complexas e realidades construídas e forçá-las dentro de categorias dualísticas artificiais; em vez disso, busca aquela compreensão que quebra as cadeias da polarização social. Longe de ser paralisada pela complexidade, a curiosidade paradoxal, enquanto qualidade da imaginação moral, confia na complexidade como amiga e não inimiga, pois da complexidade surgem inúmeros novos ângulos, oportunidades e potencialidades inesperadas que superam, substituem e quebram os grilhões dos padrões de violência históricas e atuais que se repetem.

Por mais serendipitosas que sejam, as quatro histórias-guias deste livro sugerem a curiosidade paradoxal. Um jovem tratou alguém mais velho, o chefe inimigo, como pai, criando assim uma resposta mais sábia e inerentemente mais paternal. Mulheres mobilizaram o patriarcado para dar origem a um mercado mais seguro, em que os homens eram estimulados a serem homens e fazerem a paz, e as mulheres zelavam pela verdade e preservavam a paz. Um grupo de camponeses recorreu à verdade da retórica de atores violentos para superar a violência. Um professor-poeta ofereceu apenas sua própria vulnerabilidade para garantir segurança a um guerreiro-poeta.

A curiosidade paradoxal estimula e provoca a imaginação moral. É uma disciplina que, em cenários de violência profundamente arraigada, cheios de polarização social, enxerga a complexidade como amiga, e se recusa a cair nas armadilhas históricas das divisões dualísticas que alimentam os ciclos de violência. A curiosidade paradoxal mantém uma permanente posição de indagação, que investiga vigilantemente o mundo de possibilidades que está além dos argumentos imediatos e das definições estreitas da realidade, cujas plagas só são atingíveis levando-se a sério os argumentos e ao mesmo tempo negando-se a se deixar limitar por sua visão. Nesse aspecto, a curiosidade paradoxal é de fato a *cura* que cuida da saúde da humanidade em geral.

Fornecer espaço para o ato criativo

A imaginação moral assume forma e expressão através de um ato. Embora inicialmente possamos pensar, como exercício conceitual, no espaço onde *imaginação* e *moral* se encontram, na realidade não é possível conhecer esse tipo de imaginação fora das ações humanas concretas. Teologicamente essa noção é encontrada na Palavra que se torna carne, o momento em que a potencialidade se desloca do reino da possibilidade para o mundo do tangível. Em outras palavras, a imaginação moral encontra sua expressão mais clara no aparecimento do ato criativo.

Matthew Fox (2002), em seu subtítulo, chama a criatividade de *lugar onde se encontram o divino e o humano*. Novamente, existe inerente a nossa investigação uma qualidade de paradoxo que acompanha o processo, pois o ato criativo simultaneamente tem um elemento do transcendente e do humano. Em outras palavras, a criatividade avança para além do que existe, rumo a algo novo e inesperado, ao mesmo tempo que surge do dia a dia e conversa com ele. Este é, de fato, o papel do artista, e é o motivo pelo qual a imaginação e a arte estão na vanguarda da sociedade. Os artistas tendem a ser, como veremos em capítulos posteriores, pessoas que vivem na borda das comunidades que habitam, de onde surge o pulso da sua obra de vida, e às quais eles falam. Entretanto, por estarem na borda, também representam uma ameaça, pois deslocam a borda do que é considerado real e possível. Como sugere Brueggemann, "Todo regime totalitário teme o artista. É vocação do profeta manter vivo o ministério da imaginação, continuar a invocar e propor futuros alternativos àquele único no qual o rei quer insistir como o único pensável" (2001:40).

Portanto, outra disciplina chave que dá origem à imaginação moral é o fornecimento de espaço para que o ato criativo possa emergir. Prover espaço requer uma pré-disposição, uma espécie de atitude e perspectiva que abre, até mesmo invoca, o espírito e a crença de que a criatividade é humanamente possível. Para isso é necessário acreditar que o ato e a resposta criativa estão permanentemente ao nosso alcance e – o mais importante – que estão sempre accessíveis, mesmo em cenários onde a violência domina e cria, com seu rastro destrutivo, sua maior mentira: a de que as terras onde habita são estéreis. Os artistas põem abaixo essa mentira, pois vivem na esterilidade como se a vida nova e o nascimento fossem sempre possíveis. Embora isso não possa ser previsto ou não esteja claro inicialmente, as pessoas que apresentam uma qualidade profunda de imaginação moral nesses cenários de violência demonstram uma capacidade de viver em um espaço pessoal e social que faz nascer o inesperado. A sobrevivência da criatividade e da imaginação, tendo muito em comum, exige essa qualidade de vida. Elas assumem que existem incontáveis possibilidades, capazes a qualquer momento de avançar para além dos estreitos parâmetros daquilo que é comumente aceito e percebido como a gama de escolhas estreita e rigidamente definida.

Neste livro vou explorar essa qualidade de cuidar do inesperado e esperar por ele. É uma qualidade mais bem conhecida no mundo da arte e dos artistas do que no mundo da técnica social e da perícia administrativa, embora nossa tarefa não seja cotejar esses mundos um contra o outro. O que quero explorar aqui não é a questão de os técnicos ou artistas serem melhores ou mais necessários, e sim entender as qualidades epistemológicas e ontológicas que diferenciam e ligam a técnica à imaginação. A criatividade e a imaginação, o artista que faz nascer algo novo, tudo isso nos propõe novos caminhos de indagação e novas ideias sobre mudanças que exigem que pensemos sobre nossa forma de conhecer o mundo, de estar no mundo e, o mais importante, sobre o que é possível no mundo. O que encontraremos vez após vez naqueles pontos de virada e nos momentos em que alguma coisa avança e escapa ao domínio da violência é a visão e a crença de que o futuro não é escravo do passado, e que é possível o nascimento de algo novo.

A disposição para arriscar

A última disciplina da essência da imaginação moral pode ser descrita de forma simples, mas exige coração e alma e desafia a prescrição: a disposição para assumir riscos. *Arriscar* é dar um passo para o desconhecido sem nenhuma garantia de sucesso ou mesmo de segurança. O risco, por sua própria natureza, é misterioso. Ele é o mistério vivido, pois se aventura por terras não controladas nem mapeadas. As pessoas que vivem em cenários de conflito profundamente arraigado enfrentam uma ironia extraordinária. A violência é conhecida; a paz é um mistério. Por sua própria natureza, portanto, a construção da paz exige uma jornada guiada pela imaginação do risco.

Para entender plenamente a imaginação moral precisaremos explorar as geografias da violência que são conhecidas e a natureza do risco e da vocação, que permitem o aparecimento de uma imaginação que carrega as pessoas para novas, misteriosas e muitas vezes inesperadas plagas. Isso significa em termos concretos que precisamos entender as implicações mais profundas do risco e a sustentação da vocação a longo prazo. A vocação, como veremos, exige de nós a exploração dos chamados da voz interior, e fornece um centro para a jornada extremamente difícil de escapar da prisão histórica da violência.

Conclusão

Combinadas, essas simples disciplinas formam as condições que possibilitam a imaginação moral e a construção da paz. As histórias-guias do capítulo 2 de Gana, Wajir, Colômbia e Tadjiquistão fornecem uma visão dos momentos em que essa imaginação foi deflagrada. Em cada uma das histórias os quatro elementos estavam presentes. Embora invocadas por algo que parece ser um espaço e um tempo da serendipidade, cada contexto conta a história de uma jornada, pessoas buscando uma forma de reagir em dado momento aos padrões históricos de animosidade e violência. Em cada história, a jornada envolveu um ponto de virada, o movimento rumo a um novo horizonte, a fim de redefinir tanto o momento como a relação. A cada passo, o processo foi definido pela capacidade de os atores se imaginarem em relação, pela disposição de assumir a complexidade e não enxergar seu desafio como uma polaridade dualística, por atos de enorme criatividade e por uma disposição de arriscar. Os resultados foram complexas iniciativas de construção da paz definidas por momentos que criaram, e em seguida sustentaram, a mudança construtiva.

A seguir, vamos voltar nossa atenção para o contexto no qual essa jornada precisa ser iniciada, as duras realidades de viver em cenários de violência e as lições que podemos aprender – ironicamente – do pessimismo e daqueles que sobrevivem sem perder de vista o que o poeta Seamus Shore chama de "margem distante".

5

Sobre os acordos de paz
Imagem de uma linha no tempo

> *o truque de achar o que você não perdeu*
> *(existir é complicado: mas viver é uma dádiva)*
> *as imposturas ensináveis de sempre*
> *chegar ao lugar de onde você nunca partiu*
>
> – E. E. Cummings

DESDE 1990, A DATA QUE MARCOU A REDEFINIÇÃO GLOBAL DE ABERTURA na era pós-soviética, foram escritos mais de 80 acordos de paz parciais ou completos (Darby e MacGinty, 2003).[1] O simples ato de os ex-inimigos colocarem os nomes lado a lado em um pedaço de papel representou a culminância de negociações que supostamente iriam encerrar anos, ou até décadas, de violência e guerra. Digo "supostamente" porque terminar guerras e ciclos de violência, em cenários de conflito profundamente arraigado, revelou-se uma tarefa realmente complicada. Desses acordos, dúzias descambaram para novas lutas e novas rodadas de negociação.

Estamos crescendo em termos de capacidade de pensar e desenvolver mecanismos de apoio aos processos que reduzem ou até interrompem a luta aberta. Estamos porém ainda na infância no que se refere a moldar e sustentar uma "pazjusta", reconstruir a genuína comunidade em áreas que sofreram grandes divisões e violência. As dificuldades de atingir uma paz durável em contextos de violência prolongada sugerem que sabemos mais sobre terminar algo dolorido e danoso a todos, porém menos sobre a construção de algo desejado. Quando conseguimos construir após uma guerra, pensamos sobretudo em infraestrutura física: prédios, estradas, pontes e escolas. Entender plenamente e urdir novamente o tecido social das relações rasgadas por décadas e gerações de ódio continuam sendo desafios significativos. Esses desafios têm suas raízes em uma questão que é, para usar uma imagem paulina, como olhar por um espesso vidro escuro. A questão vai ao coração da imaginação moral: como exatamente podemos transcender ciclos de violência? Como criamos mudanças construtivas genuínas na comunidade humana e junto com ela?

Um dos lugares para procurarmos *insights* e lições sobre essas questões é precisamente onde muitos de nós olharíamos por último: nos ásperos terrenos e geografias de conflitos violentos e prolongados. Esta foi minha surpresa: as pessoas que enfrentam as piores situações de degradação humana, violência e abusos muitas vezes enxergam o desafio das mudanças construtivas genuínas com uma penetrante visão. Talvez seja porque para essas pessoas a sobrevivência depende em larga medida da intuição, do senso do significado das coisas e do que elas realmente são por detrás das palavras. Talvez seja porque estejam tão calejadas e tenham adquirido, de forma dura, a cautela e a prevenção acumuladas depois de décadas de dor, injustiça e violência.

Antes de continuar a explorar esse ponto, é útil perguntar o que se quer dizer exatamente com a expressão *mudança social construtiva*. Eu proporia uma definição simples que surge dos cenários de conflito prolongado. Ela pode ser melhor entendida com a metáfora de uma divisão de águas. Essa divisória define como flui a água: de um lado, a água flui para uma orla do continente, que pode estar distante; do outro lado, flui para a orla oposta. Nos conflitos sociais essas duas orlas distantes são o medo e o amor. Esses termos podem não ser academicamente familiares, mas esses mesmos foram propostos há anos pelo economista Kenneth Boulding em vários de seus profícuos tratados (por exemplo, Boulding, 1985, 1989). A questão a cada momento de conflito violento e seu ciclo é esta: para que lado vai fluir a água que define nossa relação, para a orla do medo ou para a do amor?

Quando a água flui para o medo, a relação é definida por recriminação e culpabilização, autojustificação e proteção, violência e desejo de vitória sobre o outro. Quando a água flui para o amor, é definida pela abertura e responsabilidade, autorreflexão e vulnerabilidade, respeito mútuo, dignidade e engajamento proativo do outro. Ao contrário da imagem da divisória de águas, cuja localização é fixa, o grande desafio das realidades sociais definidas pela violência é a natureza dinâmica e sempre móvel das relações. Assim, as águas do medo e do amor podem se movimentar para frente e para atrás, em quantidades pequenas e grandes, dada a natureza específica da relação em cada momento. Mas aqui encontramos uma definição de trabalho de *mudança social construtiva*: a busca da mudança que passa das relações definidas pelo medo, recriminação mútua e violência para aquelas caracterizadas pelo amor, respeito mútuo e engajamento proativo. A mudança social construtiva procura mudar o fluxo das interações humanas nos conflitos sociais, passando de ciclos de violência relacional destrutiva para ciclos de dignidade relacional e engajamento respeitoso. Os fluxos de medo destroem. Os do amor edificam. Este é o desafio: como passar daquilo que destrói para aquilo que constrói. A isto chamo *mudança social construtiva*.

Entretanto, se os padrões de destruição se repetem através das gerações, e esta é a natureza do que chamamos conflitos profundamente arraigados ou prolongados, como saber se um processo de mudança é genuíno? Esta é a dúvida expressa por muitas pessoas sobre as "promessas de paz" em cenários de profunda violência. Ao longo dos anos em que trabalhei em tais cenários, vim a saber que, se você quiser aprender alguma coisa sobre o significado de mudança genuína, precisa ouvir com cuidado a voz das pessoas que sofreram muito e que demoram a acreditar que as coisas estão de fato indo em uma direção construtiva. As pessoas que atravessam os piores ciclos de violência têm muito a nos ensinar sobre a autenticidade nos assuntos humanos. Ao contrário de muitos de nós, a vida delas depende disso. E o que constatamos é que eles são, geralmente, pessimistas. O pessimismo deles, como vim a compreender, é uma dádiva e não um obstáculo. Entretanto, antes de explorar esse pessimismo fundamentado, precisamos olhar mais de perto o que são todos esses acordos de paz e por que essa fase, conhecida como *pós-acordo*, coloca um desafio para a mudança genuína.

Acordos de paz: a linha no tempo

Como sugere E. E. Cummings no poema citado acima, "o truque de achar o que você não perdeu" é "chegar ao lugar de onde você nunca partiu". A ironia desse conceito tem muito a ver com o conceito de construção da paz. Os praticantes e os acadêmicos parecem ter necessidade do projeto analítico, de quebrar realidades complexas em partes, de criar categorias e de buscar o conhecimento através da taxonomia. Foi assim que, em algum momento, os conflitos sociais passaram a ser vistos como uma progressão linear de fases. No caso de violência prolongada e organizada, também conhecida como guerra, a subida e descida do conflito violento tornou-se uma única linha de tempo, semelhante a uma onda. Nessa onda, foram localizadas categorias indicando o que deveria ser feito, quando e por quem, em resposta ao avanço do conflito e à construção da paz. No ponto mais alto da onda, costumamos encontrar o acordo, uma única linha no tempo. Ele é seguido pela fase chamada dos "pós": pós-acordo, pós-violência, e às vezes o maior contrassenso de todos: pós-conflito.

Nos últimos anos minhas prateleiras e arquivos profissionais acadêmicos se encheram com um volume cada vez maior de estudos e tratados úteis sobre a forma de atingir a paz e sustentá-la depois da guerra. A construção da paz pós-acordo tornou-se uma categoria de especialização. Alguns autores e pesquisadores focalizam os aspectos técnicos, como a forma de desmobilizar tropas, repatriar refugiados, ou reorganizar as instituições básicas, como a polícia, nos períodos que se seguem a uma guerra (Darby e MacGinty, 2003; Call e Stanley, 2003; Leatherman, 2003). Há livros sobre comissões da verdade e sobre tribunais de crimes de guerra (Villa-Vicencio e Verwoerd, 2000; Hayner, 2003). Há também um número crescente de livros sobre a política de reconciliação e do perdão (Helmich e Peterson, 2001; De Gruchy, 2003). Cada um deles traz *insights* úteis, aguça nossa compreensão do desafio e descreve processos tentados nos momentos recomendados, sugerindo correções para atender a necessidades identificadas. Esse estudo cada vez mais explícito é importante e representa um esforço de crescimento das nossas capacidades de montar processos de mudança construtiva.

Ao ler essa crescente literatura, chamou-me a atenção uma única imagem predominante – embora em geral inconsciente – dos conflitos violentos, e paralelamente da construção da paz, como sendo a subida e depois a descida da linha de escalação. O Rabisco 1 capta essa imagem, tal como eu poderia ter desenhado em sala de aula.[2] As imagens, como sabemos através de Boulding (1984) e Lakoff e Johnson (2003), são poderosas não apenas porque *comunicam* significado, mas também, e isto é mais importante, porque *criam* significado. Para fins de estudo e de criação de categorias, o conflito-como-escalação tem várias características.

O rabisco capta a imagem de uma única linha no tempo, bastante parecida como uma curva em sino, com uma subida suave e uma descida mais brusca no fim. Embora sugira que o conflito evolui com o passar do tempo, a impressão que deixa é a de que ocorre em um piscar de olhos. Facilmente perdemos a noção do tempo nessa imagem específica. Por exemplo, se tomarmos o período de efetiva luta aberta e guerra em uma dúzia dos conflitos internos contemporâneos mais em evidência, do Sudão à Colômbia, da Libéria a Aceh, a referência de tempo é de décadas, se não de gerações. A ascensão do conflito acontece em longos períodos de tempo, mas as imagens do acordo de paz e do pós-acordo são muitas vezes vistas em períodos muito menores.

Tipicamente nessa representação visual podem ser desenhadas as categorias de tarefas, atividades ou papéis, fornecendo uma espécie de dicionário de conflito e paz. As funções de "advocacia" são tipicamente colocadas cedo, em períodos de conflito latente, e podem ter o papel de trazer à tona questões que precisam ser tratadas. A prevenção encontra seu lugar na escalação ascendente da violência potencial. A negociação surge quando o conflito já escalou a uma altura maior, ou está buscando desescalar. O "acordo", visto muitas vezes como resultado de negociação, não é uma categoria e sim um momento discreto no tempo, uma linha à parte. E então, naturalmente, chegamos à categoria de pós-acordo, o caminho de saída da escalação.

Gastemos alguns momentos para explorar o significado, a promessa e o desafio colocados pela imagem criada pela palavra *acordo*. O que é o acordo? É evidentemente o documento assinado. Mas até uma pessoa em situação de rua nos cenários de conflito armado dirá "Não, não é o papel". Então, além do papel, o que é o acordo? Eu constato repetidamente que a imagem predominante de acordo é a noção de solução. "As partes em conflito chegaram a um acordo" significa que elas chegaram a uma solução. Um acordo cria a expectativa de que o conflito acabou. Isto presume, naturalmente, que o acordo representa soluções substanciais para problemas específicos e que podemos de alguma forma caracterizar o acordo como soluções que podem ser mantidas. É assim que os grupos contenciosos, os meios de comunicação e os profissionais falam a respeito: "Precisamos encontrar uma forma de manter o acordo alcançado".

Avaliando mais de perto, os acordos que põem fim a um conflito são difíceis de encontrar. A maioria dos acordos de paz não são soluções em conteúdo e sim processos de negociação propostos que, se seguidos, irão mudar a expressão do conflito e fornecer caminhos para uma redefinição das relações. Mayer (2000) argumentou até mesmo que a resolução de conflitos tem muitas expressões e profundidades, desde a cognitiva, passando pela emocional e chegando à comportamental, e que qualquer solução dada consegue apenas atender a parte das necessidades mais profundamente arraigadas. Entretanto, quando são entabulados acordos de paz em conflitos prolongados ninguém quer ser explícito a ponto de dizer "O acordo representa processos para continuar o conflito sob novas definições". A imagem mais comum cria uma estrutura de significado que sugere que o conflito chegou ao fim, e a imagem de "acordo" se presta a esse desejo.

Voltando agora a nossa imagem, a linha do conflito como escalação e desescalação coloca uma certa forma de encarar a mudança, e um nível específico do conflito que está sendo tratado. Em grande medida, a imagem focaliza a elevação da violência, um acordo que a interrompe, e a desescalação que se segue ao acordo. Isto coloca a ênfase primária da negociação sobre as expressões sintomáticas, mais visíveis e muitas vezes destrutivas do conflito, mas não no contexto relacional que está no epicentro do que produz a luta (Lederach, 2003). Parece que é isso que ocorre, e por várias razões.

Primeira, uma negociação sobre o conteúdo imediato das disputas fornece um ponto de apoio pragmático para tratar do conflito. Em cenários de violência prolongada, as complexidades de lidar com o epicentro mais profundo são difíceis e envolvem uma longa história de relações profundamente danificadas, com recriminações aparentemente intermináveis. Para quebrar esse ciclo, as negociações avançam para encontrar o que é factível, focalizam esses passos e soluções, especialmente onde a violência pode ser refreada, e adiam as transformações mais profundas para cronogramas posteriores. O pragmatismo político negociado vence. O resultado é vendido como sendo uma solução, quando na verdade se assemelha a um "arranjo" com processos adiados.

Segunda, mais do que qualquer outra coisa, os acordos têm visado a cessação dos tiros e das mortes, uma meta humanitária necessária e louvável. Entretanto, isso representa somente a ponta do *iceberg*, e tem natureza

5 – SOBRE OS ACORDOS DE PAZ

```
                                              VOLTA À PAZ
                                              EM MENOS QUE
                                              2-3 ANOS?
                                    ACORDO
                                    DE PAZ
                                      GUERRA
                                      ABERTA
  ↑
 ALTO

              COLÔMBIA
              50 ANOS

              SUDÃO
              25 ANOS           PERÍODO PÓS-ACORDO

              IRLANDA
              DO NORTE
              32 ANOS

              LIBÉRIA
 BAIXO        12 ANOS
  ↓
         ←  LINHA DO TEMPO  →

          LATENTE   VIOLÊNCIA   VIOLÊNCIA
                    ESPORÁDICA  CONTÍNUA
```

(eixo vertical: NÍVEL DE VIOLÊNCIA ABERTA)

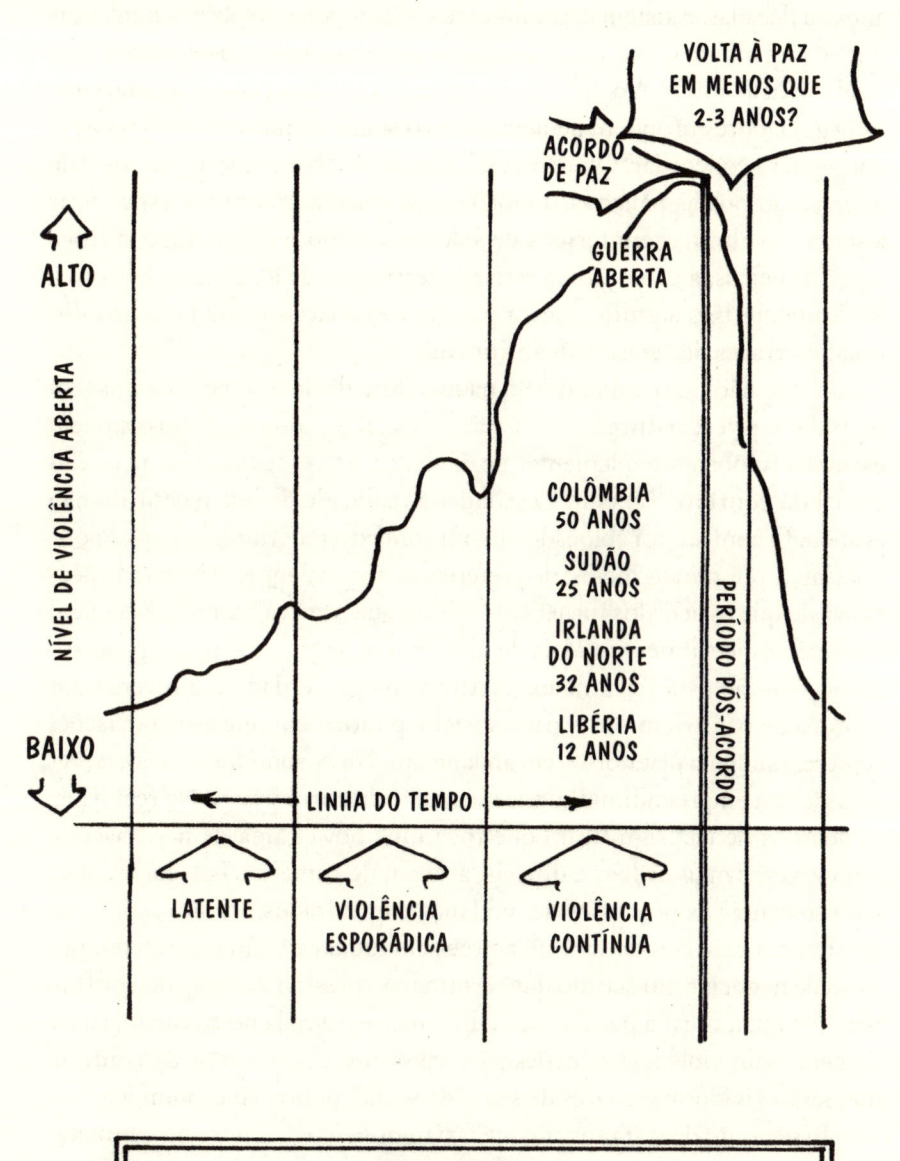

RABISCO UM
O CONFLITO COMO IMAGEM LINEAR

episódica, mesmo se os parâmetros dos episódios de violência sejam de anos ou décadas. Existem naturalmente várias hipóteses sobre as mudanças que acompanham o processo. Quando cessam os tiros, cria-se espaço para mudar outras coisas. A confiança é construída pouco a pouco à medida que os negociadores propõem pequenas coisas sobre as quais os lados opostos conseguem concordar. Ou ocorre a hipótese da "coisificação" da paz e da guerra; em outras palavras, a violência da guerra cria metas específicas a serem focalizadas em termos de soluções, como o cessar-fogo, a troca de prisioneiros, a proteção ou retirada territorial ou a redução de tropas. Basicamente isso significa que a paz via negociação resulta em acordos criados através de "coisas" quantificáveis.

O que não fica explícito nem na metáfora do acordo nem na imagem da linha é a real natureza da mudança social e humana. Ambas podem esconder importantes elementos de mudança referentes ao epicentro relacional do conflito. Tendem a esconder a realidade de que o conflito não acabou. O conflito foi colocado em um contexto redefinido, no qual pode continuar por outros meios, de preferência não violentos. Temos a expectativa de que os acordos forneçam mais do que eles realmente conseguem fornecer, especialmente a ideia de que, com os acordos de paz, o processo de negociação está terminado. Efetivamente, a verdade é o inverso. Os acordos de paz criam um espaço social e político em que as negociações representam uma plataforma em andamento. Nesse sentido, as negociações não são um empreendimento excepcional e de curto prazo. Na realidade, os acordos de paz significam que toda uma nova gama de negociações, muitas vezes mais árduas e difíceis, acabam de começar. Isso sugere que, para sustentar os processos de mudança engendrados por um acordo, as pessoas em cenários de violência precisam mudar de um esforço temporário de negociar um acordo que termine a expressão violenta do conflito para uma plataforma permanente, dinâmica e baseada no contexto, capaz de gerar sem violência soluções para episódios continuados de conflito, que serão vividos nas marés de sua vida social, política e econômica.

Esse ponto de vista sugere que faríamos bem em mudar nossas metáforas e imagens. A sustentação de transformações pacíficas em cenários de violência profundamente arraigada exige uma visão de longo prazo que focaliza tanto as pessoas que estão no cenário de conflito construindo processos duráveis e flexíveis como também as soluções específicas. Afastamo-nos de uma imagem de uma única curva ascendente em forma de sino, a linha do tempo com um acordo como produto. Vamos em direção à imagem da plataforma transformativa: espaços sociais e relacionais em andamento, em outras palavras, pessoas em relações que geram iniciativas sensíveis às mudanças construtivas. Essa estratégia não é alimentada pela preocupação com a forma de terminar os sintomas imediatos e mais prementes do conflito; ela focaliza o modo de criar e sustentar uma plataforma capaz de gerar processos de mudança adaptativa que tratem tanto da expressão episódica do conflito como também do epicentro do contexto relacional conflituoso. Uma imagem que se aproxima dessa compreensão é a das esteiras móveis em muitos aeroportos modernos. Acrescentamos um trampolim à esteira. A esteira se movimenta continuamente com o tempo, e o trampolim tem a capacidade de lançar novas ideias em resposta a problemas que surgem inesperadamente. Assim, a plataforma reage a questões do dia a dia que surgem com as marés do conflito, enquanto ao mesmo tempo sustenta uma visão clara das mudanças de longo prazo necessárias nos padrões relacionais destrutivos. A criação de uma tal plataforma, eu diria, é um dos elementos fundamentais para sustentar ao longo do tempo as mudanças sociais construtivas.

Considerar o desafio como a construção de plataformas dinâmicas exige duas coisas. Primeira, precisamos reconhecer a necessidade de pensar na fase pós-acordo não apenas como um período temporal distinto, mas também como algo sistemicamente conectado aos processos mais amplos de mudança embutidos na rede de relacionamentos em dado contexto. Isso sugere que não estamos tratando de um único processo de mudança, proposto e controlado por aquelas poucas pessoas que negociam principalmente os arranjos militares e políticos, e que são signatárias do acordo de paz. A mudança social construtiva e a própria construção da paz promovem e precisam aproveitar múltiplos processos de mudança, que abrangem os níveis e as populações afetadas pelo conflito (Lederach, 1997). O contexto mais amplo nos empurra para refletir antes, durante e depois das negociações entre os grupos contenciosos sobre a natureza das plataformas que criam e sustentam processos de mudanças construtivas e sobre a construção de relações, não apenas processos que produzem o conteúdo dos acordos negociados.

Segunda, a imagem de plataforma exige que reconheçamos os acordos como realmente são: antiácidos sociais e políticos, redutores temporários de acidez que criam uma saída para problemas sintomáticos e uma oportunidade para criar uma forma de trabalhar os padrões repetitivos e os ciclos de relações destrutivas. As plataformas são muito mais similares a sistemas imunológicos, pois elas mantêm o rumo e fornecem o movimento em direção à saúde de longo prazo. O quadro geral não é tanto sobre a forma pela qual um antiácido acalma as dores que se revolvem, e sim sobre a forma de criar um movimento social em que as mudanças profundas possam ser buscadas no contexto relacional.

O que estas observações nos sugerem sobre a imaginação moral e as mudanças sociais construtivas? Primeiro, as mudanças genuínas estão localizadas em um patamar mais profundo na complexa rede das histórias sociais e relacionais embutidas no contexto do conflito. A imaginação moral precisa achar caminhos para se conectar à rede de relações e mobilizá-la dentro e fora da mudança que tem lugar no contexto. O cerne da mudança pode ser invocado por algumas palavras no papel – mas não é aí que está situado. As mudanças construtivas precisam edificar processos sensíveis que tratem da questão dos desafios profundos enraizados no contexto relacional. Segundo, a autenticidade exige a construção e sustentação de plataformas com a capacidade de gerar o engajamento construtivo das pessoas em uma situação dinâmica e evolutiva que continuamente lança novos desafios.

Pense um momento nas importantes mudanças de direção do pensamento, com as ironias e paradoxos inerentes, que poderiam acompanhar uma mudança da imagem orientadora do acordo como representação de uma solução final e completa para uma outra imagem que o vê como a construção de uma plataforma para promover mudanças continuadas. De imediato, três pontos vêm à mente.

Primeiro, as plataformas são construídas pela sustentação do engajamento construtivo de pessoas que historicamente estavam divididas, e que estão, ou podem permanecer, em um nível significativo de conflito. As soluções de qualquer questão de curto prazo que possam surgir no caminho não fazem os conflitos irem embora. A chave para entender e construir tais plataformas enfatiza a sustentação da relação e do engajamento na presença de conflitos em andamento, diferenças históricas, dores sentidas e percepções de injustiça.

Segundo, as plataformas relacionais para produzir mudanças são mais importantes que as soluções individuais que elas próprias criam. Em outras palavras, as plataformas que criam processos sensíveis precisam ser permanentes e continuamente adaptáveis.

Terceiro, as soluções que atendem a demandas particulares em cronogramas temporalmente discretos fornecem respostas a problemas prementes, mas são efêmeras e não permanentes. As soluções criam uma saída de uma questão episódica. Isso sem dúvida alivia a ansiedade sistêmica em qualquer momento dado, mas não pode ser confundido com a capacidade de gerar processos e soluções de forma contínua. Os acordos podem resolver um problema específico. As plataformas, entretanto, geram os processos que produzem soluções e potencialmente transformam o epicentro das relações em contexto.

Na maior parte das vezes, as imagens predominantes sobre negociações e acordos operam de forma exatamente oposta. As negociações são comumente vistas como um esforço temporário para criar soluções. Acreditamos então que essas soluções precisam ser mantidas. A plataforma que criou a solução é entendida como uma espécie de andaime, útil por um curto período, mas em última análise irrelevante, e portanto tende a desaparecer. A solução é vista como permanente. Entretanto, ao final, se aceitarmos essa visão, pagaremos um preço: as próprias coisas que mais precisamos sustentar – as plataformas relacionais para a geração contínua e adaptada de soluções – ou não são criadas, ou são abandonadas. Isso explica um aspecto decisivo do que poderíamos chamar de *lacuna de autenticidade* quando se trata de processos de paz. As pessoas são levadas a crer que a chave para mudar a situação repousa em algum tipo de solução milagrosa. Intuitivamente, elas não acreditam que o papel assinado vá fazer tanta diferença. E a sua intuição está correta. Os papéis assinados não fazem diferença, e os acordos entram em colapso a menos que sejam criados processos mais profundos de engajamento genuíno.

Conclusão

Em suma, essa discussão do que achamos ao olhar pela lente profissional fora do conflito fornece um *insight* inicial do desafio de criar mudanças genuínas. O primeiro passo para a autenticidade é entender e reconhecer publicamente que o engajamento de questões profundas e de pessoas, o diálogo continuado, é trabalho árduo e não termina com o cessar-fogo ou com a assinatura de um papel. O engajamento autêntico reconhece que o conflito permanece. O diálogo é permanente e exige plataformas para possibilitar que tal engajamento em múltiplos níveis da sociedade afetada seja contínuo. Nas histórias da imaginação moral neste livro, tanto a iniciativa de Wajir e os esforços dos camponeses em Magdalena Medio foram construídos com base na criação e sustentação dessas plataformas. As mudanças construtivas genuínas exigem engajamento do outro. E isso não é um desafio apenas para líderes – precisamos abranger e encorajar uma ampla esfera pública de genuíno compromisso humano.

6

Sobre a dádiva do pessimismo
Insights *provenientes das geografias da violência*

*Falam do teu amor nas sepulturas,
da tua fidelidade no lugar da perdição?*

– **Salmo** 88:12

Página de diário, abril de 2002
   Durante minhas visitas regulares à Colômbia neste último ano, lia continuamente o Salmo 88. Não acho que seja uma leitura fácil, mas o impacto das palavras parece duplamente pesado, dados os paradoxos do contexto: nesse belo país andino, eu me vi gastando boa parte do tempo em cafés e jantares com padres católicos e trabalhadores laicos que lutavam com sua vocação em zonas de conflito armado do país. Um deles confessou que detesta ouvir o telefone tocar, ou uma batida à porta de manhã cedo, porque inevitavelmente vai ter que ir identificar cadáveres, em geral de sua própria paróquia. Outro disse que em um período de três meses ele fez de dois a três enterros e missas de nono dia por semana. Ele observou que seus piores dias são quando o corpo foi mutilado, ou quando é um pai ou mãe, e os familiares sobreviventes estão assistindo à missa da primeira fila. "Que bênção você dá", resmungou ele várias vezes, "quando você tem que olhar diretamente para uma criança de oito anos e explicar por que sua mãe foi chacinada?". Fico fisicamente cansado só de ouvir as histórias. Não consigo imaginar o que sente esse padre de trinta anos.
   O salmista pergunta que ajuda é possível em uma terra do esquecimento ["lugar da perdição"]. Às vezes sinto que minhas viagens

à Colômbia nos últimos quinze anos são para um lugar em que a memória é curta, embora eu me apresse em acrescentar que esquecimento não é exatamente ausência de memória. A praga do esquecimento reside na presença do apagamento intencional, na opção de não ver o que é visível ou não focalizar o que é conhecido. Dizem que a memória seletiva representa um mecanismo de defesa psicológica que possibilita a sobrevivência. E literalmente sobrevivência é a questão na Colômbia. Entretanto, o custo dessa proteção defensiva e coletiva é o barateamento da esperança, pois o antônimo correto de esquecimento não é memória. É a esperança, obtida a duras penas, coletivamente e de forma sustentada; é a crença de que as coisas podem ser diferentes. O esquecimento exige, mais que qualquer outra coisa, que vivamos e respondamos às circunstâncias atuais por uma série de mitos, meias verdades e mentiras descaradas, e que em decorrência disso baixemos nossas expectativas de um novo amanhã.

Assim, para ser honesto, estou lutando contra a praga do esquecimento pois em minhas visitas anteriores à Colômbia vi-me em luta contra a desesperança. Talvez eu tenha sido impactado pela combinação de pessimismos que flutuam pelo país como uma gripe viral. No dia em que cheguei para essa última visita, o candidato presidencial que está à frente sofreu um atentado por bomba em carro e escapou da morte no meio da campanha, jogando mais lenha na retórica já forte de que a guerra total é o único caminho para puxar o país de volta à paz e à democracia. Até os motoristas de táxi parecem ter chegado a um consenso exaustivamente discutido e completo. Um deles comentou: "Estamos cansados do doce da paz pela negociação, pendurado como uma bala fora do nosso alcance. Não acreditamos mais nisso."

"No que não acreditamos?", via-me perguntando repetidamente. "E como as pessoas ficaram tão cansadas de negociações a ponto de a guerra parecer uma opção mais promissora?"

Como o leitor provavelmente notou em capítulos anteriores, não estou à vontade com a visão de mudança cada vez mais orientada para a técnica nos cenários de violência que parecem estar dominando grande parte das abordagens para a resolução profissional de conflitos. O que me rói não é algo que vem do engajamento intelectual sobre evidências empíricas e abordagens relativas à construção da paz pós-acordo, nem os extraordinários esforços de pessoas para conseguirem algo através das práticas de resolução de conflitos, negociação e mediação política. A sensação de ser roído surge daquilo que ouço e sinto cada vez mais à medida que trabalho com pessoas que são desses cenários, e no meu caso, do nível das comunidades locais. O que vejo são três sentimentos predominantes: suspeita, indiferença e distância. O sentido que atribuo a essa combinação de sentimentos encontra expressão na ideia de que, da perspectiva das pessoas locais mais afetadas pelas decisões e pela logística da paz, existe uma profunda lacuna de autenticidade na forma como os processos de mudança de paz e pós-acordo operam e moldam o futuro. Na experiência deles, há alguma coisa que não parece verdadeira entre a retórica e a concretização da paz.

A "pesquisa de táxi" informal que realizo em cada viagem e em quase qualquer lugar para onde vou encontra-se, em geral, cheia de avaliações *in loco*, que nem sempre são científicas, mas são janelas para a realidade. A visão desse motorista de táxi específico trazia a marca daquilo que um levantamento de pesquisa formal certamente teria afirmado: nas classes populares da Colômbia, como em muitos outros lugares, as pessoas vivem com um profundo *déficit* de autenticidade quando se aborda o assunto da paz.

"Colômbia?" Alguns de vocês devem estar pensando: "Achei que você ia discutir as lições tiradas de contextos de 'pós-acordo'. A Colômbia ainda está em guerra". Se esta afirmativa fosse formulada como uma questão verdadeiro-ou-falso em um exame universitário, a resposta seria "Verdadeiro. E Falso". Verdadeiro: a Colômbia é um país internamente em guerra, e as negociações entre o governo e os principais movimentos guerrilheiros entraram em colapso em muitas ocasiões. No momento em que escrevo, as negociações estão interrompidas e a luta escalou. E falso: a Colômbia tem um histórico de acordos negociados entre grupos armados espalhados ao longo dos últimos cinquenta anos de guerra aberta. E falso: a Colômbia tem guerras, não *uma* guerra. E falso: a própria conceituação de nossa categoria de "pós-acordo" pode muito bem ser um artifício heurístico para acadêmicos e políticos, tão perverso em sua natureza que constrói uma versão geralmente aceita da realidade social com poder suficiente para encobrir o que de fato existe: processos complexos de mudança que desafiam uma categorização cronológica. Para citar o salmista, e como observamos no capítulo anterior, o pós-acordo pode encarnar o esquecimento, porque a categoria sutilmente exige que pensemos em linhas e não em círculos, em causas e efeitos e não em sistemas.

Não quero atacar em minha argumentação a categoria de pós-acordo porque embora acredite que ela obscurece certas realidades, também acredito que ela fornece uma lente útil para olhar para momentos discretos dentro de processos maiores de transformação de conflitos. Entretanto algumas cautelas são necessárias, e se encontram entre as pessoas que vivem nesses ambientes onde a paz está sendo "implementada". Essas pessoas sugerem que abordemos a categoria de pós-acordo com grande cuidado e senso crítico. Não podemos abraçar esse período de tempo tão entusiasticamente a ponto de sacrificar a capacidade de visualizar o contexto mais amplo dos ciclos de conflito, ou de toldar as importantes lições que essa fase particular pode nos fornecer sobre a natureza das mudanças sociais.

O *insight* dessas pessoas, creio eu, nasce da luta de atravessar e sobreviver à geografia da violência. Uma terra como essa nos dá lições. Vivi em tais cenários durante vários períodos curtos de minha vida, mas nem de perto na mesma medida que meus professores, pessoas da comunidade cuja caminhada diária é através desse terreno.

Ao longo dos anos, fui assimilando esses cuidados das pessoas que vivem na violência. Em diferentes cenários ouvi muitas vezes as pessoas repetirem o seguinte:

1. As mudanças para nos afastarmos da violência não acontecem facilmente. Qualquer pessoa que diga que sim não morou aqui.
2. As mudanças não vêm depressa. Suspeite de qualquer pessoa com uma solução rápida. Em geral é uma armadilha.
3. Quanto mais as coisas mudam, mais elas ficam exatamente iguais. É só perguntar para meu avô. E é isso que eu ensino aos meus netos. Nunca julgue uma mudança em termos de meses ou de um ano. No mínimo, julgue por décadas, se não gerações.
4. As palavras são baratas. Não acredite em promessas. Não aceite ofertas. Não tenha a expectativa de que sua vida seja mudada por um pedaço de papel assinado por políticos.
5. Para sobreviver à violência, crie muros e se entrincheire. Planeje para ficar assim por longo tempo. Não abra mão facilmente de seus muros. Provavelmente você se arrependeria.

Esse pessimismo, que poderíamos chamar de realismo bem fundamentado, sugere que o assunto do pós-acordo precisa tratar de certas questões: como ver as mudanças sociais desejadas no contexto de divisões sociais e econômicas de longo prazo? O que esperamos e como vemos a qualidade e a construção da esfera pública quando foi dizimada pela violência ou, como é o caso em muitos cenários, nunca existiu realmente? Como restaurar a confiança nas instituições públicas e em líderes que supostamente deveriam servir? Como exatamente uma sociedade inteira se afasta dos ciclos de divisão e violência e passa a buscar um engajamento respeitoso, de tal forma que a mudança seja vista como genuína?

Essas questões conduzem a duas preocupações básicas diretamente relevantes para o propósito deste livro: o que as pessoas que moram em cenários de transição da guerra para a paz nos ensinam sobre o desafio de entender a natureza das mudanças sociais construtivas genuínas? E o que estes *insights* e desafios, por sua vez, nos sugerem sobre a natureza e o lugar da imaginação moral nos assuntos humanos? Vários *insights* e lições surgem da interação com pessoas nesses cenários.

A dádiva do pessimismo

Primeiramente, em conflitos profundamente arraigados, as pessoas se localizam, mudam e avaliam a autenticidade dentro de uma visão expansiva de tempo e de um senso intuitivo de complexidade. Isso cria uma abordagem cautelosa a promessas de que as mudanças sociais construtivas acontecerão em curto período de tempo, independentemente do contexto histórico em que a violência se desenvolveu. Em poucas palavras, há um etos predominante de pessimismo. Isso não quer dizer que as mudanças desejadas não devam ser esperadas ou não sejam possíveis, mesmo a curto prazo. Mas o pessimismo fornece um ponto de partida para compreender a natureza das mudanças. Em termos simples, ele diz o seguinte: avaliar se o processo de mudança é genuíno exige um sério engajamento com a complexidade da situação e uma visão de longo prazo. Se forem alcançadas respostas simples como se a complexidade não existisse, então, como sugere Oliver Wendell Holmes, elas não valem um figo podre. As pessoas que vivem em cenários de violência frequentemente dão um alerta: se falta às mudanças propostas uma consideração séria da complexidade ou um compromisso de longo prazo, então tais mudanças são perigosas. O legado do cenário e a experiência vivida das pessoas inculcam um alto grau de respeito pela capacidade de regeneração da violência, dos padrões repetitivos e do terreno cheio de armadilhas.

Precisamos entretanto entender a natureza e a contribuição desse tipo de pessimismo. Não estamos falando aqui de uma atitude nascida do cinismo, de uma atitude amarga, de uma predisposição para acreditar no pior sobre tudo e todos, enfim, da tendência a encontrar falhas por excelência. O pessimismo nascido do cinismo é uma forma luxuosa de evitar o engajamento. Esse não é o pessimismo que surge em cenários onde as pessoas aprenderam a negociar a vida nos duros terrenos de violência. O surpreendente *insight* dessas terras é que a sobrevivência exige um horizonte de esperança associado a uma indiferença quanto ao impacto da violência. Indiferença não significa que as pessoas não se incomodam. A indiferença delas não é a da apatia. É a indiferença da jornada heroica porém cotidiana. Elas não permitem que os ciclos repetidos de violência matem sua paixão pela vida ou descarrilhem sua jornada diária. Elas continuam a andar no terreno apesar da violência. Isso exige uma indiferença seletiva: aqueles eventos específicos que estão fora do meu controle não vão restringir nem destruir minha vida. Quando esses eventos se repetem ao longo de décadas e de gerações, é criado o pessimismo da sobrevivência. O espaço em que a indiferença seletiva e a esperança se encontram faz nascer uma extraordinária ironia: o pessimismo é uma dádiva para a sobrevivência.

O pessimismo de que estamos falando surge de uma experiência, adquirida a duras penas, como um guia que testa a qualidade do engajamento. Este pessimismo é um presente, não uma má atitude, ou falta de engajamento, ou amargura que perversamente saiu do rumo. É uma compreensão do cenário social baseada no terreno. O que ela tenta envolver é uma compreensão profunda dos assuntos humanos, a natureza verdadeira da forma como acontecem as mudanças, e a necessidade da integridade como condição para se sobreviver à manipulação e à falsidade. Assim, esse pessimismo fornece não um aviso prévio, mas sim um sistema de aviso contínuo. Essencialmente, esse tipo de pessimismo representa um realismo fundamentado.

O realismo com fundamento constantemente explora e pergunta o que constitui uma mudança genuína. Para pessoas que viveram longos períodos em cenários de violência, as mudanças colocam o seguinte desafio: como criar alguma coisa que ainda não existe em um contexto em que nosso legado e nossa história estão vivos e aparentes? O pessimismo sugere que o nascimento das mudanças construtivas se desenvolve no ventre do engajamento com reações históricas complexas e não da atitude de evitá-las. Essa mudança, para ser avaliada como autêntica, não pode ser nem a-histórica nem utópica de forma superficial. O nascimento do genuíno exige que se abracem a complexidade e o comprometimento para alimentar o nascimento e o crescimento ao longo dos altos e baixos. Para nossa indagação sobre a imaginação moral, isso significa que transcender não é evitar ou fugir daquilo que é, mas sim um profundo enraizar-se na realidade do que existiu, e ao mesmo tempo uma procura de novos caminhos para escaparmos à opressão desses padrões. A transcendência e a imaginação são sensíveis aos modelos históricos mas não são limitadas por eles.

Um segundo presente do pessimismo reconhece que a autenticidade das mudanças não está organicamente localizada em campanhas, imagens e palavras publicamente usadas por líderes nacionais. Embora afetem e possam catalisar positiva ou negativamente, elas não constituem o que as pessoas entendem por integridade das mudanças. A autenticidade é semeada nos solos da percepção compartilhada sobre a qualidade e a natureza da esfera pública. Em outras palavras, a autenticidade das mudanças sociais é em última análise testada nas relações da vida real no espaço ao qual as pessoas têm o maior acesso, e onde percebem que são mais diretamente afetadas: em suas respectivas comunidades.

Recorrendo a um subcampo da antropologia, a mudança social é vista com um senso inerente de proxêmica. Tradicionalmente, a *proxêmica* é o estudo do espaço físico real que as pessoas consideram necessário seja interposto entre elas e os outros para que sintam conforto. Aplicando isso à nossa indagação, uma forma de entender como são vistas as mudanças é estudar o intervalo de tempo que as pessoas sentem como necessário para ver como genuíno um processo de mudança. Constato com certa regularidade que as pessoas julgam as mudanças por aquilo que pode ser *sentido* e *tocado* e por aquilo que *toca a vida delas*. Isso evidentemente coloca um desafio de grandes proporções para processos em nível nacional. Quando os líderes e as campanhas nacionais são bem sucedidos, é porque as pessoas se sentem tocadas e sentem que podem tocar o que está acontecendo. Pela visão da proxêmica, a distância entre as pessoas e os processos de mudança foi reduzida porque elas se sentem diretamente ligadas a eles. Quando as coisas acontecem, nacional ou localmente, e as pessoas não têm um senso de tocar e sentir, a distância aumenta e eles se sentem afastados e remotos. Correspondentemente, os processos são percebidos como estranhos e desconectados, criando um senso de imposição ou, pior ainda, de apatia. Na linguagem local: "As coisas acontecem para nós. Não estamos moldando o que acontece". É por isso que o sentimento predominante em relação aos processos de paz é que eles são distantes de nós. Eles acontecem lá fora.

Outra forma de descrever isso é a metáfora da voz. A afirmação mais frequente que ouço em cenários de processos de pós-acordo é a frase: "Não temos voz nas decisões que nos afetam". Metaforicamente, a *voz* constitui uma geografia social mapeada e medida pela distância necessária para criar um senso de engajamento. Mais literalmente, voz tem a ver com conversa significativa e poder. *Conversa significativa* sugere reciprocidade, compreensão e acesso. *Poder* sugere que a conversa faz diferença: nossas vozes são ouvidas e têm algum impacto sobre a direção do processo e sobre as decisões tomadas.

A conversa tem a singular qualidade de fornecer um espaço significativo de participação e intercâmbio. Em conversa, eu tenho acesso aos pensamentos e sentimentos de outro. Partilho meus pensamentos e sentimentos. Juntos, temos um senso de reciprocidade. A proxêmica da conversa e da voz é de acesso e contato diretos. Nas muitas interações diretas que tenho com pessoas em cenários de conflito profundo, sistematicamente ouço que a autenticidade nasce desse senso de proximidade. Poderíamos chamar a isso de *distância social da conversa direta*, o espaço físico real que permite que as pessoas se sintam participantes e não apenas observadoras do processo. Participação não significa controle, mas ela cria uma percepção clara de que a voz conta e é contada. Isto sugere uma compreensão relacional e espacial. A voz cria acesso, uma distância semelhante à conversa medida pelo ouvir e falar reais, e por um senso mais profundo de que a participação na conversa realmente teve valor.

Se isso é de fato verdade, então reconhecemos como é significativo e paradoxal o desafio que a proxêmica coloca para a construção da paz: de que maneira sociedades inteiras passam de uma violenta divisão social para um engajamento respeitoso quando o elemento fundamental da construção das mudanças sociais é medido na distância de uma conversa acessível? Esse não é um paradoxo novo. C. Wright Mills (1959) sugeriu que o desafio dessa disciplina acadêmica era o de entender esse tipo de geografia social.

Em suas palavras, a vocação da sociologia era estudar e entender o espaço que liga a biografia pessoal à estrutura social. As pessoas em cenários de grande violência astutamente reconhecem que a distância e a apatia andam de mãos dadas. Quando os processos de mudança são moldados sem engajamento, ou em outras palavras, sem voz ou conversa acessível, então o processo é mantido à distância, surgindo e crescendo um senso de apatia e de mudanças manipuladas.

A terceira lição do pessimismo surge daquilo que poderíamos chamar da *prova de fogo da autenticidade*: o comportamento realmente mudou? Imediatamente, isso muitas vezes envolve a avaliação diária de palavras em relação às ações. Em cenários de conflito profundo, as palavras e promessas não constituem uma medida adequada da ocorrência de mudanças genuínas. Quem desempenha esse papel são as ações, atitudes, respostas e comportamento das pessoas.

Inerente a essa prova de fogo é o tempo, uma abordagem do tipo esperar para ver a fim de julgar o que significam as supostas mudanças, observando como elas se traduzem em comportamento na vida real. A expressão bíblica "você os conhecerá por seus frutos" engloba essa compreensão. Uma fruta não brota em um único dia, nem é isolada do contexto do solo, raízes e clima. Isso leva tempo e envolve repetidos testes, iterações[1] que são continuamente observadas e saboreadas. Enquanto as palavras são recebidas com cautela a fim de testá-las no laboratório da vida e das respostas reais, as ações e comportamentos das pessoas constituem um teste imediato de autenticidade, ainda que aconteçam uma única vez. Em cenários de conflito profundamente arraigado, julgar as mudanças é um processo reiterativo, acumulado e construído lentamente ao longo do tempo, e que também pode ser facilmente destruído com um único lance ou ação errada. Os comportamentos considerados mudanças construtivas genuínas são julgados com grande cuidado, porém os comportamentos que reforçam percepções pré-existentes de que não é provável que as mudanças aconteçam ou durem são julgados com rapidez e severidade.

Igualmente importante nessa compreensão é a reintrodução direta de pessoas na equação da vida real. Muita coisa que se considera mudança genuína nesses cenários envolve mudanças nas estruturas e instituições sociais. No entanto, as mudanças institucionais são sempre julgadas pelas

---

1. Sequência finita de operações em que o objeto de cada uma é o resultado da que precede.

ações concretas das pessoas que as representam. Por exemplo, uma polícia local pode se engajar em uma iniciativa ampla para melhorar sua imagem e relacionamento com a comunidade a que atende. A corporação pode apresentar um grande programa que capta a mudança pretendida, como por exemplo: "Servir a comunidade dentro do respeito à lei". Tomando o melhor cenário possível, pode ser que a gestão e os demais funcionários individuais estejam comprometidos com a mudança e as novas metas, e que eles até tenham o treinamento e o preparo para executar as metas de longo prazo. Entretanto, o teste da autenticidade dessa mudança não estará no âmbito das palavras ditas pelos líderes, ou escritas na lateral dos carros de patrulha, ou na distribuição de folhetos anunciando o programa e as novas diretrizes, ou no orçamento que pagou o treinamento, que demonstra o comprometimento do sistema para com a mudança. Em última análise a prova de fogo da autenticidade estará refletida no modo como as pessoas percebem o comportamento dos policiais em situações da vida real. O grande paradoxo é este: para ser autêntica, a mudança social construtiva precisa ser amplamente estrutural, mas ela é testada nas minúcias e no contato direto com o comportamento das pessoas, inclusive nas ações individuais, entendidas como representativas da mudança proposta. A autenticidade envolve um longo período de espera até que as pessoas acreditem que a mudança é real, mas o julgamento da inautenticidade é contínuo e imediato.

A imaginação moral, o pessimismo e as mudanças construtivas

A discussão anterior sugere que as pessoas de geografias de violência colocam três paradoxos desafiadores para o teste das mudanças construtivas. Primeiro, o seu pessimismo propõe o dilema da transcendência: o ato de fazer nascer algo novo precisa abraçar uma história que esteja presente e viva. Segundo, o paradoxo da esfera pública sugere que, enquanto a mudança é percebida e compreendida como sendo amplamente social, nacional ou até global para as pessoas afetadas pelo conflito, a autenticidade da mudança é testada na arena pública de máxima acessibilidade e proximidade: a comunidade local. Finalmente, o paradoxo do comportamento sugere que as mudanças são estruturais, porém avaliadas por ações pessoais e individuais. Pense um momento o que esses desafios implicam para nossa exploração da imaginação moral.

O realismo fundamentado e o pessimismo construtivo exigem um tipo de imaginação capaz de transcender a violência, mas que ao mesmo tempo se envolve nos desafios imediatos e históricos que continuam a produzi-la. Para que alguma coisa seja genuína ela precisa ir além do que existe e, no entanto, submeter-se a ser continuamente testada. A autenticidade diz que as mudanças precisam avançar através do engajamento com o passado, mas sem retroceder para a terra do esquecimento ou condenar as comunidades a repetirem o que se passou antes. O verdadeiro desafio da autenticidade e da imaginação moral é como transcender o que foi e o que é agora, e ao mesmo tempo viver dentro deles. Para que a imaginação moral faça uma jornada nesse terreno será preciso que ela trate da complexidade e sustente as mudanças ao longo do tempo. Torna-se necessário também encontrar formas de sustentar mudanças estratégicas amplas e ao mesmo tempo prestar muita atenção aos detalhes das pequenas coisas, as maneiras como as mudanças sociais se traduzem em atitudes e comportamentos. Os processos e soluções para a paz que se desviam dessas exigências fundamentais – a complexidade e o compromisso de longo prazo – descobrem mais cedo ou mais tarde que as mudanças propostas raramente são genuínas ou duráveis.

Talvez o mais importante com referência à construção e sustentação da paz é que a imaginação moral precisa levar a sério as demandas de autenticidade, que deve ser como uma qualidade construída e testada em uma esfera pública acessível. Tudo indica que nosso histórico de engajamento estratégico da esfera pública em processos de paz é fraco, senão inexistente (Barnes, 2002). Baseamo-nos quase exclusivamente em formas de liderança representativa, no melhor dos casos com um processo de encontrar representantes designados pelas pessoas cujas vozes devem ser ouvidas, e no pior, e infelizmente mais frequente, por alguma equação pragmática do poder político e militar dos líderes principais. Em outras palavras, a *realpolitik* predominou não apenas com relação à forma de definir tradicionalmente a política na era dos estados-nações, como também na forma de conceituar a própria construção da paz. Entretanto, ela se revelou incapaz de sustentar as mudanças construtivas que anuncia publicamente.

A *realpolitik* propõe uma metodologia de construção da paz. Enraizada na história da construção dos estados-nações e da política do poder, a metodologia contribui com várias ferramentas úteis e necessárias, em especial a capacidade de avaliar qual grupo de pessoas pode infligir dor ou destruir processos. Em outras palavras, a *realpolitik* avalia as mudanças e respectiva validade de acordo com o poder definido por influências militares e econômicas. Como uma lente, ela focaliza as pessoas e os processos que detêm esse poder. A mesma metodologia, contudo, afirma, com base apenas na fé, que aqueles que aparecem sob a lente dos critérios da *realpolitik* são os que definem os parâmetros das negociações de paz e vão salvaguardar sua adequada implementação – o que aliás não é confirmado pelas evidências encontradas em processos de paz recentes.

O caso pode na verdade ser pior ainda do que acaba de ser dito. Uma metodologia de *realpolitik* adotada *a priori* obscurece duas importantes características, quando transportadas de uma lente que ajuda a avaliar as relações de poder existentes para outra que define os parâmetros da paz. Primeiro, a *realpolitik* é cega à existência dos espaços sociais, relações, ideias e processos que não se encaixem em sua definição pré-existente de coisas importantes. Portanto, na maior parte das vezes, pior do que errar no cálculo, ela deixa escapar completamente alguns dos elementos mais importantes dos processos sociais capazes de gerar novos padrões e estruturas relacionais. Como iremos explorar, são justamente esses elementos que mostram uma capacidade de criar e sustentar a imaginação moral que servem de base para uma maior autenticidade na promoção das mudanças construtivas. Segundo, a *realpolitik* tem o triste histórico de destruir em vez de construir justamente a coisa mais necessária para sustentar as plataformas capazes de fornecer uma "pazjusta" dinâmica: a confiança pública e o autêntico engajamento público.

Permita-me retornar por um momento aos sentimentos predominantes expressos por pessoas nas ruas em cenários de conflito profundamente arraigado em uma fase de pós-acordo: suspeita, indiferença e distância. Esses sentimentos têm muito a ver com a lacuna de autenticidade. Estão baseados em uma percepção comum a muitos que vivem e atravessam as geografias de violência continuada, captada em expressões comumente ouvidas na rua: "O 'processo de paz' é uma coisa que aconteceu para nós, assim como a guerra aconteceu para nós". Este sentimento sugere que fomos dominados pela visão de que a paz está basicamente dentro da jurisdição e dos parâmetros de um pequeno número de pessoas militar e economicamente poderosas e visíveis. O processo de paz se expande para incluir mais pessoas quando aqueles incumbidos de implementar os acordos precisam deles, principalmente em situações de pós-acordo. Mas não desenvolvemos a capacidade de contemplar – e menos ainda praticar – a paz na esfera pública.

O pessimismo construtivo sugere que a fraqueza mais significativa ao sustentarmos plataformas para mudanças genuínas é a falta de engajamento autêntico da esfera pública. Em outras palavras, nossas capacidades menos desenvolvidas são os mecanismos para fornecer acesso e engajamento das pessoas e comunidades inteiras ao processo de mudança, e para fazer com que esse engajamento crie um senso de propriedade, participação e genuíno compromisso. Temos uma considerável lacuna de imaginação sobre esse tipo de engajamento, e consequentemente, os processos de paz apresentam um profundo déficit de autenticidade pública, que com frequência se torna aparente na fase pós-acordo.

Conclusão

Se ouvirmos cuidadosamente as vozes que falam a partir de cenários de profunda violência, elas reiteram o que exploramos neste capítulo: para sustentar as mudanças construtivas, a imaginação moral precisará tratar dos desafios apresentados pelos paradoxos que tornam as mudanças genuínas.

O pessimismo não identifica meramente a presença de desconfiança. Os ciclos de violência e décadas de divisão certamente criam uma falta de confiança, e os processos de mudança da paz são em grande parte voltados para a restauração da confiança. Podemos considerar a falta de confiança como um dado, como algo frequente, presente desde o início, e continuando através de todo o processo de mudança da guerra para a paz. A principal dádiva é esta: o pessimismo construtivo nos ensina que a desconfiança é necessária para voltarmos à realidade e assegurarmos que a mudança não é superficial, estilo Pollyanna, e nem um disfarce para outras intenções. A desconfiança nos assegura que não estamos mergulhando em esperança barata nem a promovendo: ela nos mantém autênticos.

Ao buscar as mudanças construtivas, nosso desafio raramente é a falta de ideias, propostas, projetos ou até acordos bem intencionados e bem expressos. Na verdade, sempre fico impressionado com os extraordinários *insights*, visões e até discursos inspiradores que parecem existir em abundância de ambos os lados em cenários de conflito prolongado. Todos são a favor da paz e em geral têm formas eloquentes de afirmá-lo. Mas as palavras, mesmo quando bem ditas, não criam por si mesmas um sentido de autenticidade. Em geral a verdade é o contrário: as pessoas desconfiam das palavras e afirmam que querem ver ação, a prova de fogo do comportamento. A construção da paz muitas vezes assumiu o desafio de construir a confiança principalmente no nível básico da confirmação: ver na ação que uma ideia proposta foi realizada. Por mais útil que seja, a confirmação logística de ações políticas não constitui a autenticidade de mudança.

Se formos invocar e apoiar processos de mudança construtiva, precisamos fazê-lo abraçando vários paradoxos. Os processos aumentam em autenticidade quando são iniciados a partir dos desafios históricos de um dado cenário, e quando levados a sério, por mais ruins que sejam. No entanto não ficam paralisados ou limitados por resultados pré-determinados que um tal cenário possa ter criado. Essa é a dádiva do pessimismo, um realismo fundamentado que mantém as coisas perto das duras realidades que precisam ser mudadas. A autenticidade do processo precisa transcender os padrões históricos mas deve ficar perto das pessoas, tão perto que elas sintam que o processo está ao alcance de sua voz. Essa é a dádiva da proxêmica e a voz da autenticidade. Elas exigem que os processos não sejam apenas palavras ou propostas que passem ao largo daqueles que são afetados. A autenticidade exige acesso, conexão e reciprocidade como meios de transcendência.

Nosso desafio abrange os aspectos técnicos das mudanças, mas vai bem além deles. Precisamos encontrar formas de criar espaços e processos impregnados de imaginação moral. A busca da autenticidade nos assuntos humanos exige a prática de uma disciplina que possa, sem medo, colocar os seguintes tipos de questões em todas as esferas de atividade humana: "Como podemos transcender padrões relacionais destrutivos e ciclos de violência enquanto continuamos a viver no contexto que os produziu? Como podemos construir processos amplos de mudança social e ao mesmo tempo criar espaços genuínos de engajamento público acessível?" Como podemos promover mudanças estruturais que se traduzam em ações visíveis?

A autenticidade pede transcendência e realismo fundamentado, acessibilidade e visão ampla, capacidade estratégica e comportamento imediato. Por sua vez, estes exigem as disciplinas da imaginação moral na esfera pública. Considere as quatro disciplinas identificadas anteriormente com relação ao que acabamos de discutir sobre os cenários de violência prolongada.

A imaginação moral entende os relacionamentos como o centro e o horizonte da comunidade humana. Portanto, ela desenvolve uma vocação baseada em um compromisso incondicional de construir relações autênticas. Em termos práticos, para sociedades profundamente divididas, essa visão exige a capacidade de imaginar uma relação com o outro que transcende os ciclos de violência, ao mesmo tempo que o outro e os padrões de violência ainda estão presentes. Para dizer sem rodeios, a imaginação moral tem a capacidade, mesmo em momentos da maior dor, de compreender que o bem-estar de minha comunidade está diretamente relacionado com o bem estar da sua comunidade.

A imaginação moral se recusa a enquadrar os desafios, problemas e questões da vida como polaridades dualísticas. Sua abordagem fundamental mantém juntas simultaneamente várias necessidades e perspectivas que concorrem entre si e até se contradizem. Ela é construída sobre a capacidade de imaginar que é possível manter simultaneamente várias realidades e visões de mundo como partes de um todo maior, sem perder a própria identidade ou ponto de vista, e sem precisar impor ao outro a própria visão. Ela busca a complexidade como um amigo e não um inimigo.

A imaginação moral acredita e age a partir do princípio de que o inesperado é possível. Ela opera dentro da visão de que o ato criativo sempre está ao alcance do potencial humano, mas a criatividade exige um movimento para além dos parâmetros do que é visível, do que existe atualmente, ou do que se considera concedido. A imaginação moral não apenas pensa fora dos padrões estabelecidos; ela está disposta a assumir o risco de viver fora dos padrões estabelecidos.

Assim como descreveu inicialmente Mills, e como foi explorado neste capítulo, a imaginação moral precisa se situar entre a biografia e a estrutura social, entre o local e o nacional. Esse lugar é a esfera pública acessível. A imaginação moral pode ser encorajada e promovida pela liderança, mas não é propriedade nem responsabilidade exclusiva dos líderes. Ela também é a vocação das comunidades. A esfera pública acessível se engaja em um nível em que as pessoas sentem que ainda têm voz e podem tocar o processo de mudança. Com muita frequência a esfera pública e suas instituições são vistas como terras inalcançáveis. As pessoas sentem que o que acontece lá fora afeta sua vida, mas não têm um senso de acesso e de conexão. Sentem a perda da voz e a distância. A imaginação é a capacidade de criar conexão entre o local e o público. Ser moral é a substância de se ver no quadro maior das relações e de manter no centro da vida pública as pessoas, e não as estruturas criadas pelo homem.

Então, como as pessoas que vivem nas geografias de violência se lembram e mudam? Como foi tão bem expresso nas reflexões do salmista, não é pela criação de uma terra do esquecimento. A amnésia social pode ser útil para o pragmatismo político, mas é uma receita para produzir comunidades fracas, incapazes de uma verdadeira identidade e das relações genuínas correspondentes. A terra do esquecimento cria comunidades sem vocação. O desafio de ligar memória e visão repousa basicamente na vocação da imaginação moral, que só pode ser exercitada naquele lugar entre o local e o público, entre a biografia pessoal e a modelagem de estruturas sociais sensíveis.

Talvez o maior mistério da paz é que a autenticidade da mudança não se localiza naquilo que pode ser quantificado e controlado. Está enraizada na coragem de as pessoas e comunidades existirem e viverem vulneravelmente em face do medo e da ameaça, e em última análise no fato de aí descobrirem que a segurança humana não está basicamente ligada à quantidade ou tamanho das armas, à altura ou espessura do muro que os separa, nem ao poder de imposição ou controle. O mistério da paz está localizado na natureza e na qualidade das relações desenvolvidas com os que mais são temidos.

Para invocar esse mistério e essa criatividade precisamos voltar nossa atenção aos recursos e processos em arenas que até agora têm sido consideradas periféricas em relação ao cerne da profissão da construção da paz e da resolução de conflitos. A jornada vai nos levar à surpreendente terra da imaginação moral, vai exigir a exploração de coisas que tipicamente não constam de nossos manuais de habilidades técnicas. Precisaremos explorar as águas não mapeadas da arte e da alma das mudanças sociais.

7

Sobre a estética
A arte da mudança social

> *Num dia de outono quando Bashô e Kikaku, um de seus dez discípulos, estavam passando por uma plantação de arroz, Kikaku compôs um haicai sobre uma libélula vermelha que havia despertado sua imaginação. E ele mostrou o seguinte haicai para Bashô:*
>
> *Tire um par de asas*
> *de uma libélula, e você*
> *fará uma pimenta.*
>
> *"Não," disse Bashô, "isso não é um haicai. Você vai matar a libélula. Se quiser compor um haicai e lhe dar vida, você precisa dizer:*
>
> *Coloque um par de asas*
> *em uma pimenta, e você*
> *fará uma libélula.*
>
> – **Kenneth Yasuda**, The japanese haiku

QUANDO EU ERA MAIS JOVEM, HÁ TANTOS ANOS QUE NÃO QUERO NEM pensar, escrevia poesia. Não eram versos de tremer a terra. Provavelmente as únicas coisas que ela fez tremer foi meu coração e minha cabeça, embora nos meus primeiros anos de faculdade vários tenham sido aceitos para publicação em alguma revista obscura de poesia que já não existe mais. Então vieram os anos de estudo sério, indagação intelectual e a busca do profissionalismo. A poesia caiu na beira da estrada. Parei de escrever poesia, pelas minhas contas, há quase vinte anos. No início dos anos 1990, provavelmente devido ao fato de que minha vida estava muito cheia de atividade, a poesia apareceu de volta em algumas margens de anotações e era escrita em guardanapos e finalmente em diários de viagem que eu havia começado a fazer. Muitas vezes quis saber por que a educação superior e a profissionalização tiraram a poesia de mim.

Quando cheguei a um ano sabático em 1998, decidi me encontrar semanalmente com um poeta-professor a quem tinha pedido para me ajudar a entender o que eu estava fazendo com "essas coisas que aparecem". Ele era gentil e paciente, mas não perdeu muito tempo para chegar ao ponto. Ainda tenho o conselho dele escrito inteiro acima de um poema no qual eu estava trabalhando naquela manhã. "Você está escrevendo poesia", ele disse, "como se estivesse produzindo um livro". Ele foi até a estante, puxou um livro chamado *The Portable Jack Kerouac* [O Jack Kerouac portátil] do qual tenho hoje um exemplar na minha prateleira de poesia, e abriu na página 483 (Charters, 1995). No capítulo chamado "Crença e técnica para prosa moderna" estava uma lista dos 30 pontos essenciais de Kerouac. O dedo do professor parou no número 22, e ele leu: "Não pense em palavras quando você para, exceto para ver melhor o quadro".[1]

Durante aquele sabático, eu, um construtor da paz que havia passado a maior parte da vida trabalhando com conflitos e violência profundamente arraigados, me envolvi com a alegria de rabiscos de casa de chá, a suprema frustração de trocar uma pequena palavra por outra, e ocasionalmente o "Nossa, de onde saiu isso?" que é a experiência de escrever poesia. Eu estava me encaminhando para uma completa surpresa. Em vez de ser uma diversão pessoal para alimentar meu espírito, que é o que eu achava que estava fazendo no sabático, a poesia se tornou um caminho para a construção da paz. Em minhas aulas, geralmente em algum ponto quando estamos todos nos sentindo assoberbados com a complexidade de estudar um conflito violento que nos parece impossível, vou ao quadro e escrevo em letras grandes: "Não pense em palavras quando você para, exceto para ver melhor o quadro". E em seguida digo: "O maior desafio da construção da paz é ver a essência. Mesmo que você não faça mais nada, reserve algum tempo para obter um quadro, uma imagem. Quando você vir melhor o quadro, terá alcançado uma síntese. A chave para a complexidade é encontrar a elegante beleza da simplicidade".

A partir desse período, durante o qual permiti que a poesia voltasse para minha vida, adotei certas disciplinas prazerosas. Por exemplo, várias vezes ao ano quando enfrento longas viagens para regiões tumultuadas do mundo, tenho um pequeno ritual. Vou a uma livraria, dirijo-me à secção de poesia e me dou de presente um novo volume. Seja Yeats ou Hughes, Rumi ou Neruda, fico até tarde da noite quando não consigo dormir, lendo essas pequenas telas preto-no-branco da vida. Escrevo poesia regularmente, embora ainda não tenha me aventurado a publicar nada. Presto atenção aos pequenos "aparecimentos" de palavras que causam a impressão de captar algo que está acontecendo na viagem. Em algumas raras ocasiões, leio aquilo que escrevi na sala de aula e em seminários de treinamento. Sinto-me como se estivesse procurando o caminho em um mar não mapeado. Às vezes os paralelos são notáveis, pois o processo de prestar atenção à poesia, ouvir uma voz que parece não vir de lugar nenhum no meio dos turbulentos mares interiores, é muito parecido com tentar entender as tempestades dos conflitos prolongados.

Durante nossa última sessão daquele ano sabático, mostrei a meu professor-poeta algumas coisas novas que estava escrevendo. Parafraseado na minha memória, o comentário dele foi a seguinte observação: "Parece que os seus poemas curtos funcionam. Os mais longos precisam de trabalho". Ele foi, como de costume, aguçado em sua observação. Notei que eu até gostava mais dos poemas curtos que dos longos. Se leio um poema realmente longo, preciso parar para assimilar em doses. É como se algo pedisse uma síntese mais curta.

Um dia, em pleno Summer Peacebuilding Institute, na Mennonite University, Mary Ann Cejka, uma madura pesquisadora social fantasiada de estudante, conduziu nossa reflexão de abertura de aula para iniciar o dia. "Hoje", disse ela, "vamos escrever haicai". Ela explicou a estrutura e as regras simples do haicai. Por quinze minutos todos nós escrevemos haicais estruturalmente corretos mas artisticamente deficientes. Embora eu tivesse lido e soubesse alguma coisa sobre essa forma de poesia, algo chamou minha atenção naquela manhã e desencadeou minha aventura com o haicai.

Bashô, o famoso mestre japonês de haicai, certa vez observou: "Quem cria de três a cinco haicais na vida é um poeta haicai. Quem atinge dez é um mestre de haicai" (Yasuda, 2000:25). Nos últimos anos experimentei o haicai. Assim como Mary Ann, eu até o ensino como exercício em minhas aulas de construção da paz. Sinto alívio no fato de que, talvez nos próximos vinte anos, eu possa "atingir" um haicai. Até então achava essa forma de poesia um desafio extremamente intrigante. O haicai, se você o permitir, vai levá-lo em uma jornada por terreno difícil em busca de um lugar muito promissor, mas onde é quase impossível viver, exceto em momentos breves e extraordinários. É o lugar em que se encontram a simplicidade e a complexidade. Acredito que esse é também o lugar em que o coração da construção da paz bate em um ritmo regular mas nem sempre percebido, e onde a fonte da imaginação moral encontra inspiração.

Embora exista uma evolução histórica e certo número de variedades, o haicai tradicional vem do Japão e tem diretrizes ou regras de bolso muito simples. A estrutura de um haicai é criada em três linhas e as sílabas de cada linha são contadas. O padrão mais comumente aceito exige que a primeira linha tenha cinco sílabas, a segunda sete, e a terceira cinco. Cinco-sete-cinco, em dezessete sílabas o haicai precisa captar a plenitude da experiência humana. Para os que quiserem ver um haicai, os dois poemas citados da obra de Yasuda na abertura deste capítulo estão ambos [no original inglês] no formato cinco-sete-cinco. O haicai precisa captar em algumas poucas palavras a complexa plenitude de um momento, um cenário, ou, como os próprios poetas gostam de dizer, uma experiência. Vim a considerar que o desafio do haicai é uma metáfora. A prática do haicai é esta: abraçar a complexidade através da simplicidade. Acredito que essa é uma das práticas essenciais da construção da paz, que é tanto uma disciplina como uma arte, mas, antes de explorarmos esta compreensão, sejamos mais claros sobre a natureza do haicai voltando-nos para os próprios peritos e poetas do haicai.

Kenneth Yasuda, na obra *The Japanese Haiku* [O poema japonês] – provavelmente o livro mais acessível para o não iniciado –, sugere que essa disciplina de poesia é mais bem entendida como atitude e momento. A *atitude* de haicai é a disciplina de preparação, uma predisposição para tocar e ser tocado pelo estético; em outras palavras, para perceber e ser tocado pela beleza. O haicai exige um estado de prontidão para essa percepção, tanto ao escrever como ao ler. Assim, os poetas de haicai falam de humildade e sinceridade como os dois valores guias que sustentam o trabalho à medida que eles enfrentam a vida e veem a verdadeira natureza das coisas. Aso, um poeta e teórico, escreveu sobre o mestre Bashô que ele havia "encontrado o caminho da arte nos modos comuns de viver" (Yasuda, 2000:18).

O *momento* haicai, como sugere Yasuda, acontece com o aparecimento da ressonância. Algo ressoa profundamente. Conecta-se. O que é conectado é a eternidade da verdade com a imediaticidade da experiência. Ele chama a isto "o ah!", que na minha experiência traduzo como o momento "aha", o "sei exatamente o que você quer dizer". Os teóricos de poesia citam poetas que citam poetas, então neste assunto não demora muito para que apareça Ezra Pound contribuindo com observações similares e seja citado por teóricos haicai. "A imagem", escreveu ele, "é aquilo que apresenta um complexo intelectual e emocional em um instante de tempo". Ele continua: "é melhor apresentar uma Imagem em uma vida do que produzir uma volumosa obra" (Pound, 1913:200). Seguindo essa ideia, Yasuda (2000:25) conclui: "o momento haicai resulta em novo *insight* ou visão que o poeta haicai precisa transmitir em um todo orgânico".

Ao que parece, a origem do comprimento do haicai é a duração de um fôlego. Ele explora a complexidade do que é experimentado no período de tempo do que pode facilmente ser pronunciado em um único fôlego. Assim, os poetas haicai ligam o âmago da sua arte à intuição visceral. Yasuda explica isto com a ideia do "ah". Incluindo uma citação do conhecido teórico Otsuji, ele afirma "Não há tempo ou lugar explicitamente para a reflexão, para julgamentos ou sentimentos do observador. Só existe o objeto falado, apaixonado, com seus 'extraordinários poderes de estabelecer ecos na mente do leitor'". (Yasuda, 2000:31). O cerne da prática do haicai é encontrar um caminho para a intuição, desembaraçado da lógica, das explicações e até das emoções.

A intuição é uma coisa engraçada. A maioria das pessoas não confia nela. Efetivamente, a maior parte dos treinamentos sobre resolução de conflitos e construção da paz parecem ser construídos com base em habilidades que reduzem, contornam ou ignoram a intuição. Mas se alguma vez você já conversou extensamente com bons praticantes sobre a forma como eles ficam sabendo como deve ou não deve ser o próximo passo, ou mais ainda se você falar com pessoas que trabalham em construção da paz e são do cenário de violência, você vai ficar sabendo que o que eles contornam são as regras de procedimento adequado. O que eles seguem é seu próprio palpite.

Com sua ênfase na estética, o haicai sugere que a experiência vivida e a intuição são relacionadas. "A natureza das coisas é captada na intuição clara", escreve Yasuda. "O mundo como ele é fica revelado no momento haicai" (2000:62). Aso, o talentoso poeta haicai, escreveu sobre sua própria obra: "Não é a arte da paixão; é uma arte que tenta captar as mensagens das coisas ou a atmosfera que surge da tensão ou emoção, e não a própria emoção. Consequentemente, é a arte da síntese e não análise, do dar a entender e não do realismo" (Yasuda, 2000:63). Isso sugere algo que custamos a abraçar na área da construção da paz: conhecer e entender conflitos não é algo que aconteça exclusivamente, e talvez nem principalmente, via processos de análise cognitiva, que é a quebra da complexidade em partes com as quais conseguimos lidar. O conhecimento e, o que é talvez mais importante, a compreensão e os *insights* profundos são alcançados através da estética e das formas de conhecer que veem o todo e não as partes, uma capacidade e um caminho que se apoiam na intuição mais que na cognição.

Etimologicamente, a palavra *estética* vem do grego e é definida como "aguçado nos sentidos". O haicai persegue essa qualidade de aguçamento. Ele liga intuição, observação e experiência. A intuição, que não é um sentimento como a emoção, constitui o senso de algo. O senso toca. Ele vê e experimenta as coisas como um todo e não em partes. O senso cria sentido. Ele reúne as coisas e as mantém reunidas. Por sua própria natureza, a intuição sintetiza. Esse tipo de intuição é um "item essencial", como afirmou Kerouac, justamente porque "vê melhor o quadro".

Essa pode muito bem ser a razão pela qual meus poemas curtos se aproximaram mais da estética que os longos. Eles estavam encontrando um caminho na descida escorregadia rumo à intuição. Digo "rumo à" porque a trilha é longa, e eu ainda não escrevi meu haicai, e menos ainda a imagem única da qual fala Pound. Mas a disciplina de escrever poesia, mais especificamente haicai, me aproximou da arte, e a arte me aproximou da disciplina de tocar a intuição como um recurso, em vez de considerá-la uma perturbação que nos distrai.

Esse tipo de discussão não é prevalente em grande parte da literatura usual na área da construção da paz, que é técnica, baseada em habilidades e orientada a processos. No entanto, constatei que os momentos transformadores em um conflito são muitas vezes aqueles preenchidos de uma qualidade semelhante ao haicai, que inunda um determinado processo ou espaço. Poderíamos chamá-los de momentos de imaginação estética, um lugar onde subitamente, a partir da complexidade e das dificuldades históricas, a clareza das grandes intenções faz uma aparição inesperada na forma de uma imagem, ou na maneira de colocar algo que só podemos chamar de artístico. Veja o jovem konkomba em nossa história inicial, que em um momento de grande tensão, utilizou uma breve expressão que invocava a imagem do "pai", captou o senso de conflito histórico de tal maneira que criou um significado inteiramente novo. As suas poucas palavras penetraram historicamente, e no entanto transcenderam no imediato. O mesmo aconteceu com as mulheres de Wajir. Na terrena simplicidade de criar um mercado seguro, elas encontraram a imaginação por meio da qual puderam lidar com toda a situação.

Esses não são momentos definidos pela busca analítica. São profundamente intuitivos – breves, doces e sintéticos até o cerne. O que eles sintetizam são as complexidades da experiência e os desafios de tratar de dilemas humanos profundos. Quando acontecem, é quase como se você estivesse contemplando uma obra de arte, ouvindo uma peça musical, ou ainda ouvindo um verso de um poema que, como disse Otsuji, "ecoa na sua cabeça" (Yasuda, 2000:31). São momentos em que todos os envolvidos sentem um *ah-hah* coletivo.

Já participei e ministrei muitos programas de treinamento sobre resolução de conflitos, especialmente sobre o processo e as habilidades de mediação. Em todos eles, em algum momento ensinamos a necessidade de desenvolver a habilidade de ouvir. Muitas vezes isso inclui a habilidade de parafrasear, de encontrar uma forma de realimentar o que foi dito àquele que o disse. Existe, é claro, um lado técnico do processo, mas não é a técnica que cria a audição. Efetivamente, a verdade é o contrário disso. Muitas pessoas desanimam com a tecnologia de ouvir. Estou cada vez mais convencido de que ouvir não é uma questão de técnica ou de paráfrase, e sim de estética. O ouvir, quando compreendido dessa perspectiva, é análogo à atitude haicai e ao momento haicai. Ouvir é a disciplina e a arte de captar a complexidade da história na simplicidade da intuição profunda. É cuidar de ter um senso aguçado do significado das coisas.

Quando olho em retrospectiva para as experiências pessoais de mediação, ou de acompanhar pessoas que lutam em cenários de profunda violência e perdas, consigo reconhecer isto. Nesses lugares as pessoas estão ansiosas, com raiva e amedrontadas com a perda de vida – literal e figurativamente –, e ouvir requer a disciplina de poucas palavras e enorme paciência para penetrar nas grandes nuvens de ambiguidade ao mesmo tempo que vivemos nelas. As pessoas falam às coisas, rodeiam as coisas, e rodeiam outra e outra vez. Muitas coisas são ditas e repetidas. Períodos de tempo inteiros são saltados anacronicamente, uns por cima dos outros, e depois na direção inversa. A raiva, amargura, arrependimento, tristeza, as perdas e os mal-entendidos são todos misturados em um pacote de mensagens formado de palavras e imagens, faladas ou não. No meio dessa bagunça muito humana, ouvir é a arte de conectar e encontrar a essência. Na maior parte das vezes as bolhas surgindo da intuição fluem para esse tipo de audição profunda. Nesses cenários um mediador com muitas palavras não ouve o borbulhar. Um mediador incapaz de tocar a intuição deixa escapar o fluxo. Mas quando um participante ou mediador capta em poucas palavras a complexidade da experiência, é como se um haicai tivesse sido escrito, uma pequena tela tivesse sido pintada, as notas de uma melodia tivessem flutuado no ar. E existe um senso orgânico de "*ah-hah*. É isso". O ouvir, nesse instante, se torna um momento haicai construído a partir de uma atitude haicai. Quadro claro. A imagem surge.

O desafio para invocar a imaginação moral não é aperfeiçoar ou aplicar as técnicas ou habilidades de um processo. Minha impressão é que temos dado ênfase demais aos aspectos técnicos e ao conteúdo político, em detrimento da arte de fazer nascer e manter um processo criativamente vivo. Ao fazê-lo, perdemos a essência daquilo que origina e sustenta as mudanças criativas. A correção para isto não é jogar fora o bebê junto com a água do banho. É buscar a genuína conexão entre disciplina e arte, a integração de habilidade e estética.

Trabalhamos com uma profissão que tentou tratar dos desafios da complexidade quase exclusivamente através do melhoramento dos processos utilizando a tecnologia da mudança. Mas negligenciamos e cuidamos mal da estética da mudança, da arte da vida. É aqui que a imaginação moral entra em jogo. Ela dá atenção à intuição. Ela ouve aquilo que Yeats chamou de "cerne do coração" (Yeats, 1993:28). Esse tipo de imaginação capta as profundidades do desafio e ao mesmo tempo joga luz sobre o caminho a seguir. Assim como a estética, a imaginação moral procura se ligar à intuição profunda que cria a capacidade de penetrar e transcender os desafios do conflito violento. Reconhecer e alimentar essa capacidade são os ingredientes que forjam e sustentam as mudanças construtivas autênticas.

Como praticamos a estética da construção da paz? Como na própria arte, não há uma única técnica por meio da qual isto possa ser buscado, e ao mesmo tempo, não é possível criá-la sem disciplina. Permita-me compartilhar algumas coisas simples que constatei na prática e que são úteis.

Sempre que me encontro no meio de uma conversa tensa, trabalhando com grupos envolvidos em um conflito sério, e a situação parece infinitamente complexa, faço a mim mesmo uma pergunta simples: "Se você tivesse que captar o coração dessa coisa em uma sentença de menos de oito palavras, o que você diria?" Essa é a atitude e o momento haicai. Consigo encontrar a imagem? Lembre-se: haicai não é reducionismo. A disciplina não é reduzir a complexidade a fatos. Haicai é síntese. Ele capta a complexidade de um todo orgânico alcançando sua composição mais simples. Ele vê as coisas no coração. Quando você capta o coração de uma experiência complexa, você chega a um *insight* e muitas vezes chega aos caminhos que permitem o avanço. A disciplina consiste em manter complexidade e simplicidade juntas. A arte está em captar ambas em uma imagem *ah-hah*.

Procuro distinguir poesia na conversa. Pode ser que eu esteja conversando com um senhor guerreiro, um comandante, um motorista de táxi ou uma dona de casa, mas eu procuro a poesia. Há alguns anos tenho me esforçado em manter um diário. Entre outras coisas, coleciono no diário frases, pensamentos, afirmações e conversas que surgiram em minhas viagens e encontros com pessoas lutando para avançar em meio a conflitos humanos. Muitas vezes tomo esses pedaços de conversa e deixo que eles respirem em preto e branco no papel. Nem sempre dá certo, mas o que vi foi o seguinte: existe uma poesia do conflito inserida nas conversas do dia a dia. Às vezes um único poema conversacional capta a complexidade de toda uma situação.[2]

Fico atento às imagens faladas. Na linguagem comum poderiam ser chamadas de metáforas, que de fato é o que elas são nas conversas cotidianas, e habitualmente dizemos que *ouvimos* metáforas. Prefiro *observar* metáforas. O que descobri em muitos cenários de conflito é isto: as pessoas raramente conversam analiticamente sobre conflitos, a menos que se sintam obrigadas a fazê-lo para explicarem formalmente a confusão em que se encontram a um especialista que está analisando seu conflito. As pessoas falam por imagens. Existe muita literatura que cuida da importância das metáforas para criar e moldar a realidade e as experiências. Mas existe menos discussão sobre a estética das metáforas. Passei a tratar as metáforas como se fossem pinturas. A metáfora é um ato criativo. Na forma espontânea como são formuladas, elas trazem ao mundo algo de novo. Esse algo novo interage com o mundo e tem vida. Ele cria uma imagem da experiência de viver no mundo. Quando observo uma metáfora, tomo o cuidado de não abordá-la com fins instrumentalistas em mente. Eu a abordo como uma criação. A metáfora, assim como um filme, uma pintura ou um poema, convida à interação, à investigação e ao eco. Às vezes percebo que, em lugar de agir rapidamente para entender a metáfora, é muito melhor ficar com ela algum tempo. Deixá-la rolar na sua cabeça e no seu coração. Anoto as metáforas em qualquer coisa disponível: uma conta do jantar, um *ticket*, e eu as levo no bolso. Em algum momento volto para olhar com mais cuidado, para ouvir uma segunda vez. Em conversas sobre conflito, não apenas ouço as metáforas, eu as observo. Elas assumem vida própria, e falam do conflito, dos problemas e dos caminhos a seguir. As metáforas são como um museu vivo dos recursos do conflito. Em geral elas me levam a uma apreciação estética do contexto, do processo e dos desafios da mudança.

Faço rabiscos. Eu não chamaria a isto desenhar; rabiscar é uma descrição mais exata. Em geral acontece no meio de conversas com pessoas. Como construtor da paz gasto muito tempo conversando com pessoas, na maioria das vezes informalmente à mesa, em almoços, em lanchonetes de hotéis ou aeroportos, no chá da tarde ou no café da noite. Algumas das conversas mais significativas com bascos, irlandeses, somalis, filipinos, colombianos e africanos do leste e do oeste foram informalmente à mesa. As histórias compartilhadas e os problemas discutidos são longos e complexos. Não consigo ficar sentado ouvindo muito tempo a menos que tenha um lápis ou caneta à mão e algum pedaço de papel, muitas vezes um guardanapo ou o verso de um folheto. Raramente faço anotações. Geralmente acho que tomar nota desvia a atenção da conversa. Eu rabisco e talvez anote ocasionalmente uma palavra ou expressão que surge na conversa.

O que eu rabisco são imagens que a conversa invoca. Procuro permitir que as muitas palavras que ouço passem da cabeça para o coração, e deste para a mão. À medida que ouço, faço-me estas perguntas: "Qual é a aparência e a sensação dessa coisa que eles estão descrevendo? O que existe no coração desse assunto? Para onde essa coisa está indo? Para onde eles gostariam que ela fosse? Qual é o obstáculo? Como as pessoas, grupos e atividades estão interligados? Que quadros eles estão pintando com as palavras?" Perguntas como essas não têm fim, mas todas têm um lado gráfico, orgânico. Elas se prestam a rabiscos. Desenho o que sinto e ouço. Muitas vezes são círculos e linhas, embora às vezes surja um quadro real. Mostro o rabisco às pessoas. Eles acrescentam algo à imagem.

Quando não temos lápis e papel, pego recipientes de açúcar, sal, pimenta e ketchup, xícaras de café e talheres da mesa – qualquer coisa para conseguir uma imagem do espaço, das relações, processos e mudanças que as pessoas estão lutando para descrever e criar. O que constato é isto: quando consigo ver, consigo entender melhor. Se consigo entender, consigo formas de moldar e de empurrar. O "Não pense em palavras quando você para, exceto para ver melhor o quadro" surge no guardanapo ou na mesa.

Uma vez pensei em escrever um livro chamado "Rabiscos de guardanapo" no qual iria explorar as características do meu trabalho. A ideia era usar guardanapos, toalhas e recibos de almoços e jantares como ilustrações no livro. Meu problema acabou sendo que tenho muito poucos dos meus rabiscos de guardanapo originais. Não é que eu os perdi ou joguei fora. Noventa por cento das vezes, a pessoa com quem estou falando diz ao fim da conversa: "Você se incomoda se eu ficar com esse guardanapo?"

Conclusão

A estética da mudança social propõe uma ideia simples: a construção de processos adaptativos e sensíveis exige um ato criativo, que na sua essência é mais arte que técnica. O ato criativo traz para a existência processos que não existiam antes. A fim de se manterem ao longo do tempo, os processos de mudança precisam de inovação constante. À medida que evoluíram o estudo e a prática da mudança social em contextos violentos, pressionamos para obter aceitação e legitimação, principalmente argumentando que esses campos são profissionais. A excelência profissional cada vez mais enfatizou a tecnologia, a técnica e as habilidades de gestão de processos como ferramentas que legitimam e possibilitam o treinamento, a reprodução e a disseminação. Isso não é ruim, mas também não é a única fonte de conhecimento, compreensão e sustentação. No processo de profissionalização também perdemos o senso da arte, a arte criativa que sustenta o nascimento e crescimento da mudança social. Temo que estejamos nos considerando – e portanto nos tornando – mais técnicos que artistas. Em virtude dessa mudança de percepção, nossa abordagem tornou-se estereotipada, confiando demais no que é sugerido pela boa técnica como quadro de referência. Em consequência nossos processos são rígidos e frágeis demais.

Precisamos nos visualizar como artistas. Precisamos de um retorno à estética, àquilo que Mills chamou de o lugar da imaginação na ciência, "um elemento lúdico na mente [...] um impulso verdadeiramente feroz para captar o sentido do mundo, algo que usualmente falta ao técnico enquanto tal" (Mills, 1959:211). Através dos tempos as mudanças sociais que duram e que fazem diferença estão baseadas na intuição do artista: a complexidade da experiência humana captada em uma simples imagem e de tal forma que comove indivíduos e sociedades inteiras. O verdadeiro gênio da imaginação moral é a capacidade de tocar a arte e a alma do tema.

O desafio da construção da paz e da imaginação moral é justamente o que Bashô colocou para seu discípulo ao descrever o desafio do haicai: como compor e conferir vida àquilo que criamos? A estética ajuda aqueles que tentam passar dos ciclos de violência para novas relações e aqueles que querem apoiar esse movimento a se enxergarem como realmente são: artistas trazendo à vida e mantendo vivo algo que não existia. Como artistas, estamos sujeitos a certas exigências da estética. Sejamos atentos à imagem. Vamos ouvir procurando a essência. Confiar na intuição e segui-la. Observar metáforas. Evitar entulhamento e burburinho. Ver melhor o quadro. Encontrar a elegante beleza onde a complexidade encontra a simplicidade. Imaginar a tela da mudança social.

8

SOBRE O ESPAÇO
A vida na teia

As aranhas não são pequenos autômatos fazendo a mesma coisa repetidamente. Elas são flexíveis. E não são flexíveis burras; são flexíveis espertas.

– **Bill Eberhard**, citado em *Deadly Silk*

NO POEMA "THE SECOND COMING", W. B. YEATS (1996) ESCREVEU várias linhas bem conhecidas que se tornaram pontos de referência e até títulos de livros subsequentes. Usado com frequência para refletir a dificuldade de unificar o fluxo da história humana, o poema se refere à trágica inevitabilidade de que nosso mundo desmorone, de que nossas realidades sociais desejadas se fragmentem em mil pedaços. A questão colocada neste capítulo completa o ciclo daquilo que não é falado no poema: "Qual é o centro que mantém as coisas juntas?" Tenho uma resposta simples com referência à mudança social construtiva: a rede invisível de relações.

Quando as relações entram em colapso, o centro da mudança social não se sustenta. Correspondentemente, a reconstrução do que desmoronou é essencialmente o processo de reconstruir espaços relacionais que mantêm as coisas juntas. Os espaços relacionais, paradoxais por sua própria natureza, criam uma energia social simultaneamente centrípeta e centrífuga. Mas, ao contrário da anarquia que é como explodir em um milhão de pedaços, a construção da paz compreende que as relações criam e emanam energia social, e são lugares para onde retorna a energia para um senso de propósito e de direção. Em nosso mundo físico, na escala maior de todas, esse é o lugar do sol, esse corpo planetário extraordinário, e quase incontível que irradia energia vital e ao redor do qual os planetas de nossa galáxia giram e são mantidos dentro de uma certa ordem. Em nosso mundo social, uma família tipicamente tem essa característica.

Ela nos manda para o mundo, mas no entanto voltamos a ela para termos um senso de identidade, direção e propósito. As comunidades de fé, as famílias escolhidas e até localidades geográficas fornecem um senso de identidade e também têm essa capacidade centrífuga/centrípeta. Em cada um desses exemplos, existe uma força empurrando para fora e puxando para dentro, e ao fazê-lo cria um "centro que segura".

Ao longo dos anos, vim a intuir mais que provar cientificamente, sentir mais que quantificar, que o centro da construção da justiça e da paz sustentáveis é a qualidade e natureza das relações entre as pessoas. Uma das chaves das mudanças sociais construtivas reside naquilo que faz o tecido social, as relações e os espaços relacionais. Essa rede precisa ser vista muito mais de perto.

Comecei a compreender como as relações são fundamentais durante os anos em que morei e trabalhei na América Central. Estava envolvido em várias iniciativas de construção da paz, desde o treinamento das comunidades de base para a resolução de conflitos até esforços de conciliação em uma esfera mais alta para terminar uma guerra, desde a prática da mediação até a pesquisa etnográfica e a construção de teorias sobre abordagens aos conflitos e sua transformação em diversos contextos culturais. Ao longo de seis anos, aproximadamente desde a época de minha primeira visita em 1984 até 1990, as experiências e o aprendizado adquiridos a partir desses esforços trocaram minhas lentes. O que vi ao redor dos conflitos sociais e a forma como focalizei mudaram tanto minhas teorias como práticas. Pela primeira vez eu estava com pessoas cuja compreensão natural do dia a dia me fornecia uma lente através da qual eles viam o conflito e a resposta a ele embutidos em espaços, redes e conexões relacionais.

O desenvolvimento dessa nova lente é notório na evolução dos títulos de meus livros. Quando fui à América Central pela primeira vez, pediram que eu ajudasse a desenvolver uma série de oficinas-piloto sobre resolução de conflitos. Em 1984 escrevi um pequeno manual que carreguei para essas oficinas e compartilhei com os primeiros participantes. Um ano mais tarde foi publicado com o título de *La Regulación del Conflicto Social:* Un Enfoque Práctico (Lederach, 1986). Em 1992, através de um editor guatemalteco, saiu uma segunda edição do manual, totalmente remodelada: *Enredos, Pleitos y Problemas* (Lederach, 1992). Esse livro está agora em sua quarta edição. O título espanhol não é fácil de traduzir para o inglês. Literalmente, seria algo como *Tangled Nets,*

Fights and Problems [Enredamentos, Lutas e Problemas]. Em algum momento entre 1984 e 1992 o foco do livro passou de "administração" para "enredamentos".

Os três termos no título – *enredo, pleito, problema* – são os sinônimos populares mais bem conhecidos de *conflito* na linguagem do dia a dia na América Central. É como se tivéssemos conseguido três formas comuns de dizer *conflito* em inglês como "Credo, que *bagunça*! Realmente nos metemos em uma *encrenca* aqui. Isso virou um *desastre* total". Em ocasiões mais raras, poderíamos dizer "Caímos em um *conflito*".

O que sugere a mudança de título? Por um lado foi uma forma de captar uma linguagem mais compreensível. Em outras palavras, a mudança de título deu maior destaque às expressões do dia a dia sobre os conflitos, diminuindo o jargão técnico dessa área. Entretanto, em um nível mais profundo, e escondido nas palavras iniciais, o título coloca o "quem" no centro do "como". Conforme descrevi em minha tese de doutorado (Lederach, 1988), essa lente do "quem" gerou enormes inspirações em uma visão de mundo muito mais ampla do conflito.

O termo espanhol *enredo* – uma rede embaraçada – é na sua raiz uma metáfora de pesca. *Red* significa "rede", como uma rede de pesca. É também o termo para "rede" no sentido de interligação. Estar *enredado* é ser pego em uma rede. *Enredo* é uma das expressões mais comuns na América Latina para descrever conflitos cotidianos. A metáfora contudo está fortemente ligada a um senso de relação e de espaços relacionais. Uma rede, quando embaraçada ou rasgada, é cuidadosamente desembaraçada e remendada. No entanto, quando o processo de colocar as coisas novamente em ordem está completo, a trama do todo permanece um tecido de linhas, conexões e nós. Como metáfora, *enredo* vê o próprio conflito, bem como a forma de pensar sobre a resposta ao conflito, como uma dinâmica social em andamento, embutida em uma rede de relações. A "solução" é conceituada como trabalhar a rede; os recursos e os desafios são para moldar um caminho de saída da bagunça através de conexões relacionais. Quando as pessoas nos cenários do dia a dia em que eu estava trabalhando tinham um conflito, o primeiro pensamento delas não era "Qual é a solução?". Era "Quem eu conheço que conhece a pessoa com quem tenho o problema e que pode ajudar a criar uma saída?". A pergunta "quem" vinha antes. A pergunta "o que" vinha depois. Em outras palavras, as soluções surgiam de recursos, conexões e obrigações relacionais.

Sistematicamente, durante meu trabalho de mediação a cada nível na América Central, constatei que isso é verdade. As pessoas com quem eu estava trabalhando tinham uma inclinação para pensar em "quem" em primeiro lugar, e com frequência. E faz sentido. Você pode estar com a solução substantiva perfeita para um problema, mas se você não tem as pessoas certas no devido lugar e conectadas do jeito certo, a solução desaba. Por outro lado, se você tiver as pessoas certas no lugar, e conectadas, os processos e as soluções são geradas. Como vim a descobrir, *enredo* é a arte do *know-who*.

A exploração desse surpreendente aspecto da construção da paz criou uma importante lente que reorientou meu pensamento sobre os processos de resposta a conflitos, mas propôs um desafio que me deixou perplexo. O que significa exatamente uma abordagem centrada em relações para as mudanças sociais construtivas? Vim a acreditar que a resposta está na forma de abordar e entender os espaços relacionais em uma dada geografia, o tecido da comunidade humana, definida de forma ampla como o ziguezague de conexões de pessoas, vidas, atividades, modalidades organizacionais e até padrões de conflito. Acredito que há habilidades que acompanham uma abordagem espacial da mudança, mas acredito que seu maior componente não é uma uma tecnologia para conduzir uma boa comunicação, e sim o desenvolvimento e a disciplina de uso de lentes apropriadas, que focalizam as coisas. A arte do *know-who*, a essência da abordagem do *enredo*, reside naquilo que procuramos e focalizamos. Ver e localizar a mudança nas geografias física e social implica uma observação cuidadosa daquilo que está presente mas nem sempre imediatamente visível: a rede de relações. Essa abordagem nos pede para olhar as relações pela lente dos cruzamentos, conexões e interdependências sociais.

Alguns anos mais tarde, dei outro passo na jornada para uma compreensão espacial das mudanças. Descobri, um tanto inadvertidamente, que as redes (*networking*) são muito mais do que aparentam ser. As redes sociais existem, mas para vê-las você precisa se guiar por uma perspectiva que raramente entrou na área da construção da paz ou no projeto de mudança social: a aracnologia, o estudo das aranhas e suas teias. A chave, pelo que constatei, é aprender lições dos que constroem as teias e os que as observam (os observadores de teias são discutidos no capítulo 10).

Construtores de teias

Meu interesse pelas aranhas e teias tem um histórico. No início dos anos 1990 comecei um texto sobre construção da paz que finalmente foi publicado como livro sob o título de *Building Peace:* Sustainable Reconciliation in Divided Societies [Construção da Paz: Reconciliação Sustentável em Sociedades Divididas] (Lederach, 1997). Como verifiquei também em outros textos, à época em que o livro chegou ao pensamento público, minhas ideias já tinham evoluído, mas o que tinha sido escrito continuou firme na página. Achei que isso era particularmente verdade sobre uma de minhas principais propostas descritivas e teóricas (Lederach, 1997:39), ou, mais precisamente, sobre a busca de um nome adequado e apropriado para a teoria que acompanhava uma das abordagens da pirâmide de construção da paz encontrada no livro *Building Peace* (ver Rabisco 2).

Ao longo dos anos, usei uma pirâmide com três níveis diferentes para descrever a liderança e as abordagens à construção da paz. O ápice da pirâmide representava descritivamente a liderança mais visível e a menor quantidade de pessoas. Aos esforços de construir a paz a partir desse nível, chamei abordagem "de cima para baixo". À base da pirâmide, representando o maior número de pessoas afetadas pelo conflito e também o nível das comunidades locais espalhadas na geografia em estudo, chamei abordagens "de baixo para cima" na construção da paz. A parte média da pirâmide não tinha um título bem arrumado ou fácil. Percebi que era de longe a mais difícil de descrever. Minha experiência e observações sugeriam uma abordagem que examinava cuidadosamente pequenos conjuntos de pessoas que transitam entre as bases e os mais altos níveis de liderança, que têm uma certa independência de atividades e criam processos que sustentam ou conectam os outros dois níveis. Optei pelo nome um tanto estranho de abordagem "do meio para fora" (*middle-out*).

Em palestras, senti cada vez mais desconforto com o título "do meio para fora", em grande parte porque os estudantes, que eram como laboratórios contínuos de perguntas e de realimentação, questionavam o termo e até o diagrama. Em dado ponto subitamente reconheci algo que tinha estado lá o tempo todo mas que eu não tinha visto. Tipicamente, eu explicava a abordagem do meio para fora desenhando um diagrama da pirâmide e então introduzindo as linhas que descrevem a ideia de integração vertical e horizontal.

Para aqueles que não leram o livro anterior, a *capacidade vertical* explora e examina os espaços relacionais que ligam as pessoas nos níveis alto e baixo da sociedade. Os *espaços verticais* são os que ligam a liderança das comunidades locais com as pessoas que estão guiando os processos de nível mais alto. A *capacidade horizontal*, por outro lado, se refere às relações entre pessoas e grupos que atravessam as divisões de identidade que possam existir em dado local, sejam elas étnicas, religiosas, raciais ou linguísticas. *Integração* é o espaço onde as conexões verticais e horizontais se encontram, no centro das coisas. O que ficou óbvio é que grande parte desse esforço não era dirigido "para fora", no sentido que o descritor "do meio para fora" parecia criar. Não se tratava de sair do local onde o conflito estava acontecendo a fim de procurar respostas aos desafios fora dele. Na verdade, a abordagem do meio para fora era o inverso. Tratava-se de achar os recursos baseados em relações, conectores e espaços sociais dentro do cenário que tinham a capacidade de gerar processos de mudança.

Um dia, durante uma aula, simplesmente decidi mudar o nome. Pelo que me lembro, disse de improviso: "Chamar isto de abordagem do meio para fora está errado. Essa abordagem é de ligações estratégicas de rede, que criam uma teia de relações e atividades que cobrem o cenário". No desenho, em vez de escrever "do meio para fora", escrevi "abordagem de rede". O que ficou foi a palavra *rede*, e desde aquela época usei esse termo no lugar de "do meio para fora".

Mais ou menos no mesmo período eu tinha diariamente encontros em que aprendia com meu filho. Digo isso literalmente. Pelo que me lembro do momento, estávamos sentados uma noite vendo televisão. Josh, que à época tinha uns dez anos de idade, era um grande fã do canal Discovery. Ele gostava em especial dos programas de animais. Quando mais novo, o que prendia a atenção dele eram os programas sobre animais grandes como leões ou sucuris, ou o sujeito que quase é comido por um crocodilo cada vez que se aventura em um rio. Uma noite o canal Discovery projetou imagens e uma discussão sobre a maneira de uma aranha construir uma teia. Não me lembro da história na sua totalidade, nem se assistimos ao programa todo. O que me chamou a atenção foram as imagens em câmera lenta de uma teia circular em construção.

As "tecelãs de teias circulares", como foram chamadas naquela noite, são as aranhas que tecem a imagem mais comum de teia que temos. Muitos de vocês provavelmente já tiveram a oportunidade em algum momento

8 – SOBRE O ESPAÇO

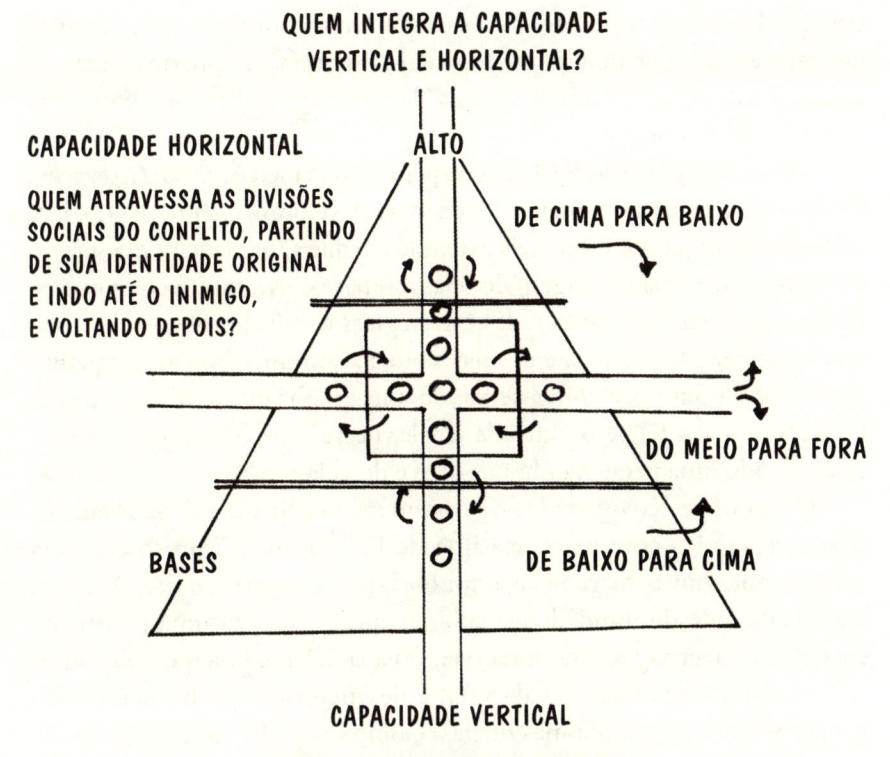

```
                QUEM INTEGRA A CAPACIDADE
                  VERTICAL E HORIZONTAL?

CAPACIDADE HORIZONTAL        ALTO

QUEM ATRAVESSA AS DIVISÕES
SOCIAIS DO CONFLITO, PARTINDO            DE CIMA PARA BAIXO
DE SUA IDENTIDADE ORIGINAL
E INDO ATÉ O INIMIGO,
E VOLTANDO DEPOIS?

                                         DO MEIO PARA FORA

          BASES                          DE BAIXO PARA CIMA

                  CAPACIDADE VERTICAL

                QUEM SE MOVIMENTA E CONECTA
                O NÍVEL MAIS ALTO DE NEGOCIAÇÃO
                COM AS COMUNIDADES DE BASE?
```

RABISCO DOIS
PIRÂMIDE DE ABORDAGENS À CONSTRUÇÃO DA PAZ

de ver a maravilha de uma teia circular completa. Para mim aconteceu com mais frequência nos trópicos, em geral de manhã quando a umidade é alta, deixando um orvalho visível e pesado. A luz solar atinge os fios dessa criação. Subitamente aparece uma extraordinária obra de arte. A teia circular se destaca com toda sua beleza em um espaço onde, horas antes, não havia nada.

A aranha começa a teia com uns poucos fios longos estrategicamente enganchados em pontos escolhidos, e em seguida ela flutua em um espaço aberto, sempre ligando ao centro. Alguma coisa dessa imagem ficou comigo. Com a sorte de navegar os canais junto com alguém de dez anos de idade e com o brilhantismo do canal Discovery, no próximo ciclo de aulas eu estava introduzindo a ideia da abordagem de rede como uma teoria social de construção da paz.

Então, em agosto de 2001 chegou pelo correio meu *National Geographic*. O segundo artigo era chamado "Seda mortal" (Conniff, 2001:30-45). Li e reli o artigo. Fiquei cativado pela extensão em que a linguagem, a descrição e a compreensão da tecelagem de teias são paralelas a muita coisa que eu vinha descrevendo sobre as redes estratégicas como abordagem de construção da paz. As aranhas e as teias se tornaram uma paixão. Enquanto escrevo este capítulo, estou observando uma aranha que de alguma forma foi parar entre a tela e o vidro da janela, nesse espaço estreito e seguro está tecendo uma pequena obra de arte e de vida.

O filósofo e ecologista David Abram conta a história de seus encontros inesperados com teias. Na ilha de Bali ele se viu preso em uma caverna por chuvas torrenciais e foi obrigado a passar a noite. À luz da lua e brilhando de umidade ele subitamente descobriu uma aranha na entrada da caverna fazendo uma teia, fio a fio. À medida que seus olhos se aguçaram e sua visão se alargou, a descoberta se multiplicou. Não havia apenas uma aranha mas dúzias. Como disse ele: "Subitamente me dei conta que havia *muitas* teias superpostas sendo criadas, irradiando-se de inúmeros centros". E concluindo, "Tive a nítida impressão de estar observando o nascimento do universo, galáxia a galáxia" (Abram, 1996, 18:196). Na manhã seguinte, depois de uma noite de sono entrecortado, acordou e viu que nenhuma teia tinha sobrado da atividade da noite. Ocupar espaços e fazer teias, como vim a entender, são processos dinâmicos contínuos e extraordinários. Ao contrário da imagem popular, o espaço e as conexões nunca são estáticos.

Originalmente, os variados fios de seda expelidos pelas aranhas a partir da tecnologia embutida em suas glândulas sericígenas eram usados para se movimentarem ou para se esconderem ou disfarçarem. Como diz Conniff (2001:43), as aranhas praticam a arte de se "esconderem ficando à vista", pois a "vida na teia" significa "pendurar seu traseiro no vento". O movimento e a invisibilidade continuam sendo características centrais da vida delas. As teias podem ser tecidas no mesmo espaço ou em espaços ligeiramente diferentes até cinco vezes ao dia. Entretanto, descobri que as maiores capacidades das aranhas são sua intuição para o espaço, sua facilidade de ver e entender a natureza de seu ambiente, os contornos e potencialidades de um dado lugar. As aranhas precisam pensar estrategicamente sobre o espaço, como cobri-lo e como criar ligações cruzadas que costuram lugares formando uma teia. E precisam fazer isso vez após vez, sempre com considerável risco e vulnerabilidade para si mesmas.

Seguir a trilha das estratégias adotadas pelas tecelãs de teias circulares é uma aula da arte de pensamento espacial. A própria linguagem usada para descrever o processo de feitura da teia é, por si próprio, um dicionário de construção de redes para mudanças sociais estratégicas, que pode ser superposto à pirâmide da construção da paz que desenhei no meu livro, que agora, por comparação, parece estática e monotonamente desinteressante. Vejam a seguir alguns parágrafos da versão parafraseada das descrições dos cientistas da feitura da teia (Crompton, 1951; Conniff. 2001). Forneci uma série de rabiscos, como os que desenho em aula para explicar isso aos estudantes.

Quadro A: A teia começa quando a aranha vence um dado espaço, instalando um cabo, depois cruzando fios para formar uma *estrela simples*. A estrela é ancorada fixando alguns fios a lugares diferentes e muitas vezes opostos ao redor do espaço, mas todas se unem na intersecção chamada *cubo*. O cubo, visualmente, é o lugar onde os fios iniciais se encontram à medida que a aranha se movimenta a partir de diferentes pontos estratégicos ao redor. Através dos pontos externos de ancoragem e do centro interno, é criada a essência central do arcabouço da teia.

Quadro B: Um segundo conjunto de fios completa o quadro unindo os pontos de ancoragem na borda exterior, criando o *círculo exterior*. Então a aranha se desloca desses pontos de volta para o centro, reforçando a ligação do cubo ao círculo exterior através de uma série de *raios*. Os raios são muito parecidos com raios de rodas indo do cubo até a roda propriamente dita. Expandido o centro e ligados os pontos de ancoragem, a teia assume agora uma forma visível, embora esquelética. O resultado desse esforço cria toda uma série de intersecções na teia. Essas conexões e intersecções entrecruzadas cobrem o espaço ao mesmo tempo que mantêm um cubo central forte. O objetivo é criar uma teia que tenha a capacidade de receber pancadas e até danos estruturais em uma área sem que esses pontos danificados destruam o resto da teia. A estrutura da teia combina conexões interdependentes com independência localizada. A robustez é construída pela criação de coordenação no cubo sem centralização.

Quadro C: São adicionadas *espirais auxiliares* a essa estrutura de roda externa e ao cubo. Esses fios são mais fortes, mais grossos e mais adesivos. As espirais contornam o cubo, criando uma série de círculos concêntricos cada vez maiores que imitam a forma que o cubo e o quadro exterior assumiram. Agora existe toda uma série de círculos desde o pequeno cubo interior até a maior borda exterior.

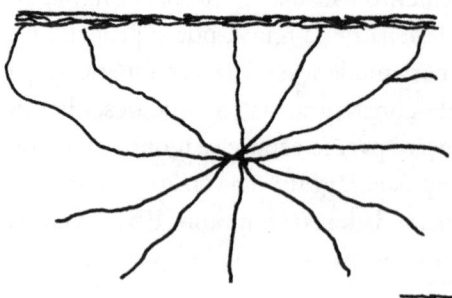

A. INICIAR UMA TEIA:
 1. ESTABELECER PONTOS DE ANCORAGEM EXTERIORES
 2. CRUZAR NO CUBO

B. REFORÇAR:
 1. CÍRCULOS EXTERIORES E CÍRCULOS CONCÊNTRICOS
 2. ACRESCENTAR RAIOS

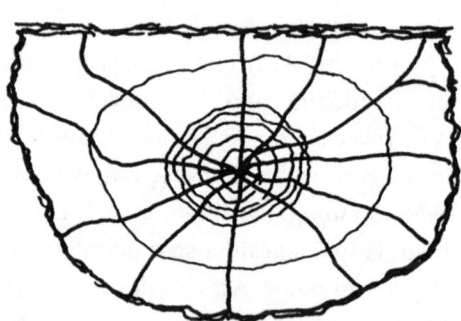

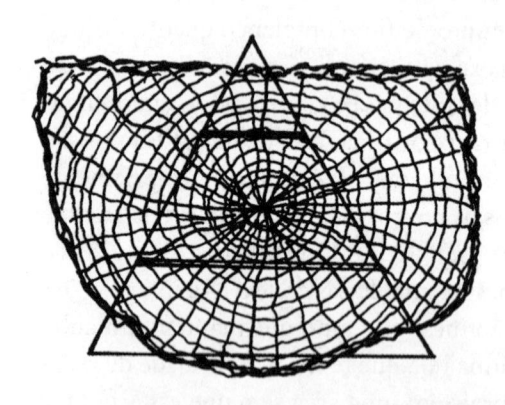

C. SOLIDIFICAR:
 1. MAIS CÍRCULOS
 2. PREENCHER LACUNAS
 3. SEMPRE CONSTRUIR E REFORÇAR CUBOS

RABISCO TRÊS
O PROCESSO DE TEIA

Finalmente, os espaços que restaram entre os círculos concêntricos são preenchidos com fios elásticos de captura. É interessante notar que a elasticidade é uma estratégia de resiliência. Os fios de algumas aranhas têm contas embutidas que se desenrolam quando alguma coisa pesada bate na teia, permitindo que a teia toda ceda mas não quebre. O preenchimento dos espaços entre os círculos concêntricos é realizado através de *movimento contínuo*, trabalhando em direção ao centro e depois voltando em direção ao quadro externo. A última parte do trabalho leva a aranha de volta ao centro, onde ela "reconstrói o cubo e fica lá esperando uma refeição" (Conniff, 2001:36).

Todo esse empreendimento de fazer uma teia requer um profundo comprometimento com a inovação e a flexibilidade. O resultado final e o processo de criar o resultado final são caracterizados pela capacidade de adaptação aos contornos mutáveis, ambientes sempre em mudança, e invasões inesperadas. Uma teia, portanto, nunca pode ser considerada permanente, fixa ou rígida. O gênio da aranha está na sua capacidade de se adaptar, reformatar e refazer as conexões de sua teia dentro das realidades apresentadas em um dado espaço.

Erroneamente, muitas vezes pensamos em criaturas como aranhas como se operassem puramente por instinto rotineiro, como se o instinto fosse desprovido de criatividade. Na realidade, a construção de uma teia, até cinco vezes por dia, é um ato contínuo de resposta espacial estratégica e imaginativa. Essa ideia é captada com beleza no ensaio *The Spell of the Sensuous* [A magia do sensual] por Abram:

> Por mais complexos que sejam os "programas", padrões ou predisposições herdados, eles ainda precisam ser adaptados à situação imediata em que se encontra a aranha. Por mais determinada que seja a herança genética, ela ainda precisa, por assim dizer, ser encaixada no presente, uma atividade que necessariamente envolve uma receptividade às formas e texturas desse presente, como também uma criatividade espontânea para ajustar a si mesma (e a sua herança) àqueles contornos (1996:50).

Qual a relevância dessas aranhas e da feitura de teias para a construção da paz? A resposta reside na compreensão de que a mudança construtiva, talvez mais que qualquer outra coisa, é a arte de tecer estratégica e imaginativamente redes relacionais em espaços sociais dentro de cenários de conflito violento prolongado. Tendo em mente a mudança social construtiva, considere por um momento a explicação do biólogo Bill Eberhard sobre o trabalho das aranhas ao tecerem uma teia:

> Você tem um animal basicamente cego com um sistema nervoso limitado construindo uma estrutura complicada em um ambiente imprevisível. A aranha faz cálculos que para um humano seriam muito complicados: "Qual o tamanho do espaço aberto? Quanta seda eu tenho? Quais os pontos de ancoragem disponíveis?". Como sugeriu Abram, as aranhas não são máquinas programadas. Elas reagem e são criativas. Como diz Eberhard, "as aranhas não são autômatos". Ele se refere à criatividade delas como flexibilidade. "Elas são flexíveis. E não são flexíveis burras; são flexíveis espertas" (Conniff, 2001:36).

A relevância? Percebi cada vez mais que, para sustentar mudanças construtivas em cenários de violência, é preciso perguntar exatamente isso: Como construir uma estrutura estratégica de conexões em um ambiente imprevisível, uma estrutura que entende e se adapta continuamente aos contornos de uma geografia social dinâmica, e que consegue encontrar os pontos de ancoragem que vão fazer o processo aguentar? A construção de mudança social é a arte de ver e construir redes. A alma da sustentação das mudanças exige o artesanato de uma aranha. Precisamos ser "flexíveis espertos" em relação à construção de redes.

A construção da paz, assim como a feitura de teias, é o processo de criar "estruturas complicadas em um ambiente imprevisível". Entretanto, a chave para essa complexidade é encontrada, mais uma vez, na arte da simplicidade. Considere três princípios de aplicação que surgem a partir da tecelagem de teias circulares e que podemos aplicar à criação das mudanças sociais construtivas em ambientes de conflito e violência.

Entenda a geografia social

A feitura de teias é hipersensível aos contornos do espaço e às conexões. A chave desse processo, se for para gerar e sustentar mudanças, é a capacidade de localizar pontos de ancoragem estratégicos que ligam públicos, processos e localidades geográficas diferentes mas necessariamente interdependentes. Em termos específicos, aqueles que constroem mudança social precisam intencionalmente buscar ligações entre pessoas de mentalidade dissimilares. Os construtores da paz, em qualquer localização e de quaisquer convicções, precisam eliminar a noção errônea de que a mudança pode acontecer independentemente das pessoas de mentalidade dissimilar e localizadas em espaço social, político ou econômico diverso. Isso é verdade tanto para diplomatas de alto nível como para trabalhadores da comunidade local. A interdependência existe. Ponto final. As mudanças construtivas e a paz não se constroem tentando converter pessoas para este ou aquele lado, ou forçando este ou aquele. A feitura de teias sugere que a teia da mudança é montada reconhecendo e construindo espaços relacionais que não existiam, ou que precisam ser fortalecidos para criar um todo que, assim como a teia da aranha, mantém a coesão das coisas. Estas são as habilidades fundamentais do "know-who" e "know-where".

Pense sempre em termos de intersecções

Observe e construa centros onde os espaços relacionais entrecruzados conectem aqueles de mentalidade e localização diferentes. Assim como a estrela central da teia, o centro segura, mas não é um cubo centralizado controlador. Também não é um centro construído encontrando os moderados de um espectro político. Lembre-se: estamos pensando em espaços sociais e procurando onde as coisas se encontram, mesmo quando esses locais de encontro aparentemente não são importantes. Pense em espaços de relações e locais em que as relações se interceptam. Estes são os espaços que criam organizações múltiplas, coordenadas, independentes e que aumentam a robustez. A aranha retorna com maior frequência aos lugares de atividade semelhante a um centro. Na construção da paz, são fundamentais os centros relacionais que seguram, criam e sustentam conexões. Uma abordagem centrada em relações precisa ver os espaços de intersecção, tanto os que existem como os que podem ser criados. Esses são os cubos, o coração que ao bater dá o ritmo da mudança.

Seja flexível esperto

Flexível esperto é a capacidade de adaptar-se a, reagir a, e aproveitar os desafios que surgem com base no contexto. Os cientistas chamam as aranhas de "atores de movimento contínuo". A construção da paz pode aprender com as aranhas que a feitura de teias é a arte de criar plataformas para gerar respostas criativas, mais que criar a própria solução.

Uma plataforma representa a atual capacidade de gerar processos, ideias e soluções. Ao construir a mudança social, muitas vezes acabamos trabalhando na ideia contrária. Isso é particularmente verdadeiro no caso de negociações de alto nível com mediação. Construímos uma plataforma que produz uma solução e então desconstruímos a plataforma, supondo que a solução é permanente. A experiência indica o contrário. As soluções são efêmeras. A permanência é encontrada em plataformas adaptáveis, capazes de resposta contínua. Na construção da paz, a melhor forma de entender uma plataforma é pela ideia de espaços relacionais, a capacidade de manter grupos de pessoas em interação criativa. A lição das tecelãs de teias circulares é simplesmente esta: a plataforma – a compreensão e sustentação de espaços relacionais – precisam se adaptar e ser flexíveis espertas com referência ao ambiente mutável, às questões, obstáculos e dificuldades que surgem continuamente. A permanência das mudanças requer a permanência da adaptação criativa.

Conclusão

Das muitas coisas discutidas neste capítulo, três ideias nos ajudam a integrar a teia da vida para a construção da paz.

Pense, sinta e siga as relações. As relações estão no coração da mudança social. As relações exigem que compreendamos como e onde as coisas estão ligadas, e como essa rede de conexões ocupa o espaço social onde os processos de mudança vêm à luz e esperam viver. A chave da construção da paz é lembrar que a mudança, para ser acendida e depois sustentada, precisa estabelecer relações entre grupos de pessoas, processos e atividades dissimilarmente situados e de convicções dissimilares. O desafio de nossos fracassos é que não fomos capazes de compreender a interdependência de diferentes conjuntos de pessoas e processos, nem reconhecer como podem interagir construtivamente. Em essência, estivemos pensando demais sobre "gestão de processos" e "geração de soluções", e de menos sobre os espaços sociais e a natureza das relações interdependentes e estratégicas. Este é o papel chave da imaginação moral: visualizar a tela que traz à luz os espaços relacionais e a rede da vida onde se situa a mudança social.

Desenvolvam uma capacidade de ver e pensar estrategicamente sobre espaços sociais. Esses são os verdadeiros lugares da vida em que as relações incomuns se cruzam e interagem. Isso significa que precisamos desenvolver a capacidade de reconhecer e construir o lugar da mudança social. Mercados, hospitais, escolas, esquinas, centros de serviço de transporte, clubes de futebol de jovens – a lista é interminável, e diferente em cada contexto. Pense em espaços sociais onde as pessoas se cruzam de forma natural, de forma necessária e às vezes despercebida. Esses são os recursos de lugares, o "onde estratégico" de uma geografia. Isso é pensar em rede, achar o local em que as relações e plataformas têm potencial para afetar o todo.

Seja flexível esperto. Os processos de mudanças sociais construtivas e as plataformas que os sustentam podem receber grandes lições do mundo natural. A chave da sustentabilidade não é robustez maciça ou superioridade de forças – seja qual for a natureza dessas forças. É adaptabilidade: a capacidade de reconhecer e em seguida adaptar flexivelmente processos de resposta que mudam de forma ao mesmo tempo que mantêm seu propósito essencial de criar vida. O desafio para a imaginação moral a cada passo é como criar e responder a ambientes mutáveis sem perder de vista o horizonte da mudança desejada. Nossa maior fraqueza é nos amarrarmos a uma forma ou processo particular, que tolda a visão para a possibilidade de inovação e para o horizonte da mudança desejada.

A construção da paz vive em um ambiente imprevisível. O desafio é como transcender o que existe e ao mesmo tempo criar respostas inovadoras às necessidades apresentadas pelo mundo real. Tal transcendência surge dos espaços relacionais, da compreensão das conexões e de ser flexível esperto.

9

SOBRE MASSA E MOVIMENTO
A teoria do fermento crítico

Aquilo que conta raramente pode ser contado.
– Albert Einstein

AS LIÇÕES DA ARANHA NOS ENSINAM A ABORDAGEM ESTRATÉGICA AO espaço e a natureza da construção de teias.[1] Quando aplicada a processos sociais, entretanto, a abordagem de rede pode se chocar frontalmente com uma noção amiúde aceita sobre a criação de modificações e transformações nas sociedades. Os movimentos em favor de mudança social com frequência tendem a conceituar seu desafio como um campo de batalha cujo sucesso se mede pelo número de pessoas que aderiram ao "seu lado".

A atitude de tomar partido, infelizmente, parece que acompanha os campos de batalha sociais e portanto aceita a premissa de que as mudanças são essencialmente uma luta dualística. Embora muitos de nós no movimento pela paz sintamos profundo desconforto com políticos que formulam os desafios dessa maneira, por exemplo como sendo questões que nos obrigam a escolher entre os "mocinhos" e os "impérios do mal", muitas vezes somos vítimas da armadilha de reproduzir aquilo que nos horroriza. Nós – e aqui me refiro a nossa comunidade em geral, sob o nome de *movimento pela paz* – tendemos a retratar os processos de mudança que desejamos promover como o desafio de fazer nossa influência prevalecer na esfera pública. Assim, conceituamos a mudança social como algo basicamente ligado a aumentar a conscientização pública sobre uma verdade maior, e em seguida medir quantos compatriotas nossos na esfera pública estão se movimentando na direção da consciência daquilo em que acreditamos, e quantos estão dispostos a agir em função disso. Esse padrão de medida de sucesso se resume num jogo de números: quantos votaram a favor de uma certa ideia ou quantas pessoas saíram às ruas em protesto contra uma questão ou proposta específica. Na esfera popular, a mudança social na linguagem do dia a dia veio a ser chamada "chegar à massa crítica".

A era da comunicação em massa certamente aumentou esse fenômeno. Em declarações breves, o sucesso da mudança social é medido por uma única estatística. Uma marcha de protesto é relatada e interpretada tanto pelos aliados como pelos adversários como se fosse um jogo esportivo narrado por um locutor de rádio ou televisão. Se os números forem altos, significa que o movimento e as questões são sérios. Se os números forem baixos, não se tornou uma preocupação política digna de atenção. Você frequentemente ouve os repórteres dizerem: "Parece que não há uma massa crítica de opinião pública que afaste o governo da meta que se propôs". Em resposta, lança-se o desafio: aqueles que querem a mudança precisam criar a massa.

Nessa formulação do processo de mudança há uma dinâmica importante que frequentemente não é vista: a mudança social, que depende muito da atração magnética de uma oposição compartilhada, cria uma energia social que pode gerar grandes números em momentos distintos, mas tem dificuldade em sustentar a mudança a prazos mais longos. Os movimentos sociais têm seus altos e baixos como *momentos* visíveis e não como *processos sustentados*. Isso parece estabelecer relação com duas observações importantes sobre a forma em que as mudanças acontecem.

Primeira, os movimentos sociais acham mais fácil, e em alguns casos mais popular, se articularem em função do que eles combatem e não do que desejam construir. A mudança é vista como linear: primeiro conscientizar, então promover ações por grande número de pessoas a fim de parar alguma coisa, e finalmente, depois de aquela coisa ter sido parada, desenvolver ações para construir algo diferente. Consciência e ação algumas vezes andaram juntas criando extraordinários momentos de mudança – desde comunidades locais que bloquearam a construção de uma estrada proposta, passando por sociedades inteiras que conseguiram o reconhecimento de direitos civis e humanos e chegando a nações que derrubaram regimes opressores. Em geral tem sido durante a terceira parte da teoria – o desenvolvimento de ações para construir algo – que caímos em dificuldades e que os processos de mudança parecem desabar.

Segunda, formular o processo como algo que envolve a criação de comunidades com mentalidade semelhante acaba produzindo uma visão estreita das mudanças, na qual pouco se pensa ou faz sobre a natureza de questões gerais como: quem ou o que precisa ser mudado, e como estes serão envolvidos no processo. Em outras palavras, a própria maneira de formular as questões e o processo enfraquecem a rede fundamental de compreensão que afirma que a mudança precisa construir estrategicamente ligações e coordenação entre espaços relacionais de diferentes mentalidades e localizações. Ao contrário de uma teoria de mudança linear, a abordagem de rede sugere que vários processos em diferentes níveis e espaços sociais ocorrem *ao mesmo tempo*. A abordagem de rede não pensa em termos de nós contra eles, e sim sobre a natureza da mudança desejada e sobre vários conjuntos de processos interdependentes que vão ligar pessoas e lugares a fim de movimentar o sistema todo na direção dessas mudanças. Em termos pragmáticos, a abordagem de rede coloca desde cedo e com frequência esta pergunta: quem tem que achar uma forma de se ligar a quem?

Não obstante, há alguma verdade no quadro de referência segundo o qual a chave da mudança social é convencer grande número de pessoas a aderirem a uma ideia. A conscientização das informações e a disposição de agir em favor daquilo em que a pessoa acredita são de fato parte integrante do desafio maior constituído pela mudança de sociedades inteiras, e de seu movimento rumo a novas formas de se relacionarem e organizarem sua vida comum. Em cenários de conflito e violência prolongados, para nos afastarmos do medo, divisão e violência, rumo a novas modalidades de interação, são necessários conscientização, ação e processos amplos de mudança. Nesse sentido, os números importam. Entretanto, é igualmente necessário examinar mais a fundo como achamos que essa mudança acontece. Os números contam, mas a experiência em cenários de profundas divisões sugere que aquilo que está oculto por trás das estatísticas conta mais ainda. Na mudança social não é necessariamente a quantidade de participantes que lhe confere autenticidade. É a qualidade da plataforma que sustenta o processo de mudança que importa. Ironicamente, o foco nos números criou um mal-entendido e uma aplicação errônea do conceito de massa crítica.

A massa crítica

Como sociólogo, estudei com professores interessados no surgimento, dinâmica e impacto de movimentos sociais. Nossas discussões davam destaque à forma como um movimento cria e em seguida atinge um clímax que gera o que comumente se chama de massa crítica. Tal expressão migrou das ciências físicas para a sociologia, as ciências políticas e a teoria da comunicação. Suas origens remontam à física nuclear e ao estudo de reações em cadeia de fissão. A criticidade na fissão, a origem da massa crítica, merece nossa atenção.

Para nossos fins, os detalhes técnicos provavelmente são menos importantes que o significado e a formulação inicial da massa crítica. A fissão acontece como uma reação. Os cientistas que estavam estudando o fenômeno com o objetivo de aproveitar sua potência estavam interessados em verificar se seria possível uma reação não só se desenrolar até o fim, mas também criar, de forma inerente à sua própria natureza, reações subsequentes. Em outras palavras, colocaram a seguinte pergunta: Uma reação poderia criar um efeito multiplicador capaz de reproduzir exponencialmente reações subsequentes em quantidade maior mas geradas por si mesmas, independentemente da reação original? Em termos sociais, esses cientistas estavam indagando sobre a natureza da sustentabilidade.

Na física da fissão, a massa crítica pode ser articulada na especificidade de equações numéricas. Em termos leigos, se um terço dos nêutrons em uma sequência de reações criam fissão, então a reação morre na primeira iteração. Entretanto, se cerca de dois terços dos nêutrons causarem a fissão, então serão criadas reações subsequentes que se reproduzem. Foi nessa ideia de "se reproduzirem" que surgiu o termo *massa crítica*. Os físicos nucleares chamam a isto *criticidade*. A chave é a ideia de que é gerado um processo autossustentado, no sentido de que uma reação pode se reproduzir de forma exponencial, independentemente da causa original.

A ideia de massa crítica migrou para as ciências sociais devido a suas naturais aplicações a uma grande variedade de tópicos. As pessoas perguntaram: Por quais caminhos as ideias sociais, partindo de sua concepção, chegam a ser amplamente aceitas pela sociedade? O ponto no qual uma quantidade suficiente de pessoas acredita nelas, e no qual muda o etos social, é o ponto de massa crítica. A transposição de nêutrons para pessoas, de câmaras atômicas para contextos sociais, levantou desafios intrigantes.

Mas no processo de aplicar o conceito de massa crítica talvez tenhamos deixado escapar o *insight* básico original. Na criação de processos autossustentáveis de mudança social, não se trata apenas de números em uma fórmula sequencial. A massa crítica na realidade perguntava quais são as coisas iniciais que, mesmo pequenas, possibilitam coisas exponencialmente maiores. Na física nuclear, o foco era na qualidade do catalisador e não nos números que se seguiram.

Uma aplicação recente dessa ideia na esfera popular é encontrada em *The Tipping Point* [O Ponto de virada] de Malcolm Gladwell. Ele discorre sobre a massa crítica para a criação de uma epidemia social, extraindo a maior parte dos exemplos da área de marketing e negócios. Embora afirme que o ponto de virada seja a massa crítica, a chave em cenários sociais não reside na imagem de uma noção padronizada de grandes números, e sim no que ele afirma em seu subtítulo: "Como as coisas pequenas fazem diferença" (Gladwell, 2002). Na verdade, em vários exemplos, ele observa o crescimento de epidemias sociais do ponto de vista das conexões relacionais estratégicas. Essa conclusão é paralela a uma ideia que me surgiu há anos em construção da paz.

Embora comum na estratégia de muitos movimentos pela paz que tentam mudar cenários de conflito prolongado, passando de ciclos de violência para diálogo e não violência, a imagem da massa crítica me deixou com um sentimento de desencorajamento em muitos lugares onde trabalhei. Sempre parecia que o interesse estava na geração de grande impacto e números na sociedade ou, se preferir, na forma de conseguir que as pessoas fossem para a rua. Nos últimos anos houve alguns exemplos extraordinários disso, em especial a deposição de Slobodan Milosevic na Sérvia e os recentes eventos paralelos que afastaram do governo Eduard Shevardnadze, na Geórgia. Entretanto, na vasta maioria dos lugares que definimos como cenários de violência prolongada – Irlanda do Norte, Somália, Libéria, Colômbia – parecia não haver uma massa crítica no horizonte. Os ciclos de violência na maioria desses cenários abrangiam décadas, senão gerações. Quem parecia ter massa crítica eram as forças da violência. Mesmo nas ocasiões em que surgiram momentos de maior participação social como reação contra a violência, ocasiões em que parecia que poderia acontecer uma massa crítica pedindo mudança para o fim da violência, esses momentos se revelaram efêmeros. Em alguns casos foram até contraproducentes, pois na fase posterior, quando nada ou quase nada havia mudado, as pessoas passaram a acreditar ainda menos na possibilidade de mudança. O número de pessoas nas ruas captou a atenção dos meios de comunicação mas foi incapaz de gerar um processo de mudança social que perdurasse.

Entretanto, quando prestei atenção cuidadosamente às épocas em que acredito que realmente aconteceram processos significativos de mudança, e que persistiram apesar da violência, cheguei à conclusão de que não aconteceram através da estratégia de focalizar a contagem, e avaliar se os números representavam uma massa crítica. Efetivamente, a verdade era o contrário. O foco na quantidade nos distrai do foco na qualidade e no espaço necessário para gerar e sustentar as mudanças.

Um dia, pelo que me lembro, durante uma prolongada conversa com somalis no chá da tarde no saguão do Sheraton Hotel em Djibuti, em 1991, apareceu uma alternativa. Ficamos perplexos com aquilo que iria possibilitar uma mudança para superar a paralisia que as pessoas sentiam ao se depararem com o poder dos senhores da guerra. Alguns comentaram que o que era necessário era uma massa crítica de oposição. Alguns advogavam uma força maior que a dos senhores da guerra, uma intervenção de poderio militar externo que endireitaria tudo. De improviso, fiz este comentário: "A mim parece que a chave para mudar essa coisa é conseguir um pequeno grupo com as pessoas certas envolvidas nos lugares certos. O que está faltando não é a massa crítica. O ingrediente ausente é o *fermento crítico*".

Embora fosse uma brincadeira, a metáfora pegou. Assim como as aranhas, estou desde aquela época intrigado com a ideia de encontrar e construir o fermento social. Uso muito o conceito em treinamentos, acha-o persuasivo. O fermento crítico, ou como chamo às vezes, o fermento estratégico é construído a partir de uma imagem de panificação e não de física nuclear. É uma metáfora que faz a pergunta "quem" e não "quantos": Quais pessoas, embora não de mesma mentalidade nem de mesma situação, nesse contexto de conflito, teriam a capacidade, se fossem misturadas e mantidas juntas, de fazer as outras coisas crescerem exponencialmente além de seu tamanho?

Sempre que apresento a ideia no formato de um seminário ou oficina, pergunto quem do grupo faz pão, e em seguida peço a eles para descreverem o que fazem. Embora o processo e os segredos variem, há um consenso sobre panificação que abrange quase todos os cenários culturais. Os elementos do processo, como eu indico em sala de aula, lembram nossa forma de pensar sobre mudança social. Depois de mais de uma década

trabalhando com a metáfora, aqui estão as observações comuns sobre fermento, panificação e mudança social. Lembre-se que estamos examinando a pergunta "quem" como estratégia social. Colecionei cinco princípios[2].
1. Os ingredientes mais comuns para fazer pão são farinha, sal, água, fermento e açúcar. De todos os ingredientes, o trigo é o maior, a massa. Dentre os menores está o fermento. Só há um que faz os restantes crescerem: o fermento. O pequeno tamanho nada tem a ver com o tamanho da mudança potencial. O que você está procurando é a qualidade do que acontece se certos grupos de pessoas são misturados. O princípio do fermento é este: umas poucas pessoas estrategicamente ligadas têm maior potencial de criar crescimento social de uma ideia ou processo do que grandes números de pessoas que pensam de forma similar. Quando a mudança social fracassa, olhe primeiro para a natureza das pessoas que estavam engajadas e para as lacunas que existem nas conexões entre diferentes grupos de pessoas.
2. O fermento, para desempenhar seu papel, precisa primeiro passar da lata ou do embrulho para o processo, inicialmente para ele próprio crescer, e a seguir mais amplamente para a massa. Se ficar na prateleira ou nunca sair do pacote, o fermento só tem potencial, mas não tem capacidade real de afetar nenhum tipo de crescimento. Misturado direta e rapidamente na massa, o fermento morre e não funciona. Isto leva a nosso terceiro princípio.
3. Inicialmente o fermento precisa de uma pequena quantidade de umidade e calor para crescer. No crescimento inicial ou preparatório, o fermento será mais forte e resiliente se tiver uma pitada de açúcar e se não for colocado sob a luz solar direta, isto é, se estiver em local um pouco afastado e coberto. Os passos básicos para construir o crescimento inicial são misturar os ingredientes secos do fermento com água, adoçá-lo um pouco, e colocá-lo em um ambiente morno. Seguindo os mesmos princípios, a mudança social exige uma cuidadosa atenção à forma como as pessoas em seu ambiente se misturam em espaços relacionais, que fornecem um espaço aquecido, inicialmente um tanto separado e portanto seguro, a fim de reunir aquilo que usualmente não era reunido com doçura suficiente para que o espaço seja propício ao crescimento daqueles que se uniram.

4. O fermento precisa a seguir ser completamente misturado à massa. Este não é um processo de importância secundária. Em panificação, chama-se amassar o pão. É intencional, e exige músculos. Além disso, os panificadores raramente consideram legítimos os primeiros sinais de crescimento. Para ser autêntico, o crescimento precisa encontrar uma fonte que cresça repetidas vezes, apesar de tudo que possa empurrá-lo para baixo. O fermento é definido principalmente pela sua capacidade de ser resiliente. Na mudança social, as pessoas que constituem o fermento crítico precisam encontrar uma forma de sustentar o propósito que elas têm enquanto fermento, mas também misturar-se a todo o restante da massa, de tal forma que, apesar dos altos e baixos, elas se caracterizem pela capacidade de gerar crescimento.
5. Não esqueça de pré-aquecer o forno. A panificação e o fermento crítico são multitarefas por excelência. Enquanto um grupo de coisas é posto em movimento em um lugar, sempre damos atenção ao horizonte daquilo que está vindo e será necessário em outro lugar. O que está sendo feito agora simultaneamente precisa ser conectado a outras coisas que deverão ser cuidadas e mantidas presentes, não como uma sequência linear de primeiro A e depois B, e sim como um entendimento simultâneo de processos interdependentes embora diferentes. Nesse sentido, a mudança social exige um agudo senso dos espaços relacionais, mesmo quando não estão fisicamente próximos. Com base nos espaços relacionais, o fermento crítico se movimenta constantemente em meio a um conjunto de processos e conexões.

Nessa imagem o ingrediente maior, a farinha, é uma analogia da massa crítica. Porém o menor ingrediente, o fermento, é o único com capacidade de ajudar os demais a crescerem. Se seguirmos a analogia, o fermento precisa de umidade, calor, e ser misturado a fim de fazer os outros ingredientes crescerem. O ponto de encontro entre a massa crítica e o fermento crítico com referência à mudança social não é o número de pessoas envolvidas, e sim a criação da qualidade da plataforma que faz o crescimento exponencial ser forte e possível, e depois disso o estabelecimento das formas de sustentar essa plataforma.

Muitas vezes acrescento uma outra metáfora de mudança social. Conto a história de meu primeiro encontro com um sifão. Durante o período em que nossa família morou na Costa Rica, estive envolvido numa iniciativa comunitária na cidade portuária de Puntarenas, no Pacífico. Semanalmente eu viajava pelas passagens na montanha de San José para o litoral para nossos encontros. Geralmente acabavam tarde da noite e eu fazia o caminho inverso, chegando em casa geralmente à meia noite. Uma noite, meu mostrador de combustível não estava funcionando devidamente, e a gasolina acabou em uma longínqua passagem de montanha. Havia pouco trânsito àquela hora da noite, e então fiquei ao lado do carro, esperando sem esperança que quem passasse parasse, e que quem parasse, fosse uma boa pessoa com ideias criativas. De fato parou uma pessoa dessas, e nosso desafio era transferir um pouco de gasolina do veículo dele para o meu sem uma bomba. Foi a primeira vez que realmente tive que fazer um sifão funcionar.

Conto essa pequena história em oficinas e então digo: "Vamos olhar para a física de um sifão e aplicá-la à mudança social". Formulo o desafio do sifão da seguinte forma: Como passar líquido de um lugar para outro, apenas com o que está naturalmente disponível, isto é, sem eletricidade ou motor? E então passamos pelo conhecimento de senso comum de quase todas as pessoas sobre sifões.

A ponta de um tubo ou mangueira é introduzida em um recipiente de líquido. Exerce-se uma leve pressão aspirando pelo outro lado do tubo, mas não muito, e esta ponta do tubo é mantida abaixo da outra. Quando o líquido alcança o ponto intermediário e começa a descer, o tubo é introduzido no outro recipiente. O líquido flui por si, independentemente da pressão ou influência originais. Os princípios têm algo em comum com a metáfora do fermento e levantam uma série semelhante de intrigantes questões aplicáveis.

Primeira, com um sifão você não se concentra em passar todo o líquido. Seu foco é fazer uma pequena quantidade se deslocar contra a gravidade, até que o impulso e em seguida a força da gravidade tragam o resto. Na aplicação à mudança social, isso levanta esta questão: "Quais pessoas, em um cenário de conflito ou de processo de mudança, se fossem capazes de se movimentar *juntas* contra a gravidade, trariam consigo, à medida que seu impulso aumentasse, um grupo muito mais amplo de pessoas?" A chave, mais uma vez, está nas pequenas coisas e não nos grandes números.

A chave é a capacidade de localizar o grupo estratégico de pessoas que poderiam criar esse impulso. Aquilo que eles são *em relacionamento* cria a capacidade de puxar.

A gravidade é um obstáculo e também um recurso. É preciso prestar atenção cuidadosa à forma como esse pequeno grupo de pessoas se movimenta contra a gravidade, mas eles também são escolhidos pela sua capacidade, por aquilo que são e pelas suas ligações com o cenário, a fim de criar um uso exponencial de forças baseadas no cenário.

O papel da pressão e influência externas, como se vê pela metáfora, é o de apoio sagaz. A chave para sustentar o movimento ou mudança é ter uma capacidade profunda e baseada no cenário, pois a capacidade de sustentar o movimento se encontra nos recursos existentes, e não na introdução de influências artificiais. Os catalisadores e o apoio podem vir de fora, mas a sustentação da mudança é construída por uma observação aguda dos recursos disponíveis e existentes, do espaço e das conexões.

Teias, fermento, sifões e mediação

Uma das formas de caracterizar a imaginação moral encontrada nas histórias das mulheres de Wajir e dos camponeses colombianos era a capacidade que tinham de ver, entender e mobilizar espaços relacionais. Eles eram mestres da feitura de teias para mudança social, semelhantes a aranhas na sua capacidade de imaginar os contornos do espaço e imaginarem-se em relacionamento com grupos desafiadores de pessoas que não tinham a mesma mentalidade nem a mesma situação, que eram extremamente perigosos e tinham desejos de mudança diametralmente opostos. Como agentes de mudança social, sua imaginação aproveitou o contexto existente a fim de transcendê-lo. Uma intrigante curiosidade era a natureza do papel deles. Eram simultaneamente advogados e conciliadores. Não se envolviam em mediação propriamente dita, mas no entanto sua imaginação do relacionamento e do espaço criava uma qualidade mediadora que afetava o cenário mesmo sem um mediador. Isso concorda com a crescente observação, recentemente proposta mais uma vez por Bernard Mayer (2004), de que a área profissional de resolução de conflito definiu de forma muito estreita a natureza do nosso papel quando pensamos em promover mudanças sociais construtivas.

Embora eu tenha trabalhado em construção da paz e transformação de conflitos internacionalmente por mais de vinte anos, constantemente me defronto com um intrigante desafio: como explicar aos outros o que eu faço. Às vezes tenho inveja das enfermeiras, contadores e pedreiros. Quando alguém em um canteiro de obra diz "Eu sou pedreiro", ninguém pede informações adicionais. É suficiente. Mas quando eu digo "Trabalho no apoio a processos de conciliação" raramente é suficiente para dar às pessoas uma ideia do que eu faço. Se digo "Sou mediador", então há uma conexão e imagem imediatas. Mas em seguida vem uma segunda pergunta típica: "Que conflitos você mediou?". E mais uma vez me vejo em um dilema. A verdade seja dita: embora eu tenha estado envolvido no apoio a dúzias de iniciativas, só servi como mediador em alguns conflitos internacionais nas altas esferas do processo político, e mesmo nesses eu era parte de uma equipe na qual meu papel era secundário, de apoio. No entanto, se tento explicar a essência da experiência do que eu faço, as pessoas logo estão com um olhar perdido e perplexo. A imagem de um "mediador" e o trabalho que um mediador precisa fazer em conflitos internacionais é específico e está claro na mente de muitas pessoas, mas não se encaixa com minha experiência nem com meu entendimento do que é mais necessário em cenários de conflito prolongado. Acredito que a imagem – a metáfora de um mediador – é na verdade enganosa e equivocada, e isto tem muito a ver com a natureza das mudanças e com nossa discussão sobre espaço, teias, fermento e sifões. A compreensão séria do espaço e das teias sugere que nós deveríamos reconsiderar a natureza, o objetivo e a construção da mediação em conflitos prolongados.

A abordagem de rede exige o que eu chamaria de uma *capacidade mediativa imaginativa*. Observei que o corretor ortográfico do meu computador não gosta do uso da palavra *mediativa* ("mediative"). Ao que parece, este não é um adjetivo aceito na língua inglesa. Mas eu o uso intencionalmente, depois que me confrontei com o termo com colegas na Irlanda do Norte que tentaram achar formas de descrever o tipo de resposta social que eles esperavam infundir nos grupos que conduziram uma ampla variedade de tarefas entre comunidades, desde habitação até saúde. Essas pessoas consideravam que grande parte do seu trabalho não era tanto de mediadoras no sentido clássico, e sim de ajudar certas instituições dentro da sociedade em geral a construírem um comportamento "mediativo" (Lederach, 2002). Daí a origem de um termo que acho útil e descritivo.

A capacidade mediativa exige que pensemos nos espaços sociais para processos de mudanças construtivas que têm impacto intermediário. A mediação, por outro lado, tipicamente é definida de forma mais estreita como um trabalho desempenhado por uma pessoa ou equipe no patamar da negociação política, que tem por meta concluir um acordo. Honeyman (1990) e Mitchell (2003) argumentaram há alguns anos que seria sábio de nossa parte pensar na mediação como um processo que exige vários papéis e atividades, e não uma atividade desempenhada por uma única pessoa. Isso nos leva a entender o cenário de conflito como um sistema, uma teia de relacionamentos e processos. A abordagem de rede, quando aplicada à mediação, propõe a ampliação do conceito, de forma a incluir o desenvolvimento da capacidade social de afetar construtivamente os pontos estratégicos de relacionamento dentro do sistema de rede. Mas o que significa "capacidade mediativa em espaços sociais que promove e constrói processos de mudanças construtivas que têm impacto intermediário"? Permita-me oferecer uma definição que em muitos aspectos representa uma significativa virada de visão que acompanha uma abordagem de teia.

Mediativa sugere uma qualidade de interação relacional e não a especificidade de um papel. O termo ressalta atitudes, habilidades e disciplinas, incluindo o engajamento das diversas perspectivas sobre o conflito e uma capacidade de esperar e construir oportunidades que aumentam processos e soluções criativas e sensíveis em torno dos conflitos. A capacidade de construir relações e tratar de questões específicas é comum nesse tipo de interação. Na Irlanda do Norte, as atitudes e comportamentos mediativos não tinham por objetivo introduzir um mediador, e sim encontrar espaços de interação intercomunitária natural e necessária, por exemplo em habitação ou saúde, que pudessem aumentar a capacidade construtiva em habilidades interpessoais e sociais.

Capacidade é entendimento, habilidade e disciplina. A palavra sugere perícia e vontade, abrangendo tanto a prática como a atitude. Para nossos fins aqui, *capacidade* é empoderamento na sua mais primordial essência: "Sou capaz e comprometido".

Os espaços sociais sugerem que em cenários onde o conflito criou divisões nítidas e históricas – na maior parte das vezes em torno de identidades coletivas – todos os conjuntos de relacionamentos sociais têm uma conexão com essas divisões e são definidos por elas. Isso quer dizer que o conflito em uma perspectiva social tem um impacto amplo. Entretanto, nesses cenários também constatamos que na vida social das comunidades cercadas de violência, as pessoas ainda criam lugares de interação por razões puramente funcionais. Em outras palavras, pessoas de lados diferentes interagem diariamente por necessidade, por uma ou outra razão. Escolas, hospitais, mercados, habitação, transporte – a teia da vida em cenários de conflito cria espaços de interação onde houver, por necessidade, pontos de relacionamento cruzando as linhas do conflito. Esses pontos de relacionamento são o que chamaríamos de *espaços sociais*.

Ironicamente porém, em sua aplicação típica, a mediação é concebida como um processo socialmente estreito de ação, desempenhado por uma pessoa (ou pequena equipe) que movimenta ou facilita o diálogo direto entre atores bem definidos representando determinados interesses e grupos. Isto é particularmente verdade ao nível mais alto de liderança política e militar. Aqui, os que têm o papel de mediadores buscam uma definição comum das questões, propõem processos para tratar dessas questões, e – o mais importante como medida de sucesso – promovem acordos entre líderes sobre a forma de avançar nessas questões. Cria-se um espaço através do relacionamento com o mediador para uma interação nova, diferente e se possível mais construtiva entre adversários políticos. Embora isso represente um espaço transformativo que empurra os adversários para a mudança, o processo é por definição excludente. Está baseado em palavras, interações, percepções e diálogos daqueles ligados ao espaço intermediário e entre si por meio dele (Gopin, 2001). O processo de mediação pode ser comunicado e ligado a uma população afetada mais ampla, mas por sua própria natureza permanece um processo excludente.

Os espaços sociais alargam e aprofundam o propósito dos planos e ações intermediárias de transformação. Com *alargar* quero dizer os muitos setores e pontos de interação interdependente entre os coletivos sociais afetados pela divisão, que vão muito além do que é habitualmente incluído em uma negociação política. *Aprofundar* propõe que há muitas pessoas, relacionamentos e ações que precisam de interação construtiva, transformada e sustentada muito além de um punhado de líderes situados nos níveis mais altos de visibilidade e responsabilidade política ou militar. Não estou sugerindo que as negociações políticas não são necessárias. Entretanto, uma abordagem de rede defende a ideia de que a negociação política não é uma medida primária nem exclusiva da capacidade mediativa de uma sociedade afligida por conflitos para promover os processos de mudança mais amplos que precisam ocorrer. As mudanças continuadas, postula essa abordagem, residem na capacidade de mobilizar a rede.

Os *processos de mudança* criam um horizonte diferente, como as lentes e a meta das ações. Enquanto a mediação política é tipicamente considerada com referência a acordos específicos entre líderes, os processos de mudança enfrentam o desafio de como as sociedades iniciam e mantêm uma jornada de transformação orientada para os relacionamentos. Como tais, eles sugerem que a medida de sucesso está ligada não tanto aos detalhes de conteúdo e ao resultado substantivo, e sim à qualidade das plataformas e das capacidades relacionais que sustentam os processos no decorrer do tempo, atravessando os altos e baixos do movimento das sociedades, para passar de interações definidas primariamente por divisão e violência para a coexistência, cooperação e interdependência construtivas.

Impacto intermediário é tradicionalmente entendido como o nível de sucesso que têm as ações do mediador sobre as percepções e a compreensão mútua das partes do conflito, os resultados específicos produzidos pelo processo em termos de acordos alcançados. A capacidade mediativa usa uma lente diferente, que focaliza os processos de mudança em espaços relacionais e sociais estrategicamente escolhidos, nos quais o aumento da capacidade de interação construtiva atravessa linhas de conflito nesses espaços para criar e manter um movimento na sociedade como um todo. A ênfase do impacto é no componente estratégico, pelo qual a rede é construtivamente afetada porque acontecem mudanças significativas em um grupo específico de espaços sociais e relacionamentos, trazendo uma transformação mais ampla no todo.

Sumarizando, a perspectiva da capacidade mediativa focaliza a atenção na introdução de uma qualidade de interação em um conjunto estratégico de espaços sociais dentro da rede de relações sistêmicas a fim de promover processos de mudanças construtivas no cenário afetado pelo conflito como um todo.

Retornando a nossas histórias, esse foi precisamente o papel das mulheres em Wajir. Não sendo propriamente mediadoras, elas se assemelhavam mais a estrategistas de mudança social, usando um comportamento mediativo estratégico com um agudo senso de espaço relacional. Com criatividade digna de uma aranha e imaginação instintiva, as mulheres envolveram seu ambiente, localizando conexões entre grupos estratégicos e encontrando formas imaginativas de conseguir fazer as pessoas se mexerem dentro desses espaços e entre eles, pessoas que não eram como elas em seus pensamentos iniciais, nem situadas em posições similares econômicas, políticas ou em termos de gênero e *status*. Em muitos casos, elas reconheceram e reconstruíram os espaços, ligando líderes seniores a comissários distritais, mulheres à polícia, jovens a viúvas, mercados a ladrões de gado. As forças que perpetuavam a guerra, isto é, as forças de gravidade contra as quais elas tinham que conseguir que as pessoas se mexessem, eram em muitos casos transformadas em impulso positivo. Alguns que antes lutavam envolveram líderes seniores para que parassem de promover as lutas entre clãs. Os líderes seniores de clãs menores apelaram ao imperativo moral da mudança nas discussões com líderes de clãs maiores. As mulheres criaram espaços para os homens se encontrarem, e algumas mulheres até se tornaram líderes seniores. O Comitê de Paz e Desenvolvimento de Wajir impregnou cada interação e espaço social dessa atitude mediativa, desde o mercado onde criaram uma rede de pessoas que garantiam o acesso e o respeito, até a forma de tratarem o papel tradicional dos líderes seniores, mudando tanto os indivíduos como a própria instituição dos líderes seniores, que passou da incitação à guerra para a pressão pela paz.

Esse foi também o papel do movimento dos camponeses no rio Carare. Eles se entendiam e se viam em uma rede de padrões e relações destrutivas. Eles clarificaram a rede, e então imaginaram os espaços e os passos necessários para redefinir o cenário. Abordaram os indivíduos e grupos mais importantes que consideravam os conectores e tomadores de decisão. Seu processo de conscientização e mobilização (*advocacy*) foi permeado da capacidade de diálogo para criar um impacto mediativo. Buscaram uma mudança na atitude e nas estruturas que promoviam a guerra e formularam sua estratégia encontrando pontos de acesso, criando ao mesmo tempo novos espaços, inclusive um que veio a se chamar a *zona de respeito e mutualidade*. Isso não foi a eliminação dos relacionamentos. Foi a redefinição do relacionamento, do contexto e da rede de conexões.

Os resultados descritos nesses cenários de conflito profundamente arraigado sugerem que as pessoas vindas de diferentes lados e localidades dentro do espaço de conflito transformaram-no infundindo nas esferas relacionais uma nova qualidade de interação. Foi a rede de relações que forneceu o ponto de acesso e a plataforma de mudança. Essas abordagens criaram uma qualidade de interação diferente, que mudou de forma significativa o ciclo de conflito, passando da recriminação, reatividade, divisão e violência para o diálogo construtivo. Mas raramente foi uma negociação do tipo que temos em mente quando falamos de um esforço de mediação. O foco não estava em produzir acordos e soluções como meta principal, embora tenham surgido ao longo do caminho acordos informais e formais. O foco promovia espaços relacionais através dos quais foram iniciados e sustentados processos de mudança construtivos e não violentos. Em resumo, a abordagem de rede articulada nesses cenários radicalmente diferentes captou toda a essência das quatro disciplinas constituintes da imaginação moral: a capacidade de imaginar relacionamentos, a recusa a cair em polaridades dualísticas, o ato criativo e a disposição de arriscar. Em cada caso, ao passo que afetam um grupo inteiro, uma comunidade, e até mesmo uma região, nossas histórias descrevem ações que transcenderam padrões históricos de violência ao mesmo tempo que as pessoas vivem neles.

Quando reflito sobre minha experiência passada de construção da paz, os componentes mais significativos que moldaram os processos, que fizeram diferença e que se mantiveram consistentemente por períodos mais longos de tempo, foram aqueles em que um grupo de pessoas, pequeno mas estrategicamente conectado, trabalhou pela mudança com um talento instintivo para pensar em termos de rede. O trabalho de conciliação da Nicarágua que ajudou a dar forma ao fim da guerra entre a Costa Leste e os sandinistas foi uma compreensão de processo relacional, baseada em rede. No trabalho na Irlanda do Norte com antigos paramilitares e grupos misturando comunidades, a infraestrutura que ajudou a manter vivo o processo quando todo o resto parecia condenado foi construída sobre centenas de grupos de contato invisíveis e não mencionados, conversações e processos coordenados, que compreenderam e criaram estrategicamente espaços relacionais. Em ambos os casos, menos de uma dúzia de pessoas fizeram suas ligações decisivas e mantiveram os processos basicamente informais de construção de espaços relacionais.

Olhemos mais de perto para um contexto específico. No início dos anos 1990, trabalhei apoiando os esforços do Life and Peace Institute de Uppsala, Suécia, para sustentar iniciativas de paz na Somália (Lederach, 1997; Heinrich, 1997; Paffenholz, 2003). Dentre os caminhos contemplados em apoio aos esforços de paz locais e internacionais, havia um que focalizava o papel das mulheres e suas associações, estrategicamente focalizados no mercado. Muitos observadores casuais e não poucos profissionais de relações internacionais tendiam a considerar esse esforço interessante, mas periférico em relação ao real processo de forjar acordos políticos de paz entre os líderes de facções. Era, quando muito, visto como politicamente correto, a fim de criar alguma forma de representação de gênero, mas em geral consideravam-no irrelevante naquela sociedade nômade e patriarcal. O que essa lente não teve, porém foi a capacidade de compreender o potencial das redes sociais, a antropologia da capacidade mediativa na sociedade, uma capacidade que exige que olhemos para os recursos que são naturais, eficazes e que estão no lugar, mas frequentemente não são enxergados porque não estão no escopo daquilo que tipicamente é visto pelas expectativas dos profissionais, em sua maioria, são ocidentais. Nesse caso, dada a localização das mulheres na sociedade pelos casamentos entre clãs diferentes, e suas responsabilidades pela família, a associação feminina tinha características singulares que forneciam recursos extraordinários.

1. Em termos das lutas entre clãs, a vivência de guerra das mulheres, devido ao casamento, era diferente da dos homens: seus pais e irmãos muitas vezes estavam lutando contra seus maridos e filhos. Na longa tradição somali, as mulheres podiam viajar do clã de casamento para o clã de origem com maior segurança, e com frequência eram os diplomatas informais que abriam os processos de cessar-fogo e as conferências dos líderes seniores (Farah, 1993).
2. A responsabilidade das mulheres de assegurar a sobrevivência da família no dia a dia significava que elas muitas vezes estavam localizadas nos mercados, onde interagiam com mulheres de outros clãs. Os mercados se tornaram *de fato* um ponto de comunicação, troca e contato. Muitos conflitos começaram em mercados, e muitas iniciativas de paz estavam em última análise relacionadas a pessoas, frequentemente mulheres, que buscavam o fim da violência para, então, levar avante a vida localizada no mercado.
3. Nos mercados, as mulheres muitas vezes eram as portadoras do dinheiro. Em um país em que a governança central e o banco central entraram em colapso, a economia foi empurrada para mecanismos informais e, por *default*, para as mãos dos que trabalhavam muito em mercados.

Embora não apareçam nos resumos de capítulos dos livros de texto estudados na diplomacia formal, as mulheres na Somália antropologicamente tiveram recursos para iniciar o cessar-fogo, sociologicamente estavam localizadas nas fronteiras entre os grupos em luta nos mercados, enquanto que economicamente ocupavam posição central no fluxo e refluxo dos recursos substantivos. Uma abordagem de rede procura exatamente esse tipo de espaço social, que tem um potencial natural para capacidade mediativa e impacto. Na minha opinião, embora grande parte disto tenha passado despercebido na longa história do conflito somali, as mulheres desempenharam um papel muito mais inovador, edificante e transformador na construção da paz que a somatória de todas as conferências de paz formais entre líderes de milícias. Se olharmos para um país abalado por mais de uma década de violência e ainda incapaz de reconstituir um governo central, muitos teriam razão em perguntar: "Mas o que adiantou?". Minha impressão é o contrário. O milagre é que a sociedade somali não tenha descambado para um caos ainda maior, dadas as condições enfrentadas, principalmente em Mogadíscio e boa parte do sul. Embora difícil de documentar plenamente, a prevenção de um caos ainda maior e os processos que reconstituíram um pouco de ordem foram realizados pelo trabalho daqueles que precisavam sobreviver e encontraram uma forma de fazê-lo apesar dos obstáculos.

Conclusão

Em sua aplicação diária, a massa crítica é entendida como a estratégia de fazer as coisas acontecerem pela mobilização de grande número de pessoas para efetuar uma mudança desejada. Com base em conceitos políticos, comerciais e militares, parece que temos uma imagem de que esse tipo de pensamento estratégico se traduz em uma maximização de resultados. O sucesso é medido por números e por vitórias.

As mudanças sociais construtivas exigem uma imagem diferente de estratégia. Precisamos gerar maior qualidade de processo com os recursos disponíveis, que com frequência são poucos. Na construção da paz, quando pensamos em estratégia, deveríamos pensar naquilo que dá vida e mantém as coisas vivas. Simplificando ao máximo, para sermos *estratégicos* precisamos criar algo para além do que existe a partir do que está disponível mas tem potencial exponencial. Com relação à mudança social, significa que precisamos desenvolver a capacidade de reconhecer e construir o local que tem potencial para mudanças.

Para sustentar a paz, o fermento estratégico sugere que o padrão de medida não é uma questão de quantidade, como o número de pessoas. É uma questão da qualidade dos espaços relacionais, intersecções e interações que afetam um processo social mais que os números envolvidos. Pensar em termos de qualidade exige que pensemos sobre os espaços, conexões e plataformas com potencial para afetar o todo.

10

Sobre a observação de teias
Encontrando a alma do lugar

> *Sempre que silencio a persistente tagarelice das palavras na cabeça, encontro esta dança silenciosa ou sem palavras que já estava em andamento, este dueto improvisado entre meu corpo animal e a paisagem fluida e respirante que ele habita.*
> – **David Abram**, *The Spell of the Sensuous*

A FEITURA DE TEIAS ASSUME UMA FINALIDADE EM NOSSA ATIVIDADE de construção da paz: desejamos estabelecer algo que ajude a moldar mudanças sociais construtivas em dado cenário. A chave para desencadear essa mudança e fazer com que ela tenha êxito exige imaginação, novas formas de pensar e o desenvolvimento de processos que tecem relações e conexões que criam os espaços sociais que, por sua vez, formam o tecido invisível da comunidade humana dentro e fora da geografia da violência. Porém, antes desse desenvolvimento estratégico de processos, é preciso elaborar uma forma relacionada, mas bem diferente, de imaginação. Embora frequentemente desconsiderado, esse é um componente crítico da construção da paz: a arte de observar teias.

Quando li pela primeira vez o artigo de *National Geographic* discutido em capítulos anteriores, não só fiquei impressionado com o processo de construção de teias de aranha, como também cativado pela natureza peculiar e pelas disciplinas dos cientistas que dedicam a vida ao estudo das teias e do microuniverso das aranhas. Com total surpresa, descobri que muita coisa que fiz no projeto e na moldagem da construção da paz nas últimas décadas poderia ser considerado observação de teias. Muitos rabiscos de guardanapo meus, agora perdidos, nada mais eram que ouvir e então desenhar a rede de conexões que existe em um cenário, tentar imaginar e tornar visível o tecido que sustenta a violência e, potencialmente, a paz.

Aracnófilos

Conniff (2001) sugere que os observadores de teias, e acho que podemos chamá-los de aracnófilos, constituem uma comunidade incomum, formada por um tipo singular de pessoa. O mundo deles inclui horas, dias e carreiras inteiras procurando cuidadosamente conexões quase invisíveis em espaços não maiores que um fundo de quintal, um pouco de mato ou um gramado aberto. As teias de aranha são formadas de centenas e até milhares de fios de seda. Notei em minha experiência pessoal que na maioria das vezes sinto uma parte de uma teia de aranha antes de conseguir vê-la. Constatei que isso também é assim para os profissionais. Os observadores de teias raramente veem o todo da teia do aracnídeo. Ela não é imediatamente visível. Consequentemente, esses buscadores de tecidos de aranhas se movimentam com cautela por um espaço, localizando inicialmente apenas um pedaço, um fio, e então começa a jornada com o objetivo de seguir as conexões e tornar visível o todo.

Muitas teias de aranha são tão difíceis de ver que os observadores de teias levam consigo uma meia velha cheia de amido de milho. Quando localizam um fio ou dois, espargem levemente o amido na área para revelar as conexões. Com ajuda da gravidade e um pouco de brisa, a rede aparece sob uma cobertura de pó. No caso deles, como um me explicou, fazem isto a fim de "descobrir quais linhas estão ligadas a quais, e quais plantas estão ligadas, para poder ver como nos movimentar ao redor sem perturbá-la" (Conniff, 2001:35). O respeito pelo que está naturalmente colocado no lugar acompanha cada passo.

Conniff, assim como Abram, chama a observação de teias de jornada em um microuniverso. Curiosamente, para atravessar esse universo, os observadores de teias praticam o "zen de ir a nenhum lugar". "Observar aranhas", escreve Conniff, "significa estreitar o escopo do seu mundo e se movimentar por milímetros" (2000:34). Os observadores de teias, ao que parece, criam uma impressão de viagem que envolve uma penetrante observação para localizar e observar criações inteiras com muito pouco movimento. Conniff (2001:34) descreveu sua experiência de acompanhar um cientista em um mundo de aranhas durante uma manhã: "Depois de duas horas, tendo viajado por todo um universo em miniatura, voltamos. Tínhamos coberto 50 metros."

As disciplinas de encontrar lugar

Achei a descrição dos observadores de aranhas um intrigante conjunto de lições para os que se interessam pela aplicação da observação de redes sociais. Essas lições em muitos aspectos parecem implicar uma atitude e também uma disciplina. Por um lado, poderiam ser chamadas de disciplinas do *empirismo científico*, pois parecem envolver os métodos de observação de um fenômeno sob estudo e o cuidado com que se aborda o estudo. Por outro, podem constituir aquilo que os praticantes chamam de *habilidades de análise social e de conflito*, pois também necessitam estudar uma situação dividindo-a em partes mais fáceis de lidar com referência ao que está acontecendo e como exatamente as coisas estão funcionando em dado cenário a fim de desenvolver uma resposta. Ambas são descrições precisas das lições que podem ser extraídas dos observadores de teias.

Fiquei entretanto impressionado ao ver como as disciplinas de observação de teias se ligam a um aspecto de meu trabalho em um plano diferente, um plano do qual, pelo que constatei, muitas vezes não se cuida na área profissional da resolução de conflitos, e para cuja descrição eu luto para conseguir palavras adequadas. Estou falando de questões da alma. Apanhando uma expressão de Yeats, tais assuntos envolvem o profissional em um retorno ao "cerne do coração" que está mais fundo. Em resumo, entendo essas coisas como disciplinas espirituais. Têm a ver com nossas opções de como estar neste mundo. Isso envolve nossas escolhas sobre as maneiras de entrarmos em relacionamento com o que existe, e o grau em que mantemos nossos sentidos atentos ao apelo, sempre presente mas raramente ouvido, por um diálogo autêntico que borbulha em nosso entorno físico e social. Essa atenção exige o que eu chamaria de "disciplinas baseadas na alma". Vim a apreciá-las como um plano mais profundo que sustenta a busca de mudança social autêntica. Nas geografias de violência, o barulho e as ocupações dominam nossos sentidos imediatos. A imaginação moral, se é que ela vai penetrar e transcender, precisa encontrar a alma do lugar. Para achar a alma precisamos ir ao cerne, precisamos ir às vozes por trás do barulho, precisamos ver os padrões escondidos sob os sintomas que se apresentam, precisamos sentir os ritmos que continuam a passos firmes apesar da cacofonia.

A arte da imaginação moral surge da alma do lugar, daquilo que Daniel Berrigan uma vez chamou da "geografia da fé" (Berrigan e Coles, 1971).

Ela coloca duas questões que pedem diálogo mas não respostas permanentes: "Quem sou?", "Onde estou?" Aqueles que convidam e mantêm essas perguntas durante toda sua jornada em qualquer geografia vão enxergar as disciplinas da alma como base espiritual de seu trabalho. Vão lutar com as disciplinas, e em certos momentos, ainda que raros e fugazes, vão sentir a alma da mudança. Vão trilhar um caminho que convida a imaginação moral. Aqueles que não convidam essas perguntas ou que não se envolvem com elas enxergam as disciplinas de nossa área como um método científico ou uma habilidade profissional do praticante. Vão desenvolver olhos e ouvidos que funcionam principalmente ao nível da técnica aplicada.

Quais são essas disciplinas da alma? Três me vêm à mente: quietude, humildade e percepção sensual.

Quietude

A observação de teias exige grande paciência, atenção intensa, movimentos cuidadosos e observação. O zen de ir a lugar nenhum exige a disciplina da quietude. Aqui reside, pela minha experiência, uma das lições mais difíceis de serem aprendidas pelos que são impelidos pelo ativismo social e por um desejo de entender como as mudanças podem ser sustentadas: a quietude é o pré-requisito para a observação e o desenvolvimento da capacidade de ver o que existe. Ver o que existe é o pré-requisito para uma imaginação transcendente.

A natureza fundamental da quietude se choca frontalmente com as ideias comuns sobre as maneiras de fazer algo mudar. A mudança, segundo acreditamos, consiste em promover, estimular e até empurrar. O ativismo argumenta com o mundo: "Não fique simplesmente parado, faça alguma coisa!". A quietude responde: "Não faça simplesmente alguma coisa, fique parado!". O paradoxo é o seguinte: quietude não é inatividade. É a presença de atividade disciplinada sem movimento. A quietude é ativismo com um detalhe adicional. É a plataforma que gera a autenticidade do engajamento, pois é o palco que possibilita o verdadeiro ouvir e ver.

O que possibilita a quietude? A quietude exige um comprometimento com a paciência e a atitude de observação. Suas diretrizes são: "Mais devagar". "Pare". "Observe o que está se mexendo ao seu redor". "Sinta o que se movimenta dentro de você".

Pense um instante sobre a natureza do movimento, seja no seu carro ou a pé. Quando você está em movimento, não consegue ver ou ouvir o que está mais perto. Você vê o que está ao longe, mas não vê o que está aos seus pés. Isso é algo que aprendi coletando pedras, especialmente a ágata do Pacífico ou a água-marinha no alto do Monte Antero, no Colorado. A tendência mais fácil é movimentar os olhos rapidamente ao redor, olhando sempre um pouco além de onde você está. A disciplina mais difícil de todas é observar cuidadosamente bem o lugar em que você está. O que mais costuma acontecer é que os maiores achados estão bem na sua cara, óbvios mas invisíveis, porque o movimento de seus pés e olhos vai para além do que está imediatamente lá.

Em um recente estudo de doutorado, Patricia Burdette fez observações semelhantes sobre os esforços na área dos lakota para desenvolver recursos culturais de resposta para lidar com crianças que apresentam necessidades emocionais graves e traumas profundos. Através da observação participativa de muitos anos e de extensas entrevistas, ela tentou entender como o povo lakota entendia o *nagi kicopi*, uma cerimônia tradicional através da qual "o espírito de uma pessoa doente é chamado de volta para começar o processo de cura" (Burdette, 2003:273). Na sua resenha da literatura e dos valores na base da cerimônia, ela observa que um dos valores centrais dos lakota que acompanha o processo de cura é a paciência. Como diz ela ao comentar especificamente o povo lakota, "A paciência enquanto valor afeta a compreensão do tempo, e é a fonte de atributos pessoais tais como a humildade e o respeito" (273).

Esse entendimento da paciência é prevalente entre muitos povos indígenas. É o *sine qua non* da observação profunda, e está relacionado com a capacidade aparentemente inata de imaginarem a si mesmos em relação não só com a comunidade humana mas também com tudo que os rodeia no mundo animado e inanimado. A terra, as rochas, as árvores, o céu, o ar, os peixes, os ursos, os veados, todos falam com eles. Eu me lembro quando o chefe de paz cheiene Lawrence Hart chegou a uma conferência em Harrisonburg, Virgínia. Ele tinha acabado de dirigir desde Washington, D.C., atravessando as montanhas e descendo o Vale Shenandoah. "Fiquei contente de ver", disse ele rindo quando se apresentou ao grupo, "que o povo do Vale chegou à nossa conclusão. Acabei de passar, alguns quilômetros atrás, por uma grande placa na estrada dizendo: 'Visite as Cavernas Luray: ouça as rochas cantarem'". O maravilhoso para os povos indígenas não é que as rochas falam. É que eles, como comunidade humana, mantiveram a capacidade de ouvir as rochas cantarem.

Lembro-me de uma experiência nas Filipinas ao final de um seminário sobre transformação de conflitos com líderes de base das áreas indígenas do norte de Luzon. Como parte do seminário, fizemos uma celebração em uma noite no meio da semana. Alguns membros de tribos se ofereceram para executar a dança nativa chamada o mosquito e o sapo. Ficamos hipnotizados com sua capacidade de imitar os animais. Era como se na dança eles tivessem se tornado o inseto e o anfíbio, tal a exatidão e o detalhamento de seus movimentos e posturas corporais. Nos dias seguintes, em lugar de falar de "análise de conflito" da forma que seria tipicamente apresentada, fizemos uma pergunta diferente: "O que é preciso para ser tão observador em relação ao conflito como em relação ao mosquito e o sapo, ao ponto de que o dançarino conseguisse captar o quadro inteiro?" As respostas se resumiam a uma simples ideia: você tem que ser paciente e observar por um longo tempo.

A quietude propõe que prestemos atenção ao que está ao nosso redor, aos nossos pés. Os maiores potenciais de mudança perdidos não são aquelas coisas distantes que perdemos porque não conseguimos visualizá-las, e sim as que perdemos pois nosso movimento passou ao largo delas, e as tornou invisíveis. Diz um provérbio chinês: "Não é o tamanho da montanha que obstrui o seu caminho. É a pedra no seu sapato". Quando focalizamos as coisas realmente grandes, muitas vezes perdemos os maiores potenciais de recursos, *insights* e mudanças que estão presentes bem no lugar em que nossos pés estão plantados.

O que achei intrigante nos observadores de teias foi o cuidado que tomam a cada passo. O universo que observam exige uma lentidão de movimento, uma quietude de observação, precisamente porque um passo em falso poderia destruir exatamente a coisa que eles mais desejam ver e preservar. Eles entendem que cada passo afeta o contexto que estão estudando. Assim, a quietude é uma salvaguarda e uma proteção.

A quietude se envolve com a pergunta "Onde estou" como sendo uma dupla indagação em busca de sentido. A jornada é para dentro, pois na quietude eu busco compreender minha localização na geografia do espaço e do tempo de forma ampla, especialmente este lugar onde estou agora. A jornada é para fora, pois na quietude eu desejo verdadeiramente ver o lugar em que estão postos meus pés.

Vim a acreditar que as duas maiores tragédias que afetam a construção da paz em cenários de conflito prolongado surgem sobretudo da falta da disciplina da quietude por parte daqueles que chegam do exterior com boas intenções. São elas: (1) a incapacidade de reconhecer e ver o que existe em um lugar que poderia ter potencial, ou que já está montando a infraestrutura de rede das mudanças construtivas; e (2) avançar rapidamente para a ação a fim de fornecer respostas de curto prazo para problemas pré-determinados, estimulados por um senso de urgência. Em ambos os casos, a rede de mudança *in loco* – pessoas, processos e espaços relacionais – não é enxergada, é ignorada e diminuída, ou pior, substituída ou destruída.

A quietude pratica, de forma fundamental, a imaginação da autêntica observação, a sustentação contínua de uma plataforma que nos possibilita ouvir, observar e aprender. No caso dos observadores de teias, trata-se de uma forma de abordar e estar em um universo feito de intrincadas conexões, que precisam ser vistas antes de darmos nossos passos. Isso se aplica igualmente no caso de observadores de redes no contexto da construção de mudança social construtiva.

Humildade

Ao refletir sobre aqueles que estudam aranhas e suas teias, encontrei uma qualidade que só posso descrever como humildade. À primeira vista esses cientistas apresentavam uma qualidade de método e meticulosidade em sua busca de evidências empíricas. Mas, olhando mais fundo, outra coisa saltava aos olhos. Havia uma arte e uma alma que podem ser sumarizadas em duas palavras: respeito e conexão. Sua maneira de estar no contexto em estudo continha um assombro de prender a respiração em relação a este microuniverso dos aracnídeos. Eles passam uma vida inteira viajando para dentro desse universo, indo a lugar nenhum e achando novas surpresas a cada passo e a cada visita. Pareciam dotados de um tipo específico de imaginação: a capacidade de se verem em relação ao contexto no qual viajavam e estudavam. Eles sabiam, de forma profunda, intuitiva e – a julgar pela forma de conversarem a respeito – experiencial, que cada movimento seu afetava o contexto no qual estavam. Eles se viam como conectados. Vejo essas qualidades – respeito e conexão – como o coração da humildade. A humildade é uma jornada para a compreensão e a localização da alma do lugar.

Alma do lugar é uma expressão estranha. Estamos talvez mais acostumados a falar do lugar da alma, isto é o lugar que nosso espírito, nossa fé ou nossa busca profunda de significado deveria ocupar na nossa vida.

A alma do lugar busca uma compreensão diferente. Representa uma espécie de voz interior que fala pessoalmente a cada um de nós, clamando para entendermos a natureza do local onde nos encontramos e a natureza de nosso lugar nesse local. No jargão profissional, poderíamos falar disso de uma forma muito mais estéril como a "definição de papéis conflituais", "análise histórica do conflito" ou "avaliação inicial das necessidades e interesses no cenário-alvo". Esse jargão deixa a pergunta e a resposta no plano da indagação técnica, isto é, contribui para o trabalho, a atividade e a engenharia do processo. Para achar a alma do lugar, precisamos ir um passo mais fundo, onde nos digladiamos com o "Quem sou?" e "Onde estou?" como pessoas. Isto é similar às buscas de visão dos povos nativos, as canções de sonhos dos aborígenes da Austrália, ou Jacó, que lutou a noite toda contra um ser desconhecido e depois marcou o lugar em que sobreviveu. Essa é a busca mais profunda de significado na identidade, relação e geografia. É o local em que nasce a humildade. Pois esse é o local do encontro, onde reconhecemos nosso senso do eu e nosso senso de viver em uma rede muito maior.

A discussão acima sugere duas essências da humildade. A primeira é o reconhecimento de que sou uma pequena parte de algo realmente grande. Nessa frase simples, a chave é a palavra *reconhecimento*. Existe um mundo de diferença entre saber e reconhecer. *Reconhecer* exige uma admissão transparente e uma escolha intencional. A humildade nos põe em contato com a nossa vida precária de significados. Por um lado, precisamos ter um senso de que existimos, que contamos, que fazemos alguma diferença. Sem esse senso, a própria vida é sem sentido. Ao mesmo tempo precisamos entender e viver de uma forma que reconheça que nossa vida e nosso trabalho são um pequeno pedaço de um todo maior, e isso inclui todos os nossos projetos e atividades. Sem esse reconhecimento, somos vítimas do ciúme, nos tornamos arrogantes, territoriais e controladores; e em nossa presumida importância e grandeza nos tornamos pequenos. O desafio da humildade é combinar um senso de contribuição e de lugar significativos com o reconhecimento intencional de que somos parte de um todo maior.

A segunda essência da humildade é entender que o aprendizado e a busca da verdade são aventuras para uma vida inteira. A humildade acaba quando a busca da verdade não é mais necessária e quando o aprendizado chegou ao fim. A construção da paz requer um tipo de humildade que reconheça que, por mais que eu saiba ou tenha aprendido, sempre existe mais. A essência da humildade é encontrada na constância do aprendizado e da adaptação. Se tenho toda a verdade, não tenho necessidade de indagações, questionamentos ou buscas adicionais. Sem a humildade, os próprios processos de mudança deixam de existir, pois se tornam finais, rígidos e completos. A grande lição do mundo natural, a lição das aranhas e suas teias, a lição dos que observam as teias é esta: sem humildade não há aprendizado ou adaptação. Sem humildade, o resultado é a extinção e não a transcendência. O desafio da construção da paz é como desenvolver processos de mudança da melhor forma que sabemos, e continuamente sermos capazes de aprender e adaptar o que criamos à medida que adquirimos maior compreensão.

Encontrar a alma do lugar representa uma jornada para localizar *quem* eu sou no lugar específico e *qual* é a natureza deste lugar *onde* eu estou localizado. Para construtores da paz, existe um lado pragmático das essências da humildade e da alma do lugar. Aborde o contexto com cuidado e respeito. Ande com cuidado. Observe e ouça os que conhecem o cenário. Não presuma que conhece soluções ou que pode fornecer receitas pré-concebidas. Entenda-se como parte de um todo maior. Reconheça que nenhuma pessoa por si mesma, nenhum processo ou projeto individual por si mesmo é capaz de trazer e sustentar a paz. Adote uma atitude de aprendizado constante a fim de criar processos adaptativos capazes de uma reação contínua. Aqueles que lutaram e continuam lutando com o "Quem sou?" e o "Onde estou?" cultivam um senso de assombro e de conexão. Eles constroem a alma do lugar. Eles acabam por se ver como parte de algo, e não como detentores do controle sobre algo. Abordar a mudança social com assombro e humildade abre as portas para a imaginação moral. A mudança social sem admiração, luta e humildade logo se transforma em um exercício de engenharia.

Percepção sensual

Em muitas ocasiões neste texto, me referi à ideia de *senso*. "Senso comum", "Achar o senso de", "Senso de lugar", "Senso do eu" são apenas alguns pontos de referência típicos. Quero falar sobre a palavra *senso*, ligando-a ao desafiante conceito de que as coisas que percebemos e como as percebemos, o que nos permitimos assimilar e as coisas às quais estamos atentos no mundo estão ligadas de forma integral à construção da paz e à mudança social. Chamo a isso *disciplina de percepção sensual*, o que à primeira vista, tenho certeza, pode causar um ou dois olhares de reprovação. Criei coragem através do trabalho de David Abram, que resgatou a palavra *sensual* do mundo do prazer narcisístico, e a colocou de volta às suas origens: como estamos e como percebemos o mundo que habitamos.

Senso é como percebemos. Comumente temos cinco sentidos: tato, paladar, olfato, audição e visão. O *Oxford English Dictionary* explica *sensual* como "derivado, relativo ou afetando os sentidos ou ligado à percepção sensorial" e a seguir acrescenta em uma segunda explicação: "agudamente vivo para o prazer das sensações" como os poetas e artistas que são "movidos por, ou apelam à imaginação sensual" (Compact, 2000:1710). Quando as palavras *sensual* e *percepção* são ligadas, a expressão aponta para uma forma de estar no mundo. *Percepção sensual* é a capacidade de usar e manter aberta uma consciência plena daquilo que nos rodeia pelo uso de nossas faculdades completas. Assim, essa expressão formada por duas palavras representa uma afirmação ontológica, pois indaga sobre a natureza do ser. A percepção sensual intercepta o mundo através de todos os meios que somos humanamente capazes de experimentar. Ela exige a plena aplicação de nossas faculdades de interação à experiência de estar no mundo.

Nem sempre os profissionais das áreas de resolução de conflitos e construção da paz adotam uma abordagem de percepção sensual à interação. Nós nos baseamos em, e consequentemente valorizamos, capacidades analíticas que se valem de uma faixa estreita dos sentidos disponíveis. Especificamente, valorizamos de forma mais intencional – e consequentemente desenvolvemos – a percepção e a compreensão do universo que ocupamos, a saber, as geografias do conflito humano e em particular os terrenos de violência em cenários de conflito prolongado, através do uso parcial de dois sentidos: audição e visão. Isso é, naturalmente, um reducionismo cuja justificativa se baseia naquilo que constitui conhecimento útil na opinião daqueles que administram a área, os cientistas políticos e sociais. Acreditamos que a mudança social e a construção da paz são em sua essência processos que evoluem e são moldados no mundo da linguagem. As palavras fazem sucesso. Somos enfeitiçados pelas palavras. Entretanto, se quisermos despertar e envolver a imaginação moral, necessariamente precisamos alcançar uma faixa mais ampla dos sentidos, o que inclui o mundo das palavras mas vai além dele.

Os observadores de teias me cativaram nesse sentido. A cada passo eles sentiam o terreno no qual caminhavam como se o solo falasse com eles. Sua visão era fixa e aguçada, afinada para o que era visível e o que não era tão visível, procurando sinais daquilo que poderia estar lá mas não era visível de pronto. A sua pele parecia hipersensível. À menor sensação de um fio, todos os movimentos eram interrompidos, e várias percepções aplicadas a fim de seguir o fio até a teia e o espaço. Eles assobiavam e cantavam. Parece que certos sons, imitando insetos desejados pela aranha, conseguiam trazer o mestre oculto para fora, no reino da visibilidade mais direta. Suas maneiras sugeriam uma interação holística com o cenário através do uso de todos os sentidos disponíveis. Sua forma de ser sugeria a percepção sensual.

Como entender isso no contexto da mudança social e construção da paz? Aprendi as lições de percepção sensual mais com as pessoas que vivem e sobrevivem nas geografias de violência do que com profissionais que praticam e ensinam resolução de conflitos. Acho que isso ocorre precisamente porque a sobrevivência nessas geografias, como a sobrevivência nas trilhas a grande altitude, na precariedade da vida nas florestas tropicais, ou na travessia de um deserto, cria, por necessidade, uma resiliência baseada na percepção sensual. As pessoas sobrevivem porque desenvolvem várias fontes de informação, formas de sentir o ambiente e em seguida escolher a reação apropriada. Logo aprendi, em minhas primeiras aventuras de coleta de pedras em sítios a altitudes acima de 4200 metros, a observar e ouvir atentamente as pessoas que há anos estavam lá. Ao primeiro sinal de mudança do tempo – a forma como a brisa muda ou a pressão barométrica é sentida pela pele, o som distante dos trovões, ou a visão de relâmpagos distantes – eles se mexem, entram em ação, descem. Como disse um veterano, "no topo pelado de uma montanha, mexa-se ao primeiro sinal de dificuldade". Há um respeito pelo poder do ambiente, tempestades, mudanças do tempo e uma capacidade de sentir os chamados por todos os sentidos disponíveis. Esse tipo de percepção sensual é exatamente o que aprendi com pessoas que vivem e sobrevivem em cenários de grande violência.

Uma equipe de colegas e eu uma vez tivemos uma prolongada conversa com uma pessoa que havia anos era um líder importante na clandestinidade basca sobre uma proposta para um processo de diálogo. Descrevemos nossa proposta, as ideias que tínhamos para o processo e os convocadores.

Queríamos saber qual seria, na opinião dele, a reação das pessoas que ele conhecia em relação a nossas ideias. Lembro-me claramente que sua resposta inicialmente não foi em palavras. Ele levantou o rosto e cheirou o ar. Eu me lembro talvez pela proeminência de seu extraordinário nariz basco. "Eles irão", comentou ele baixando o nariz após a exploração olfativa, "sentir o cheiro de algo errado que nada tem a ver com as palavras, e sim com aqueles que estão fazendo a proposta, aqueles que a estão financiando, e aqueles que estão sendo incluídos. Não quero ter muito a ver com esta ideia. Ela terá a ver com o senso que o nariz deles vai lhes dar".

Desde então notei a frequência com que as pessoas cuja vida depende do que acontece avaliam propostas e processos pela intuição olfativa. São comuns as expressões que sugerem que alguma coisa nisto "fede", ou "cheira a armadilha", ou nas palavras de Marcellus, um guarda no *Hamlet* de Shakespeare, tem o odor de "algo podre no estado da Dinamarca". Provavelmente não costumamos pensar que os processos de mudança têm um odor, mas as pessoas que moram em cenários de violência aprenderam a cheirar as mudanças.

Ou tome outro exemplo. "Por que as mudanças significativas em processos de paz com frequência ocorrem em conversações extraoficiais durante o chá, jantar ou uma bebida tarde da noite? Por que falamos em mesa de paz ou de negociação? Por que uma mesa estaria ligada a diálogo e mudança?" Acho que tem a ver com comer, com as percepções sensuais de partir o pão, temperar alimentos e beber o chá. As mesas e o comer, desde há muito tempo na história humana, são usadas com frequência para indicar o lugar em que a inimizade se dissolve. O salmista escreve: "Diante de mim preparas a mesa, à frente dos meus opressores" (Salmo 23:5). O comer equaliza, humaniza e cria um espaço diferente. O comer cria um espaço que inclui visão, olfato, paladar e conversação a ser ouvida. Constato com frequência que os negociadores, quando comem juntos, lançam ideias que relutariam em externar em negociações formais. Nos momentos de comer, vem à tona uma sensação de transcendência. Através da comida e bebida à mesa, o velho mundo fica momentaneamente suspenso. Entra-se em um novo mundo. Na menor das possibilidades, transcende-se o processo formal; na melhor hipótese, as pessoas ultrapassam a barreira das exigências mútuas. Surge algo novo, algo inesperado. É como se, quando é criado um espaço que incita ao uso mais amplo das faculdades sensuais, as pessoas se tornassem mais humanas. É também o motivo pelo qual muitas vezes alguns negociadores recusam e até temem o espaço da refeição, preferindo a formalidade de um processo que protege interesses nos acordos negociados, processos que são reduzidos quase exclusivamente aos sentidos que interagem com a palavra escrita ou falada.

A percepção sensual sugere que a atenção ao processo, a construção de significado e o entendimento do lugar exigem o pleno envolvimento de todos os nossos sentidos. Lembre-se da advertência da dádiva do pessimismo: as palavras são baratas. Apesar de que a linguagem e as palavras são e irão continuar sendo a ferramenta principal para entender, moldar e transmitir a mudança social, a dependência unilateral em apenas uma faculdade de percepção cria estreiteza e fraqueza. Aqueles que sobrevivem em cenários de violência conseguem fazê-lo através do uso de todos os sentidos. Eles não apenas veem como também cheiram, saboreiam e sentem nossos processos. Precisamos aprender a cheirar, sentir e ouvir o que está à volta de sua realidade e seus processos. Eles aprenderam a falar as muitas linguagens do ambiente, que raramente se limitam a palavras. Nós também precisamos aprender a falar essas linguagens do ambiente. Para que a imaginação moral venha à tona e transcenda, ela precisa incitar e confiar na mais plena de todas as imaginações sensuais.

Conclusão

Os construtores da paz falam muito que é preciso fazer redes. Entretanto, somos excessivamente simplistas e superficiais, falta-nos uma compreensão mais profunda do que é necessário para essa busca. Fazer redes não envolve apenas conexões instrumentais entre organizações que nos ajudam a atingir nossas metas, ou que minimizam o atrito e a competição. Essa é uma visão estreita das redes. A observação de teias, como disciplina, exige que localizemos processos de mudança na rede das relações orgânicas que ocupam o espaço, nos pontos de conexão que criam o fluxo e a função da energia construtiva e doadora de vida, e nos pedaços e fios da mudança localizados em um sistema maior.

A abordagem de rede tem uma sugestão a fazer sobre mudança social construtiva em conflitos prolongados: O caminho para sair do padrão de violência repetitiva passa pela rede de espaços relacionais do contexto.

Encontre os espaços relacionais, e você encontrará o local para sustentar a mudança social no contexto.

Mas a abordagem de observação de teias também sugere que o processo de localizar redes demanda atenção cuidadosa às questões de como estamos dentro do cenário e como nos relacionamos com ele. O que nem sempre foi fácil para imaginarmos no universo de transformação de conflito e construção da paz é a simples ideia de que a matriz e o lar do conflito são relacionamentos, *in loco*, e que nós somos parte dessa matriz. Somos características de uma paisagem comum embutida em uma geografia social. As disciplinas da observação de teias têm por objetivo nossa forma de entrar, nos movimentar e nos relacionar com esta geografia social. Isso é especialmente verdadeiro nos conflitos prolongados. A observação de teias sugere que a localização e o entendimento da trama, das relações que compreendem um cenário representam a mais importante das características que deveriam ser levadas em conta para que ocorram mudanças nos padrões e nas relações. Os observadores de teias têm regras básicas que merecem atenção e aplicação social.

Fique quieto. Leve algum tempo para realmente observar antes de dar um passo. Procure vigilantemente ver e descobrir o universo de relações que está lá antes de dar seu passo.

Reconheça que você está numa relação com o cenário e com a teia que você estuda. Imagine sua conexão mesmo quando você não a enxerga.

Desenvolva uma gama completa de capacidades que o ajudem a perceber o que está ao seu redor. Esteja atento com os olhos, ouvidos, nariz, boca e pele. Nunca reduza a um único caminho a percepção da alma do lugar.

A observação de teias exige observação profunda. Só pode ser exercida com paciência e tempo. Você precisa imaginar o todo mesmo quando ele não está visivelmente presente, e você precisa seguir os fios que você toca. A observação de teias suscita duas questões que são talvez as mais importantes que os construtores da paz precisam manter presentes desde logo e constantemente: "O que existe?" E como nos relacionamos com isso? "Os observadores de teias propõem uma ideia simples: os espaços relacionais criam e mantêm o centro da mudança social. Achar, entender e se relacionar com as teias que existem exige quietude, humildade e a plenitude dos nossos sentidos. A observação de teias, o zen de ir para nenhum lugar", cuida de universos inteiros com delicados movimentos. Ela toca a alma do lugar.

11

SOBRE A SERENDIPIDADE
A dádiva da sagacidade acidental

> *Não se chega a Serendip traçando uma rota. Você tem que partir em boa fé para outro rumo e se perder serendipitosamente.*
> – **John Barth**, The Last Voyage of Somebody the Sailor

ENQUANTO ESCREVIA ESTE LIVRO, DEI UMA AULA UNIVERSITÁRIA SOBRE OS desafios da construção da paz nos tempos modernos. Resolvi explorar com a plateia os desafios de se entender a imaginação moral. Compartilhei as quatro histórias-guia do capítulo 2 e ao final da narrativa fiz a pergunta retórica: "O que possibilitou essas mudanças?" E respondi: "A aparição serendipitosa da imaginação moral nos assuntos humanos". Depois da aula, estabeleceu-se uma conversa com vários professores. A inquietação que expressaram naquela noite levava a perguntas intrigantes. Pelo que me lembro, as preocupações eram: "De que adianta a imaginação moral se não for algo que pode ser controlado e aplicado? Você falou da centelha da mudança como um elemento serendipitoso. Como seria possível convencermos políticos e, pior ainda, realistas convictos, de que uma atitude como essa é razoável ou mesmo responsável na condução dos assuntos humanos?"

Essas foram e continuam sendo perguntas legítimas e intrigantes ao extremo. Não têm nem merecem ter resposta fácil. Essas perguntas acenam para uma série de pensamentos, divagações e sondagens, talvez exageradas, mas que não obstante constituem uma busca, pois essas perguntas nos levam à arte de vários assuntos. A serendipidade nos leva a pensar sobre atitude e humildade, sobre a natureza do desenvolvimento de teorias de mudança social e a construção de processos adaptativos que possam sustentar a mudança. Levada a sério, a serendipidade aumenta nossa capacidade de reagir no mundo real. E tudo começa com um conto de fadas.

Existem muitas palavras com etimologias interessantes e usos originais, mas há poucas com uma história tão convincente que seu próprio nascimento criou livros e, na era eletrônica, páginas da internet. É o caso de serendipidade.

Horace Walpole, novelista, quarto conde de Orford, filho do primeiro-ministro Robert Walpole, e prolífico missivista, não se propôs inventar uma palavra. Isto foi, na verdade, a natureza serendipitosa da sua eventual fama. Na manhã de 28 de janeiro de 1754, simplesmente se sentou para escrever uma carta a Horace Mann para confirmar que o retrato de Bianco Capello tinha sido recebido em Londres da Itália. A carta de Walpole contém o primeiro uso por escrito de *serendipidade*. Citando diretamente a carta, ao discutir um aspecto do retrato, Walpole escreveu:

> Essa descoberta efetivamente é daquele tipo que chamo de serendipidade, uma palavra muito expressiva que, já que não tenho nada melhor a lhe dizer, tentarei lhe explicar: você a entenderá melhor pela sua origem que pela explicação. Li uma vez um tolo conto de fadas chamado *Os três príncipes de Serendip*: à medida que suas altezas viajavam, sempre faziam descobertas, por acidente e sagacidade, de coisas que não estavam buscando (Walpole, 1754).

A opinião majoritária é que *Os três príncipes* remonta a histórias de origem persa. Embora existam diferentes versões, a essência da história permanece a mesma. O rei de Serendip manda seus três filhos em uma viagem, para serem treinados pelos melhores eruditos da época e ganharem experiência para se tornarem sábios dignos do trono. Eles percorrem os caminhos de pessoas comuns, encontrando seus problemas e dilemas. Quis o destino que os príncipes se destacassem por sua grande capacidade de observação astuta e igualmente grande inclinação para enrascadas, e seu futuro bem como seu bom caráter são redimidos sucessivas vezes por reviravoltas inesperadas.

A fábula é cheia de ironias. Os príncipes viajam rumo à ascensão à realeza em Serendip através do ato de partir dela. Eles passeiam entre plebeus, a cujos corações alcançam inesperadamente através de contratempos, eventos imprevistos e uma sabedoria que aumenta com base no bom senso, levando-os a grande prestígio perante outros reis. Essas aventuras, como disse Walpole, constituem a jornada de descoberta que surge da "sagacidade acidental". Ele usou as viagens de Serendip para descrever esses tipos de processos e fenômenos. Muitos anos depois, Theodore Remer (1964:14) sugeriu que serendipidade, o expressivo termo de Walpole, deve ser entendido como "um dom de descobrir por acidente e sagacidade quando se busca outra coisa". Foi essa a definição que permaneceu.

Serendipidade, ao que parece, é a sabedoria de reconhecer e acompanhar o fluxo energético do inesperado. É uma qualidade de caranguejo, uma capacidade de acumular compreensões criando progresso por meio de um movimento lateral não linear ou direto. A serendipidade exige visão periférica e não apenas visão à frente. É o principal antídoto para políticas estáticas e visão de túnel. A serendipidade descreve a fascinação e a frustração do progresso lateral que encerra a tentativa humana de construir a paz em cenários de violência, pois a mudança social edificante é muitas vezes aquilo que acompanha e rodeia a jornada – mais do que aquilo que foi original e intencionalmente perseguido e produzido.

Por muitos anos lutei contra este incômodo paradoxo do meu trabalho em construção da paz: quanto mais eu queria produzir intencionalmente um resultado específico, mais inalcançável ele parecia; e à proporção em que me desligava e descobria as aberturas inesperadas ao longo do caminho, mais progresso era feito. Encontrei-me refletindo sobre a ideia de que minhas maiores contribuições à construção da paz não pareciam ser as que surgiram de minhas "habilidades acumuladas" ou meu "propósito intencional". Foram as que aconteceram inesperadamente. A partir de um determinado momento, chamei a isto de "divina ingenuidade", que originalmente defini como o dilema do profissional em aprender mais com erros que com sucessos. A realidade é que esses não eram erros no real sentido da palavra; foram coisas importantes que aconteceram no caminho e não foram planejadas. Por isso precisei da combinação de divino com ingênuo. *Divino* aponta para algo transcendente, inesperado, mas que conduziu ao *insight* e ao melhor entendimento. Porém, ver aquilo que não foi planejado nem está imediatamente aparente requer um tipo periférico de visão, uma disposição para andar de lado – ou até para trás – a fim de andar para frente. A capacidade de fazer esse movimento exige *ingenuidade*, uma inocência de expectativas que observa cuidadosamente o potencial das mudanças que se formam em tempos bons ou difíceis. A divina ingenuidade e a serendipidade têm isto em comum: ambas promovem a arte do possível. Em um capítulo recente (Lederach, 20003b:36-37), escrevi:

A ingenuidade não aceita aquilo que é apresentado na superfície e é geralmente aceito como uma verdade final como sendo o padrão de medida primário do funcionamento das coisas, da sua coesão ou do seu colapso. A ingenuidade não tem medo de ser percebida como burra e tem a coragem de levantar questões básicas, tanto de otimismo quando tudo o mais parece impossível, como também de realismo e bom senso quando todos esperam que a paz vá acontecer porque foi assinado um papel. Em ambos os casos, a arte está em buscar um caminho para chegar a uma fonte mais profunda do possível e do necessário, para manter vivo e saudável um processo de mudança construtiva.

Uma de minhas primeiras e mais formativas experiências com a serendipidade veio durante as negociações sandinistas da costa leste como parte do processo de paz nicaraguense. Em retrospectiva, os componentes mais significativos do processo de conciliação aconteceram não por planejamento direto mas por aberturas serendipitosas que levaram a relacionamentos, rompimento de barreiras e finalmente negociações diretas.

Comecei a jornada por um convite do Comitê Central Menonita (MCC) para realizar sessões de treinamento de resolução de conflitos com diversos líderes de bases na América Central. Gerald e Joetta Schlabach, naquela época representantes do MCC na Nicarágua, decidiram que a primeira oficina piloto teria lugar com os líderes das igrejas misquito e crioula morávia. Esses líderes estavam na ocasião deslocados para Manágua devido à guerra na costa leste. À medida que os eventos se desenrolavam, alguns mais tarde se tornariam os primeiros conciliadores entre as facções em guerra. Quando nossa família se mudou para a América Central, passamos por vários ciclos de busca de uma propriedade adequada para alugar. Na segunda rodada de busca em San José, Costa Rica, alugamos uma casa sem saber que ela ficava a poucos quarteirões da pessoa que se tornaria o negociador principal para o Yatama, o movimento de oposição da costa leste que estava em guerra com o movimento sandinista.

Pequenos eventos como esse, não especialmente notados à época, criaram a base daquilo que se tornou meu principal trabalho por vários anos: ajudar a sustentar um esforço de conciliação para pôr fim a uma guerra. Quando em retrospectiva olho para esses anos, algumas das coisas mais importantes que fiz como conciliador não foram as que aprendi durante

11 – Sobre a serendipidade

as aulas sobre a estrutura e as habilidades da facilitação de negociações diretas. Na verdade, nem fiz muita "facilitação direta". E o que fiz foram provavelmente coisas contra as quais os conselheiros entendidos em processos provavelmente teriam desaprovado.

Minha mulher, Wendy, conta uma boa história a respeito. Houve um momento no início do processo de conciliação quando, devido a uma reviravolta inesperada dos acontecimentos, fui envolvido na organização de encontros da liderança da Frente Sul do Yatama. Certa ocasião, Andy Shogreen, o chefe da igreja morávia veio me encontrar em San José. Por aproximadamente dois anos, antes do início das negociações diretas, ele fora a principal ligação entre os lutadores da costa leste e o governo sandinista. Metade dos líderes e comandantes da costa leste não tinham documentos. Por isso não era fácil encontrar lugares para eles se reunirem na Costa Rica. Nossa casa recém-alugada era meio fora do caminho, então, tornou-se um ponto de encontro conveniente. Com cronogramas imprevisíveis, as reuniões muitas vezes aconteciam ao sabor do momento.

Uma manhã, aconteceu um desses encontros. Mais ou menos quinze líderes de várias facções da costa leste vieram à nossa casa. No meio do encontro, os líderes olharam para Andy e para mim e disseram de forma tipicamente clara: "Não queremos insultá-los ou abusar de sua hospitalidade, mas precisamos resolver algumas coisas aqui sozinhos". Então, enquanto os líderes começavam suas deliberações internas em minha casa, Andy e eu fomos para uma loja de automóveis no centro da cidade para comprar algumas peças Toyota das quais ele precisava na Nicarágua.

Ao meio-dia Wendy voltou de seu emprego de professora trazendo nossa filha Angie de três anos. À porta ela foi surpreendida por alguém que ela nunca tinha encontrado. O comandante Coyote, de boné de beisebol no alto da cabeça e um rabo de cavalo até a cintura, de pé na soleira da porta, perguntou a ela: "Quem é você?".

"Eu sou a Wendy", ela de alguma forma conseguiu a iniciativa para responder. "Eu moro aqui."

"Ah, bom, entre, estamos tendo uma reunião."

Ela entrou na sala cheia de líderes indígenas que nunca tinha visto, e nada de seu marido ou de Andy. "Bem", disse ela fazendo um reconhecimento da casa, "posso fazer um almoço para vocês?".

O que aconteceu naquela manhã, ao longo do almoço que Wendy fez, e que Andy e eu, os grandes conciliadores, acabamos por comer na cozinha enquanto os líderes indígenas conversavam sozinhos na sala de visitas durante a tarde, foi a reunião que criou a decisão consensual que superou um obstáculo interno importante para a decisão de realizar ou não negociações com os sandinistas. Serendipitosamente, nós possuíamos uma casa, um conjunto de conexões úteis, um almoço, a disposição de arriscar o que tínhamos e visão suficiente para sairmos do caminho quando não precisavam de nós. A confiança brotou e cresceu. Também tínhamos um computador, um telefone, um cartão American Express, organizações para ajudar a pagar as contas e conhecimentos para pôr no papel uma frase que ajudou a dar forma a certas preocupações. Além das pessoas que poderiam entrar com aquele papel nos escritórios do ministro do interior em Manágua. Mas, pelo que me lembro, os pontos mais críticos de virada que possibilitaram o processo nunca foram forçados por coação ou intencionalmente planejados. Aconteceram, na maior parte das vezes, através das pequenas coisas serendipitosas das quais nunca me falaram na escola.

Em estudos de resolução de conflitos, desde a universidade até os cursos de treinamento de profissionais, meu preparo focalizou um conjunto de habilidades para analisar problemas substantivos, resolvê-los, conduzir processos de comunicação para facilitar o diálogo face a face por meio dos quais aqueles que têm os problemas possam resolvê-los. Essas habilidades são importantes. Elas formaram uma base essencial que constitui uma parte agora quase imperceptível daquilo que sou e daquilo que faço como construtor da paz. Sem elas tenho certeza de que seria muito menos eficaz em meu trabalho. Entretanto, essas mesmas habilidades e treinamentos podem facilmente contribuir para uma espécie de visão de túnel.

Um túnel essencialmente cria uma avenida para cortar um obstáculo enorme e imóvel situado no caminho. Embora haja túneis com algumas curvas, em sua maioria eles atravessam o obstáculo pelo caminho de mínima resistência que liga dois pontos: onde estamos e onde queremos estar. Os túneis são lineares. Procurar a luz no fim do túnel é a metáfora da meta: chegar à saída. A metáfora descreve bem a conceituação da resolução de conflitos como um processo para criar um caminho que atravessa os problemas e permite que as pessoas cheguem à luz no final do seu túnel.

Entretanto, trabalhando com processos de conciliação, surpreendia-me sucessivas vezes vendo que a experiência de construção da paz pouco tem de túnel. A visão de túnel fornece o importante elemento de visualizar uma luz-guia do outro lado. Mas o foco da visão de túnel negligencia dois importantes componentes que não se deixam reduzir tão facilmente à análise de conflitos ou às habilidades de comunicação, pois na verdade eles se referem à atitude, arte e criatividade.

Em primeiro lugar, a visão de túnel pressupõe um ambiente muito, muito estático. Além disso, sugere que a mudança social é como um processo de ver uma montanha e planejar um caminho através dela que une o ponto A de um lado ao ponto B do outro lado. Nossa dificuldade na construção da paz é a seguinte: a montanha através da qual temos que planejar um caminho mais se parece com um mar do que com uma rocha. Ela ocupa um grande espaço que liga o passado ao futuro, sendo que vivemos em um presente em constante movimento, fluido e com marés. A montanha, se preferir, é dinâmica. Para continuar no paralelo da montanha, deveríamos perguntar: "Como escavar um túnel atravessando um vulcão ativo?" O que nem sempre nos ensinavam na escola de resolução de conflitos é isto: estamos introduzindo um processo de mudança em um ambiente moldado pela história e em permanente mudança. O desafio da construção da paz é introduzir mudanças construtivas que afetam os padrões enquanto vivemos e nos adaptamos a um ambiente dinâmico.

Isso leva à segunda dificuldade com a visão de túnel: ela nunca desenvolve a visão periférica. Ela olha unidirecionalmente para um processo e uma meta pré-concebidos. Se alguma vez já observou um caranguejo trabalhando nas areias da maré, você tem uma imagem concreta de uma criatura com visão periférica e um senso de propósito ao mesmo tempo. A visão periférica, ou aquilo que vim a chamar de *arte da serendipidade na mudança social* é a capacidade de se situar em um ambiente mutável com um senso de direção e propósito, ao passo em que se desenvolve a capacidade de olhar e acompanhar o inesperado. As pessoas com visão de túnel só conseguem ver na direção de avançar. A visão periférica ou serendipitosa observa e enxerga para frente, para trás e para os lados. Ela consegue se movimentar em qualquer dessas direções, adaptando-se ao ambiente que muda ao mesmo tempo em que mantém um propósito na mente, mas sem um processo ou caminho com uma definição única. Sem visão periférica, os processos de mudança são frágeis porque são rígidos. Com visão periférica eles têm uma robustez flexível, nunca encontram becos sem saída que interrompem seu movimento e apreciam a complexidade justamente porque a complexidade nunca para de oferecer novas coisas que podem criar caminhos cortando, rodeando ou passando por trás de qualquer coisa que apareça no percurso. Na construção da paz você raramente chega a Serendip indo direto para lá. Você chega a Serendip pela arte da observação minuciosa e da adaptação criativa.

Antes de avançar, voltemos só um momento para a questão de sermos razoáveis e responsáveis na condução dos assuntos humanos no mundo da política e da mudança. Gostaria de colocar para o leitor que o mundo real é de ambientes de constante mudança e constante adaptação a essas mudanças. Isso é especialmente verdade nos cenários de conflito e violência profundamente arraigados. A coisa mais realista – no sentido da palavra *realpolitik* – que poderíamos fazer na construção da paz seria criar processos com visão periférica capazes de manter o propósito e, ao mesmo tempo, se adaptar constantemente às difíceis e movediças areias e marés que têm que enfrentar, além de sobreviver a elas. A coisa menos realista que poderíamos fazer seria planejar processos rígidos de política e mudança social incapazes de adaptação.

Vivemos durante certo tempo sob o mito de que de alguma forma aumentamos nossa capacidade de controlar o resultado de processos através de uma equação ligando poder e capacidade militar. Em uma perspectiva política, nossa hipótese é esta: como a violência e os padrões violentos são resultado da capacidade de produzir violência, nós em última análise acreditamos poder controlar e superar esses processos introduzindo mais quantidade da mesma coisa. Os que tiverem a maior capacidade de introduzir coerção ou violência controlarão o processo e o resultado. O que nós não conseguimos perceber é que os padrões profundamente assentados de violência não são controlados e superados pela mesma coisa que os criou. Eles são rompidos pela mudança do ambiente no qual se originaram. As mudanças autênticas e o realismo duro não têm em mira a expressão sintomática e mais visível da violência, em vez disso, se adaptam ao espaço que gera o sintoma e mudam a natureza do ambiente, de dentro para fora. Realismo exige visão periférica.

Essa foi efetivamente a lição mais dura do 11 de setembro de 2001, e a que em grande parte não foi aprendida. Os ataques aos Estados Unidos mudaram o jogo. O terrorismo, na sua forma mais horrenda, é o lado negativo da visão periférica. Ele nunca ataca a montanha diretamente. Ele entende que a montanha mais se parece com um mar, oferecendo enorme poder e muitas opções. Ele usa o poder do mar contra si mesmo. No caso do 11 de setembro, aviões civis, cursos de treinamento de pilotos facilmente disponíveis, bilhetes da Travelocity e um cortador de caixas – nem um único revólver, míssil ou arma de destruição em massa – produziram em uma superpotência os maiores estragos de sua história. A maior e mais dispendiosa resposta logística a esse evento sob a rubrica de "guerra ao terrorismo" foi vítima da armadilha da visão de túnel, de uma compreensão rígida e unidirecional da guerra, resultando no travamento de batalhas tradicionais de guerra terrestre contra um inimigo que não se baseia em terras. A maior fraqueza da visão de túnel é sua incapacidade de ver perifericamente, sentir, compreender e se movimentar em resposta a ambientes dinamicamente mutáveis sem perder um senso de propósito e de direção.

Em resposta à pergunta: "Mas o que a serendipidade tem a ver com a política real?", eu digo: "Tudo". No mundo real, o elemento que historicamente garante a extinção é a unidirecionalidade e a visão de túnel, é focalizar mentalmente apenas processo e resposta, na busca de um propósito. A sobrevivência precisa de adaptação a ambientes em constante mudança, precisa encontrar formas de movimento lateral, mantendo ao mesmo tempo a clareza dos propósitos. A chave, como sugeriu Walpole, está na forma de construir algo a partir do inesperado, na conexão entre acidente e sagacidade. O que podemos esperar na construção da paz é a permanência do inesperado. A força de nosso processo de mudança, porém, dependerá de nossa capacidade de inovar, de imaginar alternativas, e de nos adaptar às areias movediças, ao mesmo tempo em que sustentamos mentalmente nossa meta.

O que são então as capacidades que criam o momento serendipitoso, a capacidade de fazer nascer a descoberta, e através dela fazer nascer as mudanças construtivas? Encontrar o momento serendipitoso envolve não tanto habilidades, mas principalmente mudanças na visão do mundo. Para tanto, sugerem-se três sinalizadores: adquirir e construir a capacidade de visão periférica, desenvolver disciplinas de aprendizado criativo e sustentar plataformas flexíveis espertas.

Sinalizador 1: Visão periférica

Na história original, os três príncipes tinham uma única capacidade que forneceu o alicerce da sagacidade: observação astuta, contínua e rigorosa. Nunca é demais insistir nessa afirmativa para entender a natureza da serendipidade. A serendipidade não foi um ato aleatório que de alguma forma teve um bom resultado. A serendipidade envolveu uma observação engajada daquilo que foi sendo encontrado no caminho. Essa ideia de ter os olhos atentos para o que se encontra durante a jornada é a essência da visão periférica. A visão periférica presta atenção principalmente ao propósito do processo, não à execução maquinal de um processo planejado para dar um resultado desejado. Ela está atenta aos arredores, àquilo que pode ser visto em volta, por baixo e por trás dos problemas que se apresentam. Os construtores da paz precisam ser como caranguejos ao abordar obstáculos. Assim como sugeriu, durante uma oficina de treinamento, o astuto observador Paolo Baleinakorodawa, das ilhas Fiji: quando os caranguejos estão cercados por todos os lados, eles se enterram na areia e vêm à tona de novo em outro lugar. O caranguejo tem a capacidade instintiva da multidirecionalidade.

Na construção da paz, a visão periférica é atenta – poderíamos até dizer hipersensível – a certos tipos de fenômeno diretamente ligados às bases da imaginação moral. Por exemplo, os obstáculos no caminho das mudanças construtivas se apresentam na maioria das vezes sob forma de impasses de procedimento e questões substantivas, acompanhados por profundas divergências acerca das soluções. Em geral, a visão periférica ignora o que aparece como expressão sintomática do conflito, e seu olhar atravessa o conteúdo do problema chegando ao padrão mais amplo da relação entre as coisas (Lederach, 2003a). A visão periférica tem uma lente que focaliza os padrões históricos dessas relações. Os padrões de relacionamento, assim como a complexidade, oferecem uma ideia do quadro mais amplo, bem como incontáveis pequenas aberturas e oportunidades. Os espaços relacionais e os padrões de conexão das coisas criam oportunidades contínuas para lidar com obstáculos de formas novas quando a busca direta de soluções para esses mesmos problemas parece dar em becos sem saída. A grande dádiva dos espaços relacionais é sua natureza constantemente dinâmica. Eles continuam a oferecer acidentes, viradas inesperadas e oportunidades. A visão periférica observa os espaços relacionais do processo mais do que aquilo que parece ser o conteúdo do obstáculo iminente.

Com visão periférica, são simultaneamente mantidas várias avenidas dentro do panorama do possível. Essa é a essência da não polaridade. A visão periférica não retrata o processo ou as decisões exclusivamente em termos de escolhas do tipo isto ou aquilo. Ela coloca as conexões e as escolhas em um quadro mais amplo. Quando uma avenida oferece resistência, a visão periférica não faz pressão contra a resistência. Ela desvia para o lado, localiza outras avenidas, esperando aberturas e canais indiretos.

Se as metáforas esportivas são úteis, o estilo de observação da visão periférica – como ouvi certa vez do construtor da paz queniano Bethuel Kiplagat – lembra muito mais o futebol brasileiro do que aquele que chamamos de futebol americano. No futebol brasileiro, o campo é largo. O movimento é constante. Para criar um gol, a bola se movimenta para trás, para os lados, para frente e novamente para trás. Vários grupos de jogadores se coordenam criando um padrão complexo de relações e espaços relacionais dos quais são extraídas aberturas em busca do gol, na maioria das vezes de formas totalmente inesperadas, que exigem imaginação e habilidade. Ao contrário do futebol americano, o progresso não é medido por cada jogada nem pelo fato de ter sido feito um movimento para frente. Como metáfora, o futebol brasileiro, assim como a construção da paz, é serendipitosamente construído com base na visão periférica.

A visão periférica se ocupa de várias coisas frequentemente ignoradas ou consideradas sem importância. Ela observa todos os acidentes no caminho, sejam eles eventos que acontecem e parecem descarretar o processo, ou algo simples como uma palavra que escapou de um dos negociadores principais e cria uma nova virada na situação, dando um vislumbre de uma esperança ou um temor. A visão periférica cuida e explora as metáforas que as pessoas no conflito criam para descrever a situação. Eu me lembro que, em alguns encontros informais particularmente tensos com pessoas de diferentes filiações políticas no conflito basco, vieram à tona duas metáforas que foram úteis para uma compreensão muito melhor das perspectivas e opções em debate pelos participantes. Uma delas estava na pergunta: "Qual vai ser o quadro final deste conflito?" Como metáfora, levantou o quadro visual do destino para o qual se dirigia o processo, quem estaria na pintura quando o conflito terminasse como seria pintado o ambiente político ao redor. A segunda foi uma frase curta que um dos participantes tirou de um *script* hollywoodiano, respondendo a afirmativas feitas por outros sobre o seu grupo. "Vocês ficam se comportando como se isso fosse uma cena do tipo 'Rendam-se! Vocês estão cercados!'. Essa não é uma descrição fiel da nossa maneira de ver a situação." Em ambos os casos, ir diretamente aos problemas que estavam separando os lados não ajudava tanto quanto andar ao encontro das metáforas, explorando a experiência, sondando opções e ideias que surgiram dessas discussões.

Uma última forma de visão periférica vem de uma fonte extremamente inesperada: o bom senso. Talvez a forma mais produtiva de observação para os três príncipes não tenha sido o treinamento formal sob a tutela dos grandes eruditos da época. Foram suas interações com o povo comum, ouvindo com cuidado o que diziam e observando o ambiente ao redor dos problemas dessas pessoas. Isso os conduziu pelo caminho da serendipidade, e pode dar à construção da paz uma moral da história: nunca fale somente com políticos e líderes de milícias. Fale com motoristas de táxi. Fale com pedreiros e donas de casa. Fale com líderes seniores, fale com xamãs, e pelo amor de Deus fale com as crianças. Art Linkletter desenvolveu todo um programa de televisão baseado exclusivamente na sabedoria serendipitosa das crianças: "A garotada diz as coisas mais incríveis". Essas coisas mais incríveis muitas vezes captam a sabedoria da serendipidade em expressões de bom senso. Uma afirmação simples e direta sobre aquilo que as coisas são ou parecem pode oferecer mais clareza do que uma análise complexificada mas enganosa. O bom senso, assim como o haicai, oferece imagens que mais sintetizam que analisam. A serendipidade vê um quadro e vai direto à essência, de uma forma que muitas vezes contorna aquilo que parecia um obstáculo ou dificuldade insuperável.

As conversas com pessoas do dia a dia criam conexões com o ambiente e o contexto. Proporcionam *insights* e uma capacidade de atravessar um pântano de confusão. Uma longa pausa para café, um canteiro de obras, uma casa de chá, bater papo na esquina, tudo isso constitui o espaço da visão periférica. Ideias surgem, novas formas de ver velhos problemas e velhas formas de ver novos problemas podem trazer centelhas de *insight* e novas opções. O fluxo de novas possibilidades muitas vezes tem sua nascente no poço infinito e disponível do bom senso.

Sinalizador 2: Aprendizado criativo

Algumas coisas da vida não podem ser ensinadas. São qualidades do ser que distinguem uma categoria de pessoas de outra. É o caso do aprendizado criativo. Esse tipo de aprendizado faz a distinção entre aplicações técnicas maquinais e busca artística criativa.

O técnico aprendeu uma resposta a um estímulo e trabalha apenas para aperfeiçoar a receita oferecida para cada problema. Foi fornecido um martelo. Esperam-se pregos. Na maior parte das vezes, o técnico se contenta em repetir e aperfeiçoar o que outros descobriram.

O artista por outro lado nunca se deparou com o mesmo problema duas vezes. Os artistas vivem uma ontologia diária construída sobre três pilares: curiosidade insaciável, invenção constante e crítica atenta. Eles aprendem com tudo e todos, mas nunca param de criar.

Em certo momento todos somos artistas. Pablo Picasso teria dito "Toda criança é um artista. O problema é como continuar um artista quando você cresce" (Cameron, 2002:85). No caso do técnico, a educação tirou a vida do aprendizado e em seu lugar colocou a administração predeterminada. Isto pode ser útil para algumas funções de produção, mas perde seu brilho quando o desafio reside em como responder à ambígua beleza de nosso mundo conflituoso. O artista conservou a capacidade de inovar. Os artistas estão em uma jornada para encontrar e refletir a beleza que os rodeia. Curiosamente, você pode encontrar artistas lavando pratos em restaurantes, plantando milho ou planejando a política habitacional para o centro de uma cidade. E você encontra técnicos administrando universidades, regendo o coro da igreja ou comprando obras de arte do século dezoito para um museu nacional. A diferença não está no que fazem ou onde estão. A diferença está em como prestam atenção e interagem com o mundo ao seu redor.

O aprendizado criativo é a rota para Serendip, a descoberta das coisas por acidente e sagacidade. Uma curiosidade insaciável não se traduz em alguma forma de desrespeito pelo que os outros sabem ou aprenderam. Efetivamente, a verdade é o inverso. A curiosidade quer saber mais, e não só sobre a ideia, solução ou processo proposto pela jornada de outra pessoa. Ela quer saber como essas coisas foram geradas. E, mais que tudo, a curiosidade quer apenas saber como as coisas são e como funcionam. Aplicada à mudança social, a curiosidade insaciável tem uma única pergunta: "Como exatamente as coisas mudam?"

Uma vez ministrei um curso em uma universidade e decidi que iria fazer essa pergunta com frequência, desde o início. Propus um único trabalho escolar que os estudantes deveriam escrever ao final do semestre. Todos os trabalhos teriam o mesmo título: "Como eu acredito que a mudança social acontece?". Eu estava pedindo a eles que lidassem com algo que ocorre quando os artistas se tornam técnicos de notas: perdem a curiosidade sobre suas próprias teorias de mudança.

Com frequência observamos uma estranha lacuna entre praticantes e teóricos em nossa área de mudança social. Por um lado temos os teóricos que, a partir de várias disciplinas, apresentaram para nossa consideração grandes arcabouços. Muitas vezes procuram evidências empíricas observando o que os outros fazem, mas raramente entram no rio revolto da mudança social, especialmente em cenários de conflito prolongado ou violência profunda. Por outro lado, temos praticantes que moram nesse rio mas que só em raras ocasiões se aventuram a ir para um lugar de reflexão a fim de traduzir sua experiência em propostas teóricas. Temos poucos que fazem ambas as coisas.

Eu sou da escola dos "praticantes que ocasionalmente refletem". Esse foi meu desafio ao longo dos anos. Por tempo relutei em chamar de "teorias" meus devaneios. Parecia-me que teoria era algo mais formal, mais definitivo, mais preciso. Entretanto, um dos presentes da serendipidade e do aprendizado criativo é que ambos possibilitam a desmistificação da teoria.

Passei muito tempo com praticantes em cenários de conflito prolongado e senti, assim como em fases anteriores, que eles guardam certa distância e têm certo medo da teoria. Para muitos, a teoria está associada a estudos doutorais, a livros que mal conseguem ler e a torres de marfim que nunca visitaram. Esse é o mundo dos "realmente intelectuais". Os praticantes, por outro lado, são "apenas" pessoas com a mão na massa. Em muitas oficinas me empenho em livrá-los dessa imagem. Digo aos praticantes que, sem sombra de dúvida, cada um deles é um teórico, ainda que não tenha educação formal. Começo com um pequeno exemplo e uma pergunta: "Quando você vem de sua vila natal para a grande cidade – Nairobi, Bogotá ou Manila – onde você põe seu dinheiro?". Depois de alguns risos, os esconderijos são descritos: nas meias, enfiado em blusas, debaixo do cinto. "Estão vendo? Vocês são teóricos! Vocês têm uma ideia de como as coisas funcionam no seu ambiente do dia a dia, e vocês adaptam as ações conforme a teoria." E termino com o velho ditado: "Não há nada mais prático que uma boa teoria".

Na área de resolução de conflitos, retiramos por um tempo longo demais a arte da educação e do aprendizado. Removida a arte, a educação torna-se treinamento, e o aprendizado, avaliação. Para os que não têm familiaridade com a área, ou que não notaram os detalhes, o treinamento e a avaliação se tornaram pilares epistemológicos definidores, que quase encobrem as práticas diretas de resolução. *Epistemologia* se refere ao conhecimento, como é constituído e que tipo é válido. Assim, o *treinamento* determina o que é útil e necessário para a prática. A *avaliação* determina se a prática funcionou e se é digna de maiores financiamentos. O que poderia sugerir a lente da serendipidade e do aprendizado criativo a esses dois pilares?

Sobre a finalidade do treinamento, acho que nos tornamos presas de um modelo de educação que produz mais técnicos que artistas. A justificativa, que de fato tem certo peso, é a necessidade de uma base de habilidades para conduzir a gestão dos processos. O que se perde nesse esforço pedagógico é o lado artístico de nosso trabalho. Não gastamos uma quantidade igual de tempo apoiando as pessoas para confiarem e desenvolverem sua capacidade de inventar e criar processos adaptativos sensíveis às situações e mudanças do mundo real. Isso requer algo mais que treinar maquinalmente as habilidades. Isso exige a abertura de um espaço para o desenvolvimento da imaginação moral, a capacidade de reconhecer padrões e contextos relacionais, bem como, pensar para além do que já existe.

Esse tipo de imaginação está próximo do que Paulo Freire chamou de "conscientização" (1970). Esta é, na sua descrição, a capacidade de colocar os problemas existentes em um cenário e deixar as pessoas interagirem, descobrirem o que sabem, e inovarem respostas, vendo-se como atores, partes do contexto da mudança. O que elas inventam, argumentava ele, irá surgir a partir de uma crença e compreensão cada vez maiores dos pontos fortes e fracos de sua visão e entendimento. Uma das chaves do processo é citar nominalmente as realidades e as invenções, que ele chamava de primeiro e maior de todos os poderes humanos. A transformação do treinamento para que volte a ser educação precisa criar lugares para a arte da imaginação, fornecendo espaço para nomeação de conhecimento e do processo. Quando isso acontece, asseguramos uma maior probabilidade de que as próximas gerações irão descobrir sucessivas vezes a arte que inventa mas que sempre está subjacente à técnica e que vai além dela.

Quanto ao objetivo da avaliação, ficamos reféns de duas metáforas definidoras que, embora bem intencionadas, enfraqueceram em vez de fortalecer nossa capacidade de construir e sustentar as mudanças edificantes: refiro-me ao "projeto" e aos "resultados". Ambos ligados.

Aceitamos e, principalmente, orientamos nosso trabalho com base no conceito de projetos. Os projetos são nossa forma de propor, definir e financiar a construção da paz. Essencialmente os projetos são atividades conduzidas sob um propósito amplo e muitas vezes vago, visando a produção de resultados incrivelmente concretos em um cronograma discreto, tipicamente de um a três anos. Reducionistas por excelência, a maioria dos projetos logo transforma o mais visionário artista em um técnico. É necessário reconhecer que a mentalidade de projeto adota dois truísmos importantes porém raramente exatos: (1) a mudança social é linear, e (2) a melhor medida da mudança social são os resultados visíveis e verificáveis.

A serendipidade propõe que a observação e o aprendizado atentos são as chaves para a avaliação transformativa. Isso sugere que a construção de teorias, o aprendizado e a prática da construção da paz estão ligados. A serendipidade requer que os praticantes sejam mais explícitos e intencionais com relação a suas teorias de mudança, em vez de se basearem em uma retórica aparentemente boa ou promissora focalizada especialmente resultados de curto prazo. Em outras palavras, a boa prática necessita da capacidade de construir teorias.

A serendipidade nos impulsiona para a desmistificação da teoria. Teorizar não significa escrever explicações perfeitamente definidas mas à parte das realidades sociais. Ela tem a ver com o bom senso sobre a forma de conexão entre as coisas, como elas se influenciam mutuamente e como podem estar relacionadas com as mudanças desejadas. A teoria é a nossa melhor especulação sobre o funcionamento das coisas complexas.

A serendipidade requer uma avaliação focalizada no aprendizado criativo. Os resultados são uma possível lente para o aprendizado todavia, na jornada da mudança social, eles raramente são o mais importante, porque atraem nossa atenção exclusivamente para a meta. Assim, perdemos de vista o que é para ser descoberto, por acidente e sagacidade, durante o percurso. Uma importante mudança no desenvolvimento da metodologia de avaliação é a capacidade de testar e aprender sobre nossas teorias de mudança, tanto quanto, ou mais, que os resultados que qualquer projeto produz.

A serendipidade sugere que os praticantes de construção da paz não deveriam abster-se de reclamar que os financiadores e avaliadores não entendem a natureza imprevisível de seu contexto e trabalho. Eles deveriam se tornar exímios apresentadores de teorias da mudança, indo ao encontro dos financiadores explicando como essas teorias podem ser testadas, da mesma forma que se tornaram mestres em apresentar os resultados que acreditam que são capazes de produzir, além de peritos na retórica de explicar por que seu trabalho é importante e digno de atenção.

A serendipidade sugere que aqueles que financiam e avaliam a construção da paz deveriam se concentrar menos nos resultados como padrão primário de sucesso e fracasso. Esses resultados, que são na maior parte alguma forma de contagem – quantos acordos foram firmados, quantas armas de fogo foram recolhidas, quantas pessoas participaram de oficinas, ou quantos casos foram retirados de litígio – produzem dados que parecem impressionantes no papel, entretanto pouco contribuem ao processo mais profundo de aprendizado. Os praticantes, financiadores e avaliadores devem participar juntos de um processo de exploração muito mais complexo: Como a mudança aconteceu ou deixou de acontecer? O que se aprendeu, a partir da experiência nesse cenário, sobre sua teoria do motivo pelo qual as coisas funcionam? Qual *insight* inesperado foi ganho no caminho, e que tinha pouco ou nada a ver com a proposta original?

A serendipidade nos impele para a *arte* da mudança social. Ela pede para ficarmos atentos à forma de conexão das coisas. Ela abre nossos olhos para os maiores aprendizados no percurso, que não eram originalmente esperados nem pretendidos. Constrói uma insaciável curiosidade e amor pelo aprendizado.

Sinalizador 3: Plataformas flexíveis espertas

A lente da serendipidade e a das aranhas têm muito em comum. Ambas são atentas ao ambiente ao redor. A vida delas, por assim dizer, é tecida com o vento. Elas intuem, observam e aprendem. E ambas sobrevivem com a capacidade de inovar e se adaptar. A melhor definição de *sagacidade acidental* é talvez encontrada na simples ideia de ser flexível esperto. Mas como traduzir esse pensamento em uma estratégia de mudança social? Acredito que a resposta é encontrada na ideia de construir plataformas para mudança.

Quando comecei a escrever *Building Peace*, falei que a mudança estratégica exige quatro grandes categorias de atenção e inovação (Lederach, 1997). Os títulos das quatro esferas de atenção colocados na matriz, que não devem ser entendidos como uma busca linear e sim como um processo multitarefa, eram: crise, pessoas, instituições e visões. A terceira categoria representava uma proposta para ir além dos corajosos esforços de uns poucos indivíduos rumo à capacidade de sustentar ao longo do tempo as mudanças desejadas em cenários sociais. Isso exige o desenvolvimento não apenas de ideias iniciais, como também processos que se sustentam para além dos indivíduos que os começaram. Na época, por falta de melhor termo, chamei a isto de *indagação institucional*.

Nos anos seguintes questionei minha escolha do termo. Constatei muitas vezes, especialmente em cenários de conflito prolongado onde haviam sido assinados acordos de paz, que os negociadores da paz colocaram, com as melhores intenções, os jovens processos de mudança em um lar institucional. "Departamentos" e "ministérios de" os hospedaram e foram responsáveis por sua implementação. Politicamente faz sentido perfeito. A responsabilidade precisa de um espaço formalizado. Não obstante, parece que algo se perdeu no processo. O sociólogo Max Weber (1947) talvez tenha tido o *insight* decisivo: as instituições sociais, à medida que se solidificam e formalizam, também codificam e se enrijecem. Em resumo, burocratizam-se e nesse processo focalizam comportamentos autoperpetuantes, independentes do objetivo original. A forma que assumem se torna mais importante que a função original. Aí estava o mal-estar que senti. O ambiente, o contexto em que a mudança social precisava crescer e enraizar, era dinâmico e em constante mudança. O processo de burocratização, contudo, parecia cada vez mais rígido, preso à forma, à sua legitimidade social e à perpetuidade da base institucional. Assim, as instituições se tornavam cada vez mais insensíveis às realidades da mudança que deveriam sustentar. A construção de instituições nesse sentido do termo não era o que eu tinha em mente. Era necessário um tipo diferente de conceito, e certo dia, serendipitosamente, surpreendi-me em uma palestra sobre a ideia de *plataformas* para mudanças construtivas. O desafio permaneceu o mesmo: como manter a capacidade social de apoiar mudanças construtivas enquanto estamos constantemente inovando e nos adaptando a um ambiente dinâmico e solicitador?

Uma plataforma oferece uma base para uma resposta ou reação. Entretanto, o foco é na finalidade da plataforma e não na própria plataforma. Uma plataforma tem uma permanência de propósito e flexibilidade para gerar novas reações a desafios que surgem. Ela é nesse sentido flexível esperta. As instituições são notórias criadoras de estruturas, mas em geral não são conhecidas por sua capacidade de mudar de acordo com as alterações nas exigências impostas pelo ambiente. São permanentes no seu propósito, mas não são flexíveis na forma de perseguir esse propósito. Desde os anos 1990, muita coisa surgiu em teoria dos sistemas e desenvolvimento organizacional argumentando que essa é precisamente a razão pela qual empresas e organizações vivem ou morrem em ambientes de rápida mudança (Wheatley, 1994). As instituições que se tornam semelhantes a plataformas entendem a interdependência de propósito e flexibilidade, o que assegura sua sobrevivência.

Nesse sentido, as plataformas para mudança flexíveis espertas têm a capacidade de acompanhar as mudanças que se apresentam ao longo do caminho e, a partir desse lugar, gerar processos e soluções em resposta às exigências que aumentam e mudam constantemente. Na arena da mudança social, isso requer uma capacidade de pensar continuamente em formas estratégicas sobre o contexto, os "quem", o propósito geral e a inovação do processo. A grande ironia é esta: a inovação do processo e a forma da plataforma são constantemente adaptativas; enquanto o propósito da mudança social fornece o sentido e a orientação. Os construtores da paz estratégicos não confundem a natureza mais permanente do propósito com a natureza muito mais fluida das respostas inovadoras e as formas que devem assumir. Em outras palavras, as plataformas são construções sociais daquilo que as "novas ciências" chamaram de *estruturas de processo* encontradas no mundo natural (Wheatley, 1994).

Proponho aqui dar dois exemplos de estruturas de processo. O primeiro está ao alcance de sua mão. Muitas vezes conto a história de minhas experiências infantis de visitar minha bisavó Miller. Eu tinha uns seis anos. Ela passava dos cem. Ficava sentada na cadeira de balanço e nós íamos, em geral um por vez, segurar sua mão. Nunca vou me esquecer da sensação de uma pele de cem anos em minha jovem mão. Era tão macia, quase como seda. Era frágil, mas inacreditavelmente flexível. Minha bisavó costumava rir quando puxávamos a pele que às vezes se levantava, afastando-se centímetros da mão. "Olhem", dizia ela, "dá para enxergar através dela". Aos seis anos minha pele estava justa na minha mão. Mas a da bisavó esticava e era translúcida, expondo as veias e até os ossos por baixo. "Ela está comigo há muito tempo", brincava ela.

Agora, perto dos cinquenta, de repente noto algumas coisas na minha pele. Às vezes, quando olho para baixo, tenho uma visão do passado:

minha pele parece a de meu pai quando ele tinha quarenta e tantos e eu era adolescente. Hoje consigo esticar minha pele, afastando-a de minha mão, bem mais do que eu gostaria. Imagino que, se chegar aos cem, ela vai se afastar muitos centímetros e meus bisnetos vão rir daquela surpreendente visão translúcida.

A pele, como todas as partes de nosso corpo, é uma estrutura de processo. A pele se renova em poucas semanas. É dinâmica e se adapta às coisas que acontecem. Com o passar do tempo, ela muda consideravelmente, mas a grande transformação não é notada de um dia para o outro. Ao mesmo tempo, a pele tem um propósito, um lugar e uma forma. Há uma permanência e uma tenacidade de intenção. Simultaneamente, a pele é adaptativa, renovando-se constantemente, além de ter uma estrutura que lhe permite cumprir sua missão na vida.

Um rio é outra estrutura de processo. Quando você entra em um rio, envolve-se em um ambiente dinâmico. A água se movimenta. Ela é a própria definição de fluidez. É impossível entrar duas vezes no mesmo rio. É impossível, dada a natureza intrínseca de sua qualidade dinâmica. No entanto, você se afasta do rio e anda até o alto da montanha, ou observa de grande altitude pela janela do avião, e subitamente você consegue visualizar a forma e a estrutura que o rio esculpiu. Você adquire um senso do seu propósito, direção e fluxo. Aqui está o paradoxo: de grande distância, você não consegue ver o movimento dinâmico do rio. Veem-se sua forma e estrutura. Do meio do rio, não pode ser vislumbrado o panorama maior do seu propósito e nem sua forma final. Você sente e compreende seu movimento dinâmico e sua potência. Um rio é simultaneamente um processo dinâmico e sensível *e* uma estrutura com um propósito.

As estruturas de processo, como as peles e os rios, mais que qualquer outra coisa de que me lembro, descrevem a natureza da construção da paz e a qualidade da construção de plataformas que sustentam mudança social. Não é que as estruturas sejam ruins. As estruturas fornecem um senso de direção, sentido e uma base de apoio para o propósito último da mudança social. Entretanto, as estruturas sozinhas não são suficientes. Perseguir a mudança em um ambiente em constante mutação exige uma constância de inovação tanto no processo como nas respostas e reações. A mudança social precisa de plataformas dinâmicas e adaptativas que respondam à natureza dos ambientes onde precisam viver. Mas os processos que são adaptativos sem propósito criam caos, sem direção nem forma final.

O desafio da mudança social é precisamente este: "Como criar plataformas flexíveis espertas, estruturas de processo com um propósito e uma constante capacidade de adaptação?".

Conclusão

A serendipidade nos direciona para a descoberta e a inovação. A sagacidade acidental liga o inesperado no ambiente social a uma capacidade de observá-lo, ver o que ele significa e inovar com respostas apropriadas. Claramente, a sabedoria e a sobrevivência se encontram nessa capacidade de reconhecer e se adaptar. A serendipidade é a dádiva da vida. Ela nos mantém vivos em constante crescimento e infinito potencial, basta que desenvolvamos a capacidade de ver o que se encontra ao longo do caminho e nos adaptar criativamente ao mesmo tempo em que mantemos um agudo senso de propósito. As aranhas, caranguejos, a pele, os rios e os construtores da paz são artesãos de mudança social.

12

SOBRE O TEMPO
O passado que está à nossa frente

> *Quando morre também a última pessoa que conhecia o finado, então este sai do horizonte do período Sasa (o presente); e efetivamente agora ele se torna completamente morto no que se refere aos laços familiares. Ele desceu ao período Zamani (o passado). Mas enquanto o finado é lembrado pelo nome, ele não está realmente morto: ele está vivo, e a uma pessoa assim eu chamaria um morto-vivo. O morto-vivo é uma pessoa que está fisicamente morta, porém viva na memória dos que a conheceram em vida, bem como viva no mundo dos espíritos. Enquanto o morto-vivo for lembrado dessa forma, ele está em um estado de imortalidade pessoal [...] Paradoxalmente, a morte está "à frente" do indivíduo, ainda é um evento "futuro"; mas quando a pessoa morre, a pessoa entra em um estado de imortalidade pessoal que não reside no futuro e sim no Zamani.*
>
> – **John Mbiti**, African Religions and Philosophy

NOS ANOS 1980, DURANTE O PROCESSO DE CONCILIAÇÃO ENTRE OS grupos indígenas da costa leste da Nicarágua e o governo sandinista, tive minhas primeiras lições de como viver dentro de compreensões do tempo coexistentes, mas bastante diferentes.[1] Levei mais de uma década para reconhecê-las como lições. Meus professores foram os povos indígenas, os índios misquitos, sumos e ramas, e os crioulos afro-caribenhos, incluindo interações no dia a dia com vários colegas próximos, especialmente Andy Shogreen, filho de um casamento misquito-crioulo, que na ocasião era o superintendente da igreja morávia.

Eu era um jovem profissional querendo ajudar no processo de conciliação entre dois lados em guerra. E estava ansioso porque havia muita coisa a realizar. As descrições de meus sentimentos interiores – e, muito provavelmente em várias ocasiões, de minhas expressões externas também – deviam incluir palavras como intenso, ocupado e operando com um profundo senso de urgência. Andy, embora profundamente ciente da tarefa e completamente entregue ao desafio de pôr fim à guerra, raramente apresentava um senso de urgência como o meu. Éramos diferentes nesse ponto: eu queria controlar o tempo. Andy deixava o tempo vir a ele. Eu era empurrado e empurrava para fazer as coisas na hora certa. Andy lia o tempo, como se estivesse prestando atenção à *coyuntura*, o sentido do momento. Ele comentou isso comigo. "Sabe a diferença entre vocês lá do norte e nós do sul?", disse ele com seu grande riso e seu sotaque inglês da costa leste. "Vocês têm os relógios, mas nós temos o tempo".

Não só eu via o tempo como uma *commodity*. Na minha visão, a passagem do tempo era para frente, rumo a uma meta futura, que eu de alguma forma conseguiria controlar se pudesse aplicar uma dose suficiente de habilidades e planejamento. O presente era um momento urgente e fugaz que precisava ser de alguma maneira aproveitado e moldado. Andy se via em um presente expansivo, em que se movimentava na direção de muita coisa desconhecida, e do qual pouco poderia ser diretamente controlado. O que ele conhecia eram os padrões do passado e as potencialidades do momento expansivo.

Em 1989 fiz minha primeira visita às Filipinas. Foi uma troca de experiências. Com alguns membros da Equipe Nicaraguense de Conciliação, viajamos e compartilhamos histórias com povos indígenas do norte de Luzon, que estavam enredados em seus próprios conflitos. Observamos e ouvimos os intrigantes processos intertribais e indígenas da cultura dominante naquele cenário. Alguns líderes seniores eram *budong*, mantenedores de pactos de paz. Eles sustentavam a paz entre grupos com um histórico de luta. O mantenedor não conservava a paz de sua própria tribo, mas era responsável por assegurar o bem-estar da outra tribo.

Muitas vezes surgiram discussões em torno de um termo que ouvi em outros cenários, mas que ficou na minha memória principalmente devido às Filipinas: domínio ancestral. Lembro-me de uma das primeiras vezes (nos anos 1980) em que ele me foi explicado por um sênior indígena em Luzon. "Alguns acreditam que domínio ancestral é essencialmente um termo referente a lutas por terras, você sabe, quando um povo indígena invoca direitos históricos sobre um pedaço de terra e grupos externos querem a terra por causa de minerais, florestas ou água. Acho que isso é verdade", comentou. "Mas para nós domínio ancestral não se refere a terra como se fosse uma questão jurídica de titularidade. Para nós, este lugar é onde moram os ancestrais. Onde eles moram é onde nós somos um povo. É por isso que dizemos *domínio ancestral*. É o domínio dos nossos ancestrais, o lugar em que nós como povo vamos ao encontro deles." Fez uma pausa e concluiu: "Se você leva embora nosso lugar, você leva embora nosso passado. Você leva nosso passado e nós cessamos de existir. É isso que as pessoas não entendem".

No verão de 1990, encontrava-me em uma reunião de uma casa comunitária em Kahnawake, uma das poucas terras remanescentes da nação mohawk. Era uma reunião de seniores, mães de clã e chefes. O contexto novamente era urgente e ansioso. Uma disputa por terras perto da cidade de Oka gerou barricadas armadas nos arredores de Montreal. Cada hora e cada dia transcorridos aparentavam a sensação de que explodiria um desastre iminente e violento.

Nas reuniões, eram expressos diferentes pontos de vista sobre a conveniência e a forma de uma negociação para o impasse. A certa altura da conversa, quando alguém destacou a extrema urgência da situação, as palavras simples de um sênior lembraram a todos o tempo mohawk. "As decisões tomadas há sete gerações ainda nos afetam hoje", disse ele, "e as decisões que tomarmos hoje vão afetar as próximas sete gerações". Foi a primeira vez que ouvi alguém dizer isso no contexto de uma negociação urgente de crise. "Catorze gerações", – refleti comigo – "Como as pessoas pensam, e além disso negociam, em um contexto de catorze gerações?".

Um mês depois, abriram-se temporariamente negociações diretas, face a face, em Montreal entre a nação mohawk e os funcionários do governo do Quebec e do Canadá – advogados, para ser exato. Estes fizeram, desde o início e repetidamente, a observação de que a única questão na mesa de negociação no momento era a data e a forma como seriam desmontadas as barricadas mohawk nos próximos dias. Os porta-vozes dos mohawk formularam suas preocupações e propostas com a expressão "desde tempos imemoriais...". Da parte deles, a negociação da crise começava em um lugar anterior à memória.

As negociações face a face desmoronaram em uma semana. Concluí, deixando de lado tudo o mais, que é possível explicar o fracasso dessas negociações puramente do ponto de vista do tempo. Para os mohawk, o passado estava vivo. Acompanhava cada passo da sua jornada. A própria natureza da sua identidade naquela crise e como era sua relação com outros povos e nações surgiam de um contexto histórico que estava vivo em sua geografia física e social. E, o mais importante, o passado estava vivo na responsabilidade que sentiam pelo bem-estar das terras e pela vida dos bisnetos. Para os mohawk, era como se a mesa de negociações fosse um espaço expansivo de tempo que ligava as vozes de um passado distante mas ainda muito vivo com um futuro distante, igualmente vivo. O presente ativo era de catorze gerações.

Para os representantes do governo, as relações na mesa de negociação eram definidas pela natureza das questões imediatas. Se a história era relevante para as negociações, era a história de eventos recentes e seu impacto potencial nos futuros políticos. Os futuros políticos são, na melhor das hipóteses, as próximas pesquisas de popularidade e o calendário das próximas eleições. O passado era irrelevante como quadro de referência para responder a uma crise. A faixa total de tempo era, na prática, no máximo de alguns anos.

Para um grupo, o passado estava diante deles. Para o outro, a política pragmática impunha uma visão curta dos eventos recentes, exigindo decisões imediatas para garantir a estabilidade política em um futuro igualmente curto. Poder-se-ia argumentar que as negociações fracassaram na crise de Oka quando não se conseguiu encontrar uma conjugação de relacionamento e tempo que fosse comum ou mutuamente significativa. Aos olhos da oficialidade, o que importava era a política pragmática e o controle do tempo, que eram definidos como a desmontagem das barricadas sem perda de vidas. Para os mohawk, o domínio ancestral está vivo e em boa forma nas relações entre os povos indígenas e a cultura dominante, o que ficou evidente no contexto canadense pós-Oka, em que as transferências de terra do governo federal para povos aborígenes ganhou novo destaque e projeção. O passado, ao que parece, ainda está diante de nós.

Lembro-me bastante bem de minha primeira visita a Belfast no início dos anos 1990. Acompanhado em vários momentos por Joe Campbell e Brendan McAllister, fiz uma turnê por de diferentes bairros da cidade entre nossas reuniões. Havia murais em apoio aos heróis e difamando os inimigos, que de uma rua para outra invertiam a perspectiva. Um mural ficou em minha mente. Continha uma citação do nacionalista irlandês Padraig Pearse: "Os tolos, os tolos, deixaram nosso Feniano morto. Enquanto a

Irlanda tiver esses túmulos, a Irlanda não livre nunca estará em paz". A partir desse dia, continuei a notar que os "túmulos" de um ou de outro grupo não eram uma entidade passada e estática. O passado estava vivo, na verdade literalmente circulando nas ruas a cada ano na temporada das paradas, quando a violência irrompia sob pretextos como: quem tinha o direito de se lembrar de qual data na história, e de que forma, e na geografia de quem? Fiquei surpreso ao descobrir que o domínio ancestral estava andando e falando nas ruas de Belfast.

Quando pela primeira vez foi declarado o cessar-fogo na Irlanda do Norte, fizemos uma série de visitas à prisão Maze, que se destinava para prisioneiros politicamente motivados que haviam cometido violência durante os trinta anos de Tumultos. Andando pelos blocos H por um período de um dia, nós nos encontrávamos com representantes dos vários grupos paramilitares que controlavam os corredores que agora habitavam. Achando que o cessar-fogo era um sinal de avanço, ficamos várias vezes impressionados quando era expressa uma profunda preocupação de que essa "paz" não poderia efetivamente representar uma mudança significativa ou digna de confiança. Era como se as vozes experientes do passado estivessem liderando a discussão. Após uma conversa com um comandante em uma das celas, anotei algumas linhas em meu diário que, com o passar dos anos, se tornaram este poema:

> Dentro da Maze
> "Meu medo da paz?" ele responde.
>
> Estamos sentados curvados debaixo de beliches.
> Homens tatuados nos trazem chá,
> Enrolam cigarros,
> E observam até nossa respiração.
>
> "No final das contas",
> ele nos diz duas vezes,
> "Vou estar de volta a esta prisão visitando
> os filhos dos meus filhos".
>
> Tão potente e vivo era o passado que ocupava o futuro de seus netos.

Então veio Naivasha

Naivasha está localizada no meio do Rift Valley, distante várias horas de carro de Nairobi. Por alguns dias em março de 2001, reuniu-se um pequeno grupo de pessoas do Conselho Nacional de Igrejas do Quênia (NCCK) e da Iniciativa de Paz de Nairobi-África (NPI-Africa). Era o ponto culminante de vários anos de um esforço para ver como as organizações que trabalhavam na construção da paz em lugares como os de choque étnico no Rift Valley poderiam monitorar e avaliar seu trabalho. Nosso processo havia começado dois anos antes, em um período de avaliação externa, quando o NCCK e a NPI-Africa tinham assumido o desafio de desenvolver de forma mais proativa um arcabouço de avaliação para fins de aprendizado e planejamento (Nairobi Peace Initiative, Africa, 2002).

O encontro foi pleno de relatos interessantes de atividades, de evolução dos modelos e experiências de avaliação, de rabiscos visuais e de luta para lidar com o tópico. Basta dizer que em nenhum momento se tornou tedioso, nunca estivemos longe daquele espaço criativo que conecta frustrações vividas com mais *insights*. Harold Miller, um membro do comitê diretor da NPI-África, africanista de longa data e filósofo por vocação, começou nossa mediação da manhã com as famosas palavras do apóstolo João: "No começo a Palavra já existia". Harold em seguida nos mergulhou em uma profunda reflexão sobre as percepções africanas do tempo, com base no trabalho do filósofo John Mbiti (1969). Harold destacou a intrigante visão de Mbiti de que na África o tempo se movimenta do presente para o passado, e a memória coletiva é acessível através da sabedoria dos seniores (Nairobi Peace Initiative, Africa, 2002). Essa visão contrasta com grande parte da condução ocidental do planejamento e avaliação de qualquer projeto social. Esse era o assunto com o qual estávamos lutando com referência à construção da paz na África. O planejamento e a avaliação assumem que o tempo anda para frente: realizamos determinado conjunto de atividades agora a fim de criar um conjunto de resultados no futuro.

Após uma discussão um tanto animada dessas várias realidades do tempo, uma participante, Jebuwot Sumbeiywo, compartilhou conosco um *insight* linguístico acompanhado por um movimento corporal descritivo. Ela fez a observação de que por anos ficou intrigada com a linguagem usada por seus pais e avós quando se tratava de falar do tempo. JB relatou que em sua língua materna, o kalenjin:

"As pessoas dizem que o passado está na minha frente e o futuro atrás de mim. Eles apontam para frente quando falam do passado. Eles apontam para trás quando se referem ao futuro. Eu sempre achei que havia algo errado com a linguagem porque depois que entrei na escola e comecei a estudar em inglês, aprendi que o futuro está à nossa frente e o passado atrás de nós."

JB então se levantou para explicar um novo *insight*. "Nesta manhã eu entendo que o que sabemos, o que vimos, é o passado. Então ele está à nossa frente. O que não podemos ver, o que não podemos conhecer é o futuro." Ela começou a andar para trás. "Então o passado nós vemos à nossa frente. Mas nós andamos para trás quando vamos para o futuro. Talvez a forma de dizer de meus avós seja mais precisa."

E é mesmo! O que JB descreveu linguisticamente e andando, estava muito próximo do argumento de Mbiti. Quando John Mbiti publicou pela primeira vez seu livro *African Religions and Philosophy* [Religião e Filosofia Africanas], em 1969, foi aclamado por sua originalidade, embora tenha sido criticado por certas afirmações provocativas. Foi uma das primeiras explicações de visão de mundo, religião e filosofia com base africana que confrontaram pela primeira vez muita coisa daquilo que até a época era uma antropologia ocidental, cheia de um sutil etnocentrismo, quando não de racismo aberto.

Com referência ao tempo, Mbiti propôs que as línguas e cerimônias africanas refletem um movimento que era paradoxal por sua própria concepção. As pessoas viam sua vida em uma série de dimensões simultâneas. O viver era o mundo da vida cotidiana. Quando as pessoas morriam, elas entravam no mundo dos "mortos-vivos". As cerimônias e conversas mantinham viva a lembrança daquelas pessoas. Mbiti comentou que, enquanto lembradas, elas ficam na esfera dos mortos-vivos e podem moldar e influenciar eventos da vida diária. Essa é a presença dos ancestrais que são lembrados, a quem se apela e com quem se conversa sobre vários assuntos. O passado não está morto. Está vivo e presente. A sabedoria e um senso de profunda identidade são carregados como uma compreensão acumulada, mantida pelos seniores do grupo, que funcionam quase como uma biblioteca ambulante e falante e têm a maior capacidade de memória, o que os coloca em contato com a mais ampla gama de ancestrais. O termo usado em nossa discussão em Naivasha foi *uazi hukumbuka*, que em suaíli significa "as pessoas velhas se lembram". A memória é um ato coletivo pelo qual as pessoas e o passado são mantidos vivos, presentes entre nós. Quando a memória para, quando a última pessoa que se lembra do finado morre fisicamente, o finado então passa de morto-vivo para a esfera dos mortos.

Aqui reside o paradoxo: a jornada da vida se movimenta na direção da morte física, que é um evento futuro. No entanto, quando as pessoas morrem e passam para a esfera dos mortos-vivos, elas se encontram com os ancestrais, no passado. Assim, a jornada é em direção a um passado que está à nossa frente, como Jebuwot havia indicado a respeito de sua língua materna em nosso seminário. O passado e o futuro não são vistos como opostos excludentes e dualísticos. Eles são ligados, como as pontas de um círculo, que se encontram sem emendas.

A crítica a Mbiti parece ter surgido em torno das metáforas do tempo, que podem ser interpretadas de forma a sugerir que os africanos têm, quando muito, um conceito vago do futuro, e uma orientação para o passado. Alguns, tanto de dentro da África como de fora, pareciam tomar a descrição de tempo de Mbiti como sugestão de que essa orientação tornava os africanos atrasados, pouco esclarecidos e condenados a não fazerem "progresso". Entretanto, uma leitura cuidadosa de Mbiti sugere que isso não poderia estar mais longe da sua intenção ou da sua efetiva descrição. "Para trás" cria uma metáfora pejorativa somente se as noções de tempo "para frente" forem exclusivamente as da iluminação eurocêntrica, do pensamento racional, ou da industrialização baseada em capital como indicadora de "progresso". A preocupação de Mbiti era, na verdade, desmascarar a ideia de que a África, julgada pelos padrões de progresso dos outros, era "atrasada". Ele estava descrevendo uma compreensão de espaço e tempo como esferas multidimensionais, policrônicas em qualidade e não exclusivamente lineares. Tal ideia estaria baseada em uma profunda compreensão do lugar humano dentro da criação, que – ironicamente – ao final da segunda metade do século vinte se tornou a linha de frente dos desenvolvimentos científicos na física, biologia, ecologia e ciências sociais. À época em que escreveu, Mbiti recebia indagações de cientistas intrigados por "sua descrição do conceito africano de tempo, que parece estar muito mais de acordo com as visões de 'espaço-tempo' dos físicos modernos do que nossas ideias usuais" (Mbiti, 1969:27).

Mbiti propunha que os ancestrais e os mortos-vivos não eram apenas construções do tradicionalismo ou do atraso de povos nativos, nem eram algum tipo de adoração mística pouco esclarecida que precisasse ser purificada pela moderna visão e ortodoxia religiosa. Ao contrário, os ancestrais estavam embutidos em uma visão de mundo do tempo cuja única dificuldade, aparentemente, era que se chocava frontalmente com a visão de mundo dominante ocidental a respeito da adequada interpretação da realidade. Ao contrário das práticas e das crenças do Ocidente pós-industrial, com sua ênfase no progresso e na administração científica e técnica dos assuntos humanos, na visão africana o tempo não flui para frente. O tempo vai para trás na direção dos que vieram antes de nós. Mas isso não significa que os africanos são atrasados. A verdade é o contrário: eles veem com mais propriedade seu lugar nos mundos que habitam e mantiveram um agudo senso de sua jornada para o passado à sua frente.

Essas discussões de visões tradicionais, indígenas e africanas podem, para o leitor que vem de perspectivas da fé predominante moderna, parecer estranhas ou até a antítese da compreensão religiosa ocidental comum. Surpreendentemente, constatei que a verdade é o contrário no caso de minha própria jornada na fé. Com a lente do passado à nossa frente, a leitura dos autores do Novo Testamento assume toda uma nova perspectiva. Menos congruentes com o texto sagrado são as modernas noções de tempo, controle e destino futuro. Muito mais harmônicas são as simples compreensões de multidimensionais, um passado que está vivo e nos guia, bem como um futuro de esperança que marcha rumo àqueles que vieram antes de nós, os ancestrais que nos dão luz. Considere através dessa lente a Epístola aos Hebreus, na qual o autor escreve: "A fé é a garantia dos bens que se esperam, a prova das realidades que não se veem. Foi por ela que os antigos deram o seu testemunho. É pela fé que compreendemos que os mundos foram organizados por uma palavra de Deus. Por isso é que o mundo visível não tem sua origem em coisas manifestas". (Hebreus 11:1-3). O autor a seguir enumera os ancestrais que, por todas as evidências, dada a sua memória ativa, estão entre os mortos-vivos, que formam uma "nuvem de testemunhas ao nosso redor", e a quem nos voltamos em busca de orientação e exemplo.

Em Naivasha, uma breve e dinâmica conversa subitamente ligou uma série de *insights* que eu ouvira, principalmente de povos indígenas, sobre a natureza do tempo. O conciliador misquito, o sênior mohawk, o mantenedor de pactos de paz budong descrevendo o domínio ancestral, todos se encaixaram. Meu arcabouço de construção da paz e muito do que é conceituado como gestão profissional de processos na área de resolução de conflitos em geral tinham uma lacuna: nós não desenvolvemos uma capacidade profunda de imaginar o passado que está à nossa frente. E isso fez sentido. O passado estava vivo e continuava aparecendo à porta da mudança social construtiva. Era exigido um novo tipo de imaginação, que fosse, por assim dizer, tão antigo quanto as montanhas.

Tempo e construção da paz

As histórias e experiências com o tempo, como pequenas janelas que abrem para a complexidade de múltiplos mundos, pairaram sobre meu trabalho e ocasionalmente meus escritos nos últimos vinte anos. Mas nunca chegaram a entrar diretamente na estrutura conceitual proposta em *Building Peace*. A ênfase daquele livro era definida por uma compreensão de tempo que olhava para frente e se encontra principalmente em um "arcabouço integrado para construção da paz" (Lederach, 1997:80).

Em poucas palavras, o arcabouço integrado criava uma matriz que combinava um eixo horizontal de tempo e um eixo vertical de níveis de conflito, baseando-se no excelente trabalho de Maire Dugan (1996). Em meu livro anterior propus que, nas áreas de estudos da paz e resolução de conflitos de forma geral, surgiram comunidades separadas de análise e ação que poderiam ser achadas nessa matriz. Meu objetivo final era sugerir que uma abordagem transformativa para mudanças construtivas exigiria uma integração muito maior desses esforços, substituindo o atual estado de competição e isolamento das escolas de pensamento e de prática que aparentemente dominavam a área. A questão central levantada parecia bem lógica e simples: Como passar dos atuais padrões de crises para as relações desejadas e mais construtivas no futuro? A resposta, propunha eu, exigiria atenção não apenas às soluções substantivas apresentadas, como também à necessidade de desenhar estrategicamente os processos de mudança em diferentes níveis e com diferentes conjuntos de pessoas. O arcabouço portanto requeria a capacidade de entender os padrões do presente, imaginar um futuro desejado e projetar processos de mudança. Muitas vezes eu desenhava isso como um círculo que ligava o presente (onde estamos agora), o futuro de longo prazo (para onde esperamos ir) e o futuro que está emergindo (o conjunto de processos de mudança necessários para fazer a jornada). O arcabouço propunha uma capacidade de

COMO PASSAR DE CRISE PARA VISÃO?

NÍVEL DA LENTE

- SISTÊMICO
- SUB-SISTEMA
- RELAÇÕES
- QUESTÃO

CAUSAS RAÍZES

TRANSFORMAÇÃO

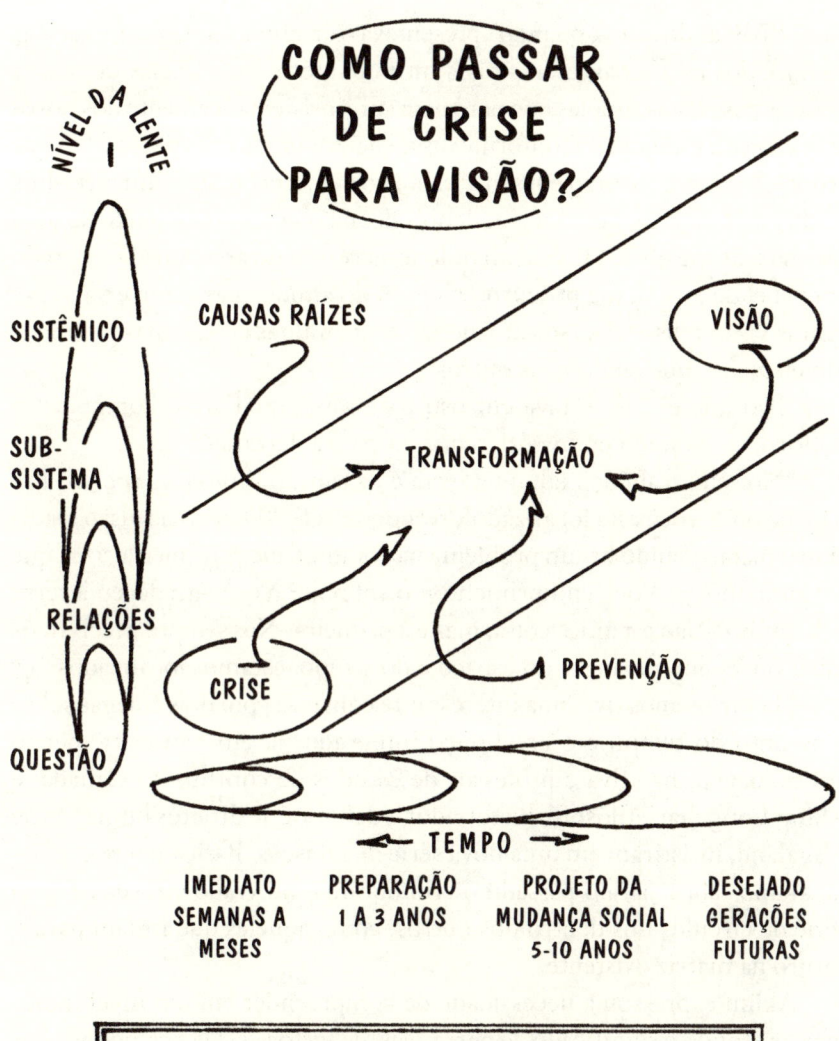

VISÃO

CRISE

PREVENÇÃO

← TEMPO →

| IMEDIATO SEMANAS A MESES | PREPARAÇÃO 1 A 3 ANOS | PROJETO DA MUDANÇA SOCIAL 5-10 ANOS | DESEJADO GERAÇÕES FUTURAS |

RABISCO QUATRO
PIRÂMIDE DE ABORDAGENS À CONSTRUÇÃO DA PAZ

imaginar o futuro. Ele não explorava qual a capacidade que poderia ser necessária para imaginar um passado que estava vivo e nos acompanhava a cada passo do caminho.

Há muita coisa útil e promissora no arcabouço integrado para mudanças construtivas que sugeri em 1997. Mas sempre há muito a descobrir, a exemplo da minha experiência em sala de aula e em sessões de treinamento.

Com o passar dos anos, quando apresentava o arcabouço integrado, recebia *feedback* dos participantes. As mais intimidantes e mais cheias de *insight* eram as perguntas simples que pareciam surgir sistematicamente dos povos aborígenes e indígenas. Conforme disse sucintamente uma pessoa: "O que aconteceu com o passado em seu arcabouço?". Certa ocasião, um sacerdote tradicional maia na Guatemala, depois de me ouvir a maior parte de uma manhã e de me observar desenhando uma versão do arcabouço integrado em papel de jornal, me procurou na hora do almoço para conversar. "Na minha visão", disse ele, "seu arcabouço capta muitas coisas, mas falta a ele um elemento que engloba os outros".

"E o que é?", eu estava curioso para saber qual era o componente político, econômico ou histórico que eu estava deixando escapar.

"No seu arcabouço faltam a terra e os céus, o vento e as rochas. Ele não diz onde você está localizado", respondeu ele. "Dentro da visão tradicional maia, quando há um problema na comunidade, a primeira coisa que perguntamos é: Você cumprimentou o sol hoje? Você agradeceu à terra pelo milho? Não é a única coisa, mas é a primeira. Nós sempre precisamos saber onde, em que lugar do espaço e do tempo, estamos localizados."

Há vários anos tive uma interessante conversa com dois colegas sobre o assunto do tempo e o arcabouço integrado. Jarem Sawatsky, perito em canoagem na selva e professor de estudos de conflito do Canadá, e Aküm Longchari, filósofo, historiador e defensor de direitos humanos de Nagaland, insistiram em uma nova série de rabiscos. Basicamente experimentamos abrir para o passado o cronograma integrado através de uma série de círculos uns dentro dos outros, como aqueles que fluíam para o futuro na matriz existente.

Aküm expressou a necessidade de compreender em um nível muito mais profundo o significado de narrativas, de histórias. Da perspectiva dos povos indígenas, explicava ele, a melhor forma de entender a violência original é como uma perturbação e interrupção – e com excessiva frequência – destruição aberta da história de um povo. Esses padrões são encontrados em qualquer continente e na história de qualquer grupo aborígene. A chegada dos europeus às Américas, a Grande Marcha das Lágrimas dos Cheroquis, o impacto da construção nacional dos britânicos e depois dos indianos para os nagas, o estabelecimento da Austrália e a destruição das famílias, bem como da vida aborígene são apenas uns poucos exemplos de narrativas quebradas e de histórias interrompidas de povos. Aküm achava que a quebra não pode ser diretamente consertada. Não se pode voltar atrás para refazer a história. Mas isso não quer dizer que a história é estática e morta. A história está viva. Ela precisa ser reconhecida e receber atenção. O desafio, dizia Aküm com frequência, está na forma pela qual, no presente, os povos interdependentes "re-historiam", isto é, começam o processo de fornecer espaço para que a história aconteça e comece a tecer um lugar legítimo, determinado pela comunidade, em meio às histórias dos outros. Basicamente, Aküm estava reivindicando uma visão de longo prazo de uma história viva. A narrativa tem a capacidade de criar, e até curar, mas sua voz lhe foi tomada. Era necessário voltar a dar à narrativa um lugar e uma voz.

A ideia de Jarem é que podemos identificar formas específicas de entender lentes orientadas para o passado através da exploração de vários outros campos, incluindo a teologia narrativa e as visões de mundo indígenas. Ele começou a fazer experiências para ver como a própria área tentou tratar disto, embora nós não tivéssemos localizado isso dentro de uma compreensão expansiva de tempo ligada a mudança social (Sawatsky, 2003). Nossas ideias convergiram para uma matriz inicial expandida para o passado, com quatro círculos, um dentro do outro, a grosso modo simétricos àqueles que correm para o futuro imaginado.

O diagrama sugere um conjunto de círculos embutidos que fluem para o passado, como forma de explorar uma compreensão mais holística dos cenários de ciclos de conflito violento. O início é um círculo incluindo eventos instáveis recentes, aos quais se referem as pessoas do cenário quando explicam por que a situação atual é tão explosiva. Esse círculo de eventos recentes destaca as expressões mais visíveis dos conflitos políticos, militares, sociais ou econômicos. Raramente é um período de tempo maior que alguns meses, ou talvez um ano ou dois.

Os eventos recentes então cercam as fases em uma esfera maior, que estamos chamando de "história vivida". A ideia de história vivida tenta captar uma visão mais expansiva do tempo, que vai variar entre pessoas mais jovens e mais velhas. A minha história vivida são as experiências diretas que tive na minha vida, que é mais expansiva que a de meus filhos, mas muito menos que a de meus avós. A chave aqui é que essas não foram experiências transmitidas a mim por outros, mas uma história que vi, toquei e saboreei. Intrigantemente, uma comunidade local ou nacional tem em si várias faixas de história vivida. As pessoas mais velhas experimentaram

```
  NARRATIVA    HISTÓRIA     EVENTOS      PRESENTE ......——— FUTURO
               LEMBRADA     RECENTES
                            HISTÓRIA
                            VIVIDA
```

RABISCO CINCO
O PASSADO QUE ESTÁ À NOSSA FRENTE

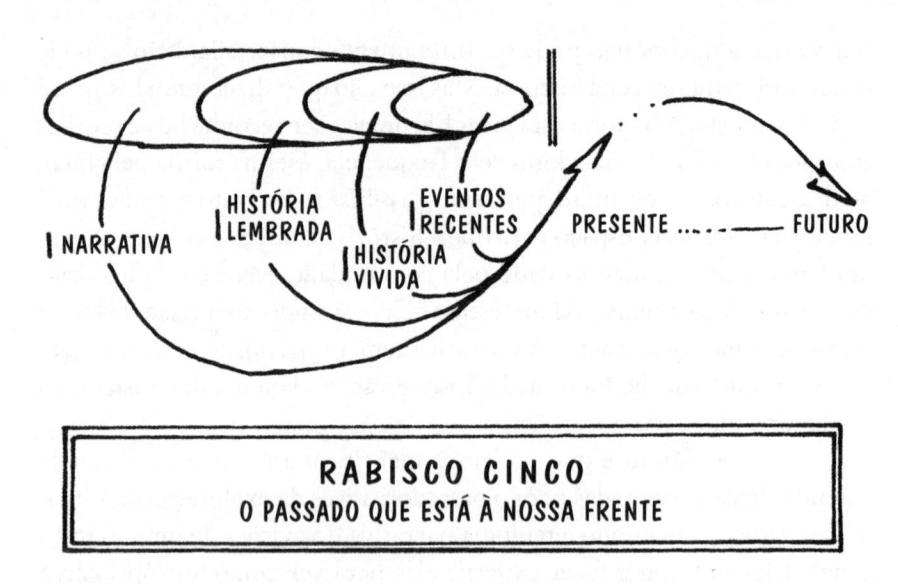

eventos acontecidos há décadas, as mais jovens há menos de uma década. Assim, o círculo de história vivida por uma comunidade pode ir desde uma até oito ou talvez nove décadas.

Algo crítico para os cenários de conflito prolongado é entender que as histórias das pessoas nesse período de história vivida são experiências que têm carne e osso, e na maior parte das vezes são experiências que se repetiram na geração seguinte. Não é apenas que minha avó me falou daquelas pessoas da vila vizinha que nos fizeram mal. Eu próprio tive a experiência. As experiências vividas criam, recriam e reforçam a história da nossa vida coletiva, que está embutida nos padrões que acompanham nossa comunidade.

Um terceiro círculo de tempo, maior, nos empurra para entrar no que poderíamos chamar de memória, ou "história lembrada". Essa é a história que é mantida viva e presente pelo que é lembrado do mapa topográfico de tempo de um grupo. Na cartografia, a topografia mostra os contornos, altitudes e profundidades de uma paisagem. De maneira semelhante, para conflitos prolongados, existe uma espécie de paisagem de memória social que é mantida viva. Na visão que o grupo tem de sua própria história, alguns eventos se destacam, isto é, se elevam a um plano mais alto de reconhecimento. Esses eventos constituem e moldam a identidade coletiva. Tais pontos da história são com frequência momentos, exatamente como sugeriu Aküm, em que a história de quem são as pessoas, o seu autoentendimento, foi transformada de forma inesperada, ou perturbada e interrompida, ou até mesmo destruída. Recentemente, essa visão vem sendo explorada na literatura de conflito, especialmente pela disciplina da psicologia, em termos de eventos lembrados que criam um "trauma escolhido".

Embora o termo *trauma escolhido* já tenha circulado nos meios de terapia e aconselhamento, os teóricos e praticantes Joseph Montville e Vamik Volkan aplicaram o conceito às relações internacionais, e em particular a cenários de conflito profundamente arraigado (Volkan e Montville, 1991; Volkan, 1999). Dito de forma simples, a identidade de um grupo está ligada em grande parte ao que os seus membros lembram e mantêm vivo. Em cenários de conflito prolongado, a história misturada de violência entre grupos dá a cada um deles – croatas e sérvios, ou hutus e tutsis – uma memória coletiva de ocasiões em que um foi profundamente violado pelo outro. O trauma relembrado se renova como parte da psique inconsciente da identidade do grupo, sendo transmitido a cada geração. As pessoas se lembram de determinado ponto da história de determinada forma. Esse momento deu forma à sua identidade na época e também o faz agora. Em muitas circunstâncias o trauma escolhido fornece justificativas para a defesa intergrupos, a violência preventiva, ou até a vingança. As datas lembradas podem remontar a muito tempo atrás na história, mas estão presentes como se houvessem acontecido ontem. Tais acontecimentos topograficamente destacados da paisagem social de um povo formam e moldam um senso contínuo de identidade, assim como os próprios eventos são reconstruídos no presente a cada novo encontro, ou, como muitas vezes é o caso, a cada renovação do ciclo de violência sofrida nas mãos do outro. O trauma escolhido forma o contexto da memória.

Finalmente, a história mais profunda, recuando até tempos imemoriais, é a "narrativa". A narrativa cria a história formativa de quem somos como povo e como lugar. Segundo muitos autores, sob a perspectiva da narrativa, essas são as compreensões da maneira como as pessoas veem seu lugar na terra, em sentido figurado, e seu lugar em relação a uma geografia específica, em sentido literal. A narrativa, o relato profundo e formativo da história de alguém, está chegando cada vez mais às disciplinas acadêmicas e às suas respectivas práticas. Há abordagens e até escolas de psicologia e terapia narrativa (Freedman e Combs, 1996; Monk *et al.*, 1997; Crossley, 2000), teologia narrativa (Hauerwas e Jones, 1997; Stroup, 1997; Goldberg, 2001), análise narrativa de ciências políticas

(Roe, 1994; Almond, 2002) e metodologias narrativas nas ciências sociais (Polkinghorne, 1988; Riessman, 1993; Lieblick, Tuval-Mashiach e Zilber, 1998), para mencionar apenas umas poucas. Mais recentemente, essas abordagens foram exploradas em sua aplicação a profissões específicas dentro da área de resolução de conflitos, especialmente por Winslade e Monk (2001), que aplicaram a lente narrativa à mediação de conflitos sociais.

Para nossos fins, o círculo chamado "narrativa" sugere lentes que exploram a interpretação e compreensão de significados em uma visão expandida de tempo, bem como o desenvolvimento da identidade do grupo ao longo de gerações, remontando às histórias de origem, que são as abordagens que mais se aproximam desse aprofundamento na história. Em outras palavras, além de uma metodologia específica de investigação científica, ou da prática de terapia pessoal, o uso da narrativa que queremos explorar envolve as histórias formativas de gênese e lugar (Hauerwas e Jones, 1997). Se assumirmos seriamente uma perspectiva longa da formação de identidade e de grupo, iremos reconhecer que a formação da identidade coletiva que surge do passado, a construção do seu futuro e a sua própria sobrevivência giram em torno de encontrar lugar, voz e história.

Quando ligamos ao arcabouço integrado essas esferas, uma dentro da outra, que exploram o passado, podemos começar a explorar os desafios colocados por um grupo de atividades cada vez mais praticadas na área de construção da paz. O Rabisco 6 sugere que podemos localizar essas atividades ligando nossas esferas de memória aos níveis de conflito.

O aparecimento e a evolução de comissões da verdade e tribunais de crimes de guerra, por exemplo, são esforços para criar um sistema de prestação de contas amplo e público para crimes e atrocidades cometidas em períodos recentes de violência. Essas são iniciativas sociais, políticas e jurídicas que tentam trazer para a esfera pública um reconhecimento coletivo do que aconteceu, quem sofreu, quem foi responsável e como eles devem prestar contas. Como indicam aqueles que estudaram esses fenômenos, estamos ainda no que poderíamos chamar de esforços exploratórios e experimentais para criar uma adequada verdade e responsabilidade pública, mas temos a crescente noção, em níveis sociais e políticos, de que esses esforços precisam ser levados avante (Hayner, 2001). Poderíamos argumentar que o reconhecimento público é a condição *sine qua non* para encontrar lugar, voz e história para as comunidades afetadas.

12 – Sobre o tempo

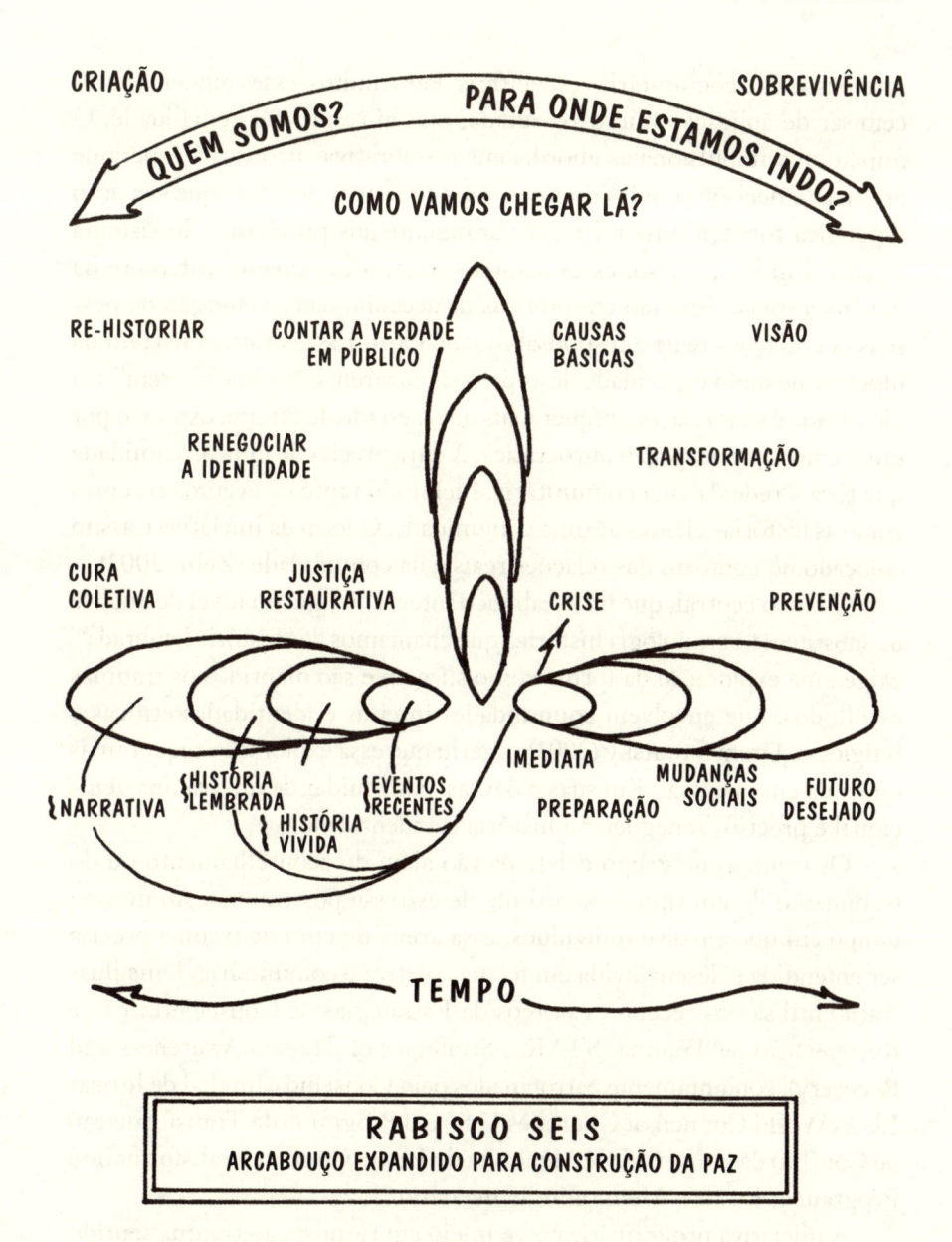

```
    CRIAÇÃO                                    SOBREVIVÊNCIA
         QUEM SOMOS?    PARA ONDE ESTAMOS INDO?
                   COMO VAMOS CHEGAR LÁ?
```

- RE-HISTORIAR
- CONTAR A VERDADE EM PÚBLICO
- CAUSAS BÁSICAS
- VISÃO

- RENEGOCIAR A IDENTIDADE
- TRANSFORMAÇÃO

- CURA COLETIVA
- JUSTIÇA RESTAURATIVA
- CRISE
- PREVENÇÃO

- NARRATIVA
- HISTÓRIA LEMBRADA
- HISTÓRIA VIVIDA
- EVENTOS RECENTES
- IMEDIATA
- PREPARAÇÃO
- MUDANÇAS SOCIAIS
- FUTURO DESEJADO

◄———— TEMPO ————►

RABISCO SEIS
ARCABOUÇO EXPANDIDO PARA CONSTRUÇÃO DA PAZ

No quadrante de baixo do rabisco, localizamos iniciativas de justiça restaurativa, que são alternativas à formalidade das ideias ocidentais de jurisprudência, englobando abordagens como programas de reconciliação vítima-ofensor ou círculos comunitários (Zehr, 2002). Esses são esforços para explorar o impacto de relações quebradas no contexto de relações interpessoais e comunitárias específicas. Para muitos, esses modelos parecem ser de aplicação micro-orientada, mas aí reside sua genialidade. O ímpeto que impulsiona as abordagens restaurativas não fica à espera de políticas e decisões vindas do nível mais alto, nem presume que sua ação específica forneça uma resposta abrangente aos problemas do sistema inteiro. Em lugar disso, esses esforços pintam um quadro diferente da mudança social, baseado em práticas de acessibilidade, religação de pessoas em relações reais e responsabilidade local. Essas práticas partem da hipótese de que a capacidade de as pessoas curarem e "re-historiarem" sua identidade e suas relações requer mais que o estado de direito, expresso por uma remota preocupação burocrática. A cura precisa de uma proximidade que toca a rede da vida comunitária, incluindo tanto os eventos recentes como as histórias vividas de uma comunidade. O local da iniciativa é assim colocado no contexto das relações reais e da comunidade (Zehr, 2002).

O bloco central, que no arcabouço integrado liga um nível de análise de subsistema à cronologia histórica que chamamos de "história lembrada", exige uma exploração da forma como surgem e são mantidos os traumas escolhidos, que envolvem comunidades inteiras e identidades étnicas e religiosas. Jarem Sawatsky (2003) sugeriu que essa exploração requer mais que uma cura pessoal. Em suas palavras, para cuidar de um trauma geracional é preciso "renegociar a história e a identidade".

Os traumas de grupo coletivos vão além do aconselhamento ou do tratamento de um tipo de síndrome de estresse pós-trauma. Ao mesmo tempo em que envolve indivíduos, essa arena de cura de trauma precisa ser entendida e desenvolvida em forma coletiva e comunitária. Uma ilustração útil são os recentes esforços da Estratégias de Conscientização e Recuperação de Trauma (STAR – Strategies of Trauma Awareness and Recovery), conjuntamente patrocinados pelo Conselho Mundial de Igrejas EUA (World Council of Churches U.S.) e o Programa de Transformação de Conflito da Universidade Menonita do Leste (Conflict Transformation Program at Eastern Mennonite University).

A iniciativa programática teve início em resposta ao trauma sentido por cuidadores de todas as tradições religiosas que moravam perto do local dos eventos de 11 de setembro de 2001. Em lugar de focalizar a cura direta de trauma, foram feitos esforços para apoiar os cuidadores no seu próprio contexto, fazendo a conexão do trauma produzido por aquele evento e naquele momento específico com um contexto mais amplo de um arcabouço para justiça e construção da paz. O programa estabeleceu ligações entre pessoas em cenários locais nos Estados Unidos com outras em atividades semelhantes, lutando para trabalhar com trauma sistêmico em outras partes do mundo, incluindo a Colômbia, Irlanda do Norte, os Bálcãs e a África oriental e ocidental. O esforço desse programa explora não apenas as implicações e desafios da cura ao nível do indivíduo afetado, como também a forma de conceituar as respostas ao trauma e a sua cura como processos sociais mais amplos. É exatamente isto que significa "renegociar história e identidade": prestar atenção à maneira como um trauma histórico ligado a eventos violentos específicos forma e modela a identidade de indivíduos e de comunidades inteiras, e como esses eventos poderiam ser canalizados para um engajamento construtivo, que responde às necessidades individuais, mas que tenta também dar forma a um etos público mais amplo, ou mesmo nacional.

Nas extremidades do arcabouço integrado, ao explorar o passado, encontramos a memória, captada através da noção mais expandida de narrativa. Na área de mediação internacional exercida em função dos eventos, esta não é uma esfera de atividade fácil de conceituar. Para muitos, parece muito remota e distante. A chave para um maior entendimento pode bem se encontrar nas visões de mundo dos povos indígenas. O mantenedor do pacto de paz budong no norte de Luzon comentou que perder um lugar geográfico significava perder o passado e, se o passado é perdido, "nós deixamos de existir". A visão de mundo dos povos indígenas sugere que há uma interligação entre história, lugar e identidade. Eles entendem que a narrativa coletiva e a sobrevivência são ligadas. Em outras palavras, o "tempo" não é uma *commodity* encontrada em uma sequência linear, onde o passado remoto e o futuro remoto estão separados em extremos opostos. A melhor forma de entender o tempo, como escreveu o físico para Mbiti, é como espaço-tempo. E o espaço-tempo é um círculo. Como sugere a visão de mundo indígena, o local, a identidade e a história são ligados através da narrativa, que conecta o passado remoto do *quem* nós somos com o futuro remoto do *como* iremos sobreviver no contexto de um presente expansivo *onde* compartilhamos espaço e relações. O espaço da narrativa, o ato que liga o passado ao futuro para criar sentido no presente, é um processo contínuo de re-historiação. Na ideia de espaço-tempo de Mbiti, esse era o local e o papel da sabedoria acumulada, a *uazi hukumbuka*, a memória dos velhos.

Uma das formas de entender ciclos de violência e conflitos prolongados é visualizá-los como uma narrativa quebrada. A história de um povo é marginalizada, ou pior ainda, destruída pela cultura dominante, e por esse ato são perdidos o sentido, a identidade e o lugar na história. Esse é o desafio mais profundo da construção da paz: como reconstituir ou re-historiar a narrativa e assim restaurar o lugar do povo na história. Para muitos de nós que viemos de fora dos cenários de violência prolongada, ou que somos de culturas que não tiveram sua história destruída, talvez seja difícil entender essa ideia de construção da paz como uma restauração da narrativa. Nos Estados Unidos, um dos exemplos mais dolorosos desse tipo de narrativa imaginativa se encontra no trabalho de Randall Robinson (2000) e na exploração da responsabilidade pelos séculos de escravidão e racismo sistêmico sofrido pela comunidade afro-americana. Muitas vezes há fortes reações às demandas de reparação vindas dele e de outros. Uma das reações comuns é a que diz: "O que aconteceu foi errado, mas foi há séculos, e muitas pessoas diferentes foram responsáveis pelas atrocidades na época. Como nós hoje poderíamos ser responsáveis pelo que aconteceu há tanto tempo?". O que podemos observar nessa reação é que o "tempo" vem a ser definido por uma compreensão individualista de responsabilidade, embutida em uma visão extraordinariamente estreita do nosso lugar, tanto no cosmos como no cronos. O etos ocidental contemporâneo tem pouca imaginação de localização em um espaço-tempo mais amplo e policrônico. No entanto, as narrativas em cenários de conflito prolongado clamam por uma reparação.

As profissões de resolução de conflitos e construção da paz são igualmente deficientes em relação ao espaço-tempo. Não temos nenhuma tradição real de arcabouços que tratem das questões mais profundas da história, identidade e lugar coletivos, nem uma visão expansiva do tempo. Nosso *modus operandi* nos empurra para a análise e a resolução de problemas. A narrativa é útil para nossa abordagem quando está envolvida no estabelecimento de um fato ocorrido, a fim de nos dar uma ideia das questões e do horizonte que geram soluções. Quando a narrativa profunda ergue sua cabeça, nós a ouvimos por algum tempo, mostramos simpatia e fazemos uma "verificação de realidade" definida pelos parâmetros do que é possível segundo o pragmatismo da história dominante existente. Raramente nos envolvemos na busca mais profunda, que requer uma imaginação que explora a narrativa como história longa, o lugar de povos inteiros na história local, nacional e global, como parte integrante da cura coletiva e da construção da justiça.

Quando a narrativa profunda é quebrada, a jornada para o passado que está à nossa frente é marginalizada, truncada. Perdemos mais que os pensamentos de uns poucos velhos. Perdemos nosso rumo. Perdemos a capacidade de encontrar nosso lugar neste mundo. E perdemos a capacidade de achar nosso caminho de volta para a humanidade.

Esta ideia de espaço-tempo, que se encontra em sua máxima clareza nos povos indígenas, é em muitos sentidos o coração da imaginação moral, pois ela exige o reconhecimento e a construção de uma narrativa imaginativa que tenha a capacidade de ligar o presente e o futuro em vez de forçar uma falsa escolha entre eles. A arte e alma dessa ligação vão muito além da visão mais instrumentalista de "contar histórias" como estágio da resolução de problemas nas mediações. O que quero dizer com *instrumentalista* é a abertura de um pequeno espaço para as pessoas recontarem o que aconteceu nos recentes eventos de conflito segundo sua visão, a fim de estabelecer os parâmetros de negociação para que possa ser encontrada uma solução para os problemas imediatos. A re-historiação, sendo narração imaginativa, procura mais profundamente a história social e o sentido; não apenas o que aconteceu, mas também a conexão das histórias com uma jornada muito mais profunda de descobrir o que significam esses eventos em relação ao que somos enquanto comunidades locais e globais.

Temos entre nós as pessoas que se envolvem nessas jornadas, mas não concedemos a elas o devido lugar como construtoras da paz: os contadores de histórias, os sábios tradicionais, os xamãs, os curandeiros. David Abram (1996:6) os chama de mágicos cuja inteligência "não está circunscrita *dentro* da sociedade; seu lugar é na borda da comunidade, mediando *entre* a comunidade humana e a comunidade mais ampla de seres dos quais depende a vila para sua nutrição e sustento". Dez anos depois, a observação do sacerdote maia sobre a lacuna do meu arcabouço faz muito mais sentido: a construção da paz requer respeito pelo centro e pelas bordas do tempo e do espaço, onde o passado profundo e o horizonte de nosso futuro estão costurados criando um círculo de tempo. O círculo de tempo, em constante movimento, circunda nossas maiores indagações: "Quem somos?" "Onde é o nosso lugar?" "Para onde estamos indo?" "Como viajaremos juntos?" A capacidade de ouvir e em seguida nos envolver nesse nível de indagação é a arte e a alma que constituem a imaginação moral.

Conclusão

Se a discussão acima sugere alguma coisa para nossa área profissional, ela propõe que a imaginação moral exige de nós o desenvolvimento da arte de vivermos em várias esferas de espaço e tempo. Mesmo nos momentos de maior crise, quando a urgência da situação parece girar em torno de decisões rápidas e de curto prazo, a multidimensionalidade está presente. Assim, precisamos da imaginação do passado que está à nossa frente. Esse tipo de imaginação não vê o passado como algo a ser posto de lado, superado ou esquecido a fim de avançarmos para um futuro melhor. Não trata o passado relembrando incessantemente eventos pregressos para purgá-los e liberá-los, como se o passado fosse um animal que precise ser domado ou vencido. Também não vê o passado como uma fórmula mágica que de alguma forma milagrosa resolve os problemas de hoje. A imaginação de que falo é a capacidade, para usar o termo de Aküm, de re-historiar, de encontrar a narrativa que dá sentido à vida e aos relacionamentos em andamento.

Em sua monumental obra, Hannah Arendt escolheu em grande parte esse caminho ao refletir sobre a natureza da condição humana e a cura no período seguinte à Segunda Guerra Mundial (Arendt, 1998). Numa paráfrase livre, seu *insight* foi este: "Vivemos em um certo paradoxo como seres humanos precisamente porque somos seres que vivemos do sentido que as coisas têm para nós. Nosso lugar dado por Deus é este. Temos a capacidade de lembrar o passado, mas não temos a capacidade de mudá-lo. Nem mesmo Deus pode mudar o passado. Temos a capacidade de imaginar um futuro diferente, mas não temos a capacidade de prevê-lo completamente, e menos ainda de controlá-lo". Ninguém consegue controlar o futuro, por mais que tente. A teia da vida está justaposta entre essas realidades de tempo, entre a memória e a potencialidade. Esse é o lugar da narrativa, a arte de re-historiar.

Em termos práticos – se é que podemos dizer "prático" ao entrarmos em um reino tão fundamentalmente nebuloso como o tempo e o espaço – a narrativa expande a base da nossa visão da imaginação moral como parte de nosso trabalho. Exige uma imaginação que precisa ser mais plenamente consciente e mais dedicada à multidimensionalidade do tempo, em lugar de reduzi-lo à sua configuração mais estreita. O que isto sugere para nossa indagação?

Primeiro, as quatro disciplinas são facilmente visíveis em nossa discussão do passado que está à nossa frente. Uma capacidade de imaginar relações necessariamente vê o passado como algo vivo, como parte integrante da evolução de pessoas, de comunidades e de seu futuro. Ela observa e ouve as profundas questões da narrativa, frequentemente presentes mas ocultas dos olhos da política pragmática e das soluções rápidas, que ocupam tanto espaço nas sintomáticas discussões dos problemas imediatos. A arte de imaginar o passado irá, sem receio de entrar no território imprevisível do medo de recriminações, desenvolver uma curiosidade sobre os padrões, os ciclos e a história que se repetem. Sabendo que o passado é uma energia geradora, ela irá procurar encontrar e se envolver no ponto em que a narrativa foi quebrada. A imaginação moral estabelecera uma relação com essa energia.

A recusa em retratar processos e mudanças como escolhas dualísticas é precisamente a característica singular de achar a conexão perfeita entre o passado e o futuro. Se levarmos a sério os *insights* da sabedoria tradicional – e eu acredito que devemos – ela sugere que a memória coletiva e a sobrevivência estão ligadas. A energia repetitiva e violenta frequentemente destrutiva, que explode em torno de crises imediatas em cenários de conflitos prolongados, confirma a ideia de que muita coisa está em jogo para os envolvidos. Não se trata de conversar até trazê-los de volta à racionalidade, trazê-los a soluções pragmáticas ou achar uma forma de largarem do passado que eles estimam. Nosso desafio é tratarmos da fonte que gera a energia, ao mesmo tempo em que criamos processos que a deslocam para expressões e interações construtivas. Para isso precisamos manter juntos o passado e o futuro, não como entidades separadas ou fases separadas em um desenho linear de mudança.

Este é o desafio da re-historiação: ela continuamente exige um ato criativo. Re-historiar é não repetir o passado, nem tentar recriá-lo exatamente como ele foi, nem agir como se ele não existisse. A re-historiação não ignora o futuro geracional, nem se posiciona para controlá-lo. Abraçando o paradoxo do relacionamento no presente, a capacidade de re-historiar imagina tanto o passado como o futuro e proporciona espaço para que a voz narrativa crie. Assim, a arte de dar uma imagem ao passado que está à nossa frente se mantém próxima à profunda crença de que o ato criativo é possível.

Viver entre a memória e a potencialidade é viver permanentemente em um espaço criativo, latente com o inesperado. Mas é também viver na permanência do risco, pois a jornada entre o que está atrás e o que está à frente nunca é plenamente compreendida nem controlada. Esse lugar, porém, é a matriz das mudanças construtivas, é continuamente o local de nascimento do passado que está à nossa frente.

13

Sobre flautistas de Hamelin
Imaginação e criatividade

Onde quer que eu vá, descubro que um poeta esteve lá antes de mim.
– **Sigmund Freud**

"No entanto, trazei-me agora um músico." Ora, enquanto o músico tocava, a mão de Iahweh veio sobre Eliseu.
– **2 Reis 3:15**

Lembro-me que, na tenra infância, ouvi o conto de fadas do flautista de Hamelin.[1] Uma vila era atormentada por uma grande infestação de ratos, e não havia esperança no horizonte de que as coisas fossem mudar logo. Os peritos e conselheiros iam e vinham, mas ninguém conseguia deslocar os ratos. Apareceu então um estranho prometendo que, por uma soma considerável de dinheiro, limparia a cidade desse problema tão nocivo à vida. O prefeito concordou. No dia seguinte, o estranho revelou-se uma espécie de flautista e, pondo a flauta nos lábios, tocou uma melodia que se espalhou pelas ruas. Os ratos começaram a se mexer, atraídos pela música. Cada vez mais ratos se juntaram, seguindo os sons da música. Ele os conduziu para fora da cidade, direto para um rio onde os ratos se afogaram. De volta à cidade, havia comemorações em toda parte. O flautista, satisfeito com seu trabalho, procurou o prefeito para receber a remuneração que lhe era devida. Mas, com o problema agora resolvido, o prefeito tossiu, hesitou, fingiu dificuldades financeiras e finalmente dispensou o flautista sem um níquel sequer. Contrariado, o músico voltou no dia seguinte e ergueu novamente sua flauta para tocar. Desta vez vieram as crianças, que o seguiram flautista para fora da cidade, deixando a comunidade sem a alegria das suas jovens vozes e sem vida para o futuro.

A moral da história parecia clara: "Se você fizer uma promessa, é melhor manter sua palavra".

Quatro décadas depois, quando li outra vez a história, não foi essa a moral que me chamou a atenção. O que vi foi o poder de um flautista de movimentar uma cidade, tratar de um mal e cobrar responsabilidade dos poderosos. Sem qualquer poder ou mesmo prestígio visível, menos ainda uma arma violenta, um flautista transformou toda uma comunidade. O que me marcou foi o poder não violento da música e do ato criativo. Agora, parecia que a moral da história era: "Atenção ao flautista e sua música criativa, pois, assim como o vento invisível, ele toca e movimenta tudo o que encontra no caminho".

Mudança com arte

Em 1996 vi-me sentado no Hotel Killyhevlin em Fermanagh, na Irlanda do Norte. Era palestrante principal em uma conferência chamada "Lembrar e mudar", expressão tirada de uma palestra que eu havia ministrado em Belfast no ano anterior (Lederach, 1995). Em 1994, à época das declarações de cessar-fogo pelos dois grupos paramilitares, os unionistas (*loyalists*) e os republicanos, as pessoas engajadas em trabalho de transformação de conflito e construção da paz haviam pedido algumas reflexões sobre o que poderia atingi-las quando entrassem na fase pós-acordo depois de violentos conflitos. Na palestra, sugeri que reconciliação não era "perdoar e esquecer". Era "lembrar e mudar". Um ano mais tarde, eu estava em Enniskillen para falar em uma conferência. Participavam também delegados de parcerias de paz e reconciliação de toda a Irlanda do Norte, representando todos os lados do conflito e uma ampla variedade de interesses comunitários, econômicos e políticos, tentando avançar para um novo horizonte.

O Hotel Killyhevlin, situado às margens do Lough Erne, perto de Enniskillen, foi o local escolhido por sua simbologia e finalidade. Em várias ocasiões quase fora destruído por bombas. A conferência foi, na sua maior parte, uma série de palestrantes como eu, fazendo discursos e trocando *insights* e ideias que deveriam se traduzir em programas. A única exceção foi logo depois do almoço. Os organizadores do evento resolveram assumir um risco com um acréscimo considerado delicado. Contrataram um grupo de dança, formado por moças católicas e protestantes locais. Elas coreografaram uma apresentação ao som da música "The Island", do artista folclórico irlandês Paul Brady. Atrás do palco havia uma grande tela programanda para projetar imagens – sem comentários – concomitantemente à exibição das dançarinas. As imagens todos conheciam, reproduziam as cenas de trinta e dois anos de Tumultos.

O processo artístico não deixava de ter seus riscos. A canção de Brady havia surgido uma década antes, no calor do pior dos ciclos de violência do conflito irlandês. "The Island" levantava uma questão sobre as razões e a lógica da violência e sobre aqueles, de ambos os lados, que a justificavam. Cantada por uma voz solo acompanhada ao piano, tem uma letra profunda, sugerindo que a violência está tentando "esculpir o amanhã a partir de uma lápide", e está pondo a perder o futuro de nossos filhos "em favor dos sonhos desgastados de ontem" (Brady, 1992).

Quando foi executada publicamente pela primeira vez, a canção gerou controvérsia imediata. Vista como algo escrito por um artista bem conhecido de uma das comunidades e criticando as pessoas engajadas na violência, a canção atraiu ameaças dos paramilitares contra o artista, as estações de rádio que tocassem a música e as lojas que a vendessem. Durante anos, "The Island" não foi tocada nem circulou publicamente.

No início da tarde da conferência, vi-me sentado entre um dos funcionários de mais alto escalão da força policial da Irlanda do Norte e o prefeito da cidade, ambos pessoas finas e dedicadas, cada um de um lado do conflito, agradáveis também embora um tanto formais no comportamento, endurecidos, poderíamos dizer, por anos de experiência e pela natureza dos cargos. A música começou e os primeiros graciosos passos do grupo de dança levaram ao completo silêncio a plateia de centenas de pessoas. Os diapositivos coloridos dos tumultuados murais de Belfast, crianças fugindo de bombas, cortejos fúnebres e paradas prenderam os olhos e captaram a pungente sensação da letra e da música, justapostas ao movimento de balé daquelas moças, dançando juntas embora viessem de diferentes lados da violenta fronteira. O conflito irlandês inteiro estava sendo apresentado em um espaço público, retratado em um momento que durou menos de cinco minutos.

Perto do final da apresentação, de repente notei que ambos os homens ao meu lado estavam discretamente puxando lenços do bolso e enxugando lágrimas. Atrás de mim ouvia e sentia a mesma coisa acontecendo. Um dos homens se inclinou para mim e me pediu desculpas, como se de alguma forma fosse uma falta de etiqueta profissional ter mostrado publicamente essa emoção. O seminário continuou. Foram feitos discursos. Foram propostas e avaliadas iniciativas de programas. Era mais um dia no processo de uma longa e lenta transformação. Olhando agora em retrospectiva, quase uma década mais tarde, seria interessante saber o que as pessoas lembram daquele dia. Sem localizar os documentos específicos, sei que eu não conseguiria recordar um único discurso, proposta, ou a resposta formal da mesa. Porém me lembro, e vividamente, da imagem e da sensação daqueles cinco minutos de combinação de música, poesia, coreografia e fotos. Criou um eco na minha cabeça que não foi embora. Fiquei comovido.

No contexto mais amplo da política e da mudança social, muitos diriam: "E daí? Que diferença faz alguma coisa como esses cinco minutos artísticos?". Não tenho certeza se consigo responder a essa pergunta. Mas vendo o outro lado da moeda, faria uma pergunta diferente mas paralela: Como, quando e por que a política e o desenvolvimento de respostas à mudança social necessária vieram a ser vistos como separados da experiência como um todo? Os cinco minutos artísticos, de acordo com o que verifico de forma persistente, se lhes for dado o espaço, se forem reconhecidos como algo mais do que entretenimento, conseguem o que a maior parte da política tem sido incapaz de atingir: ajudam-nos a retornar à nossa humanidade – uma jornada transcendente que, assim como a imaginação moral, é capaz de construir uma sensação de que finalmente nós *somos* uma comunidade humana.

No Velho Testamento houve uma ocasião em que o profeta Eliseu foi convocado por dois reis, Jorão e Josafá. Ambos estavam cercados por forças inimigas, enfrentavam uma seca e estavam chegando ao fim de seus recursos. O profeta deveria aconselhar aos reis, o que evidentemente o deixava em uma situação um tanto dura. Precisando escolher a resposta que deveria ser dada, Eliseu gritou: "Tragam-me um músico". Um músico? O equivalente contemporâneo seria o presidente George Bush e o primeiro-ministro Tony Blair contemplando uma guerra mundial e pedindo conselho aos grandes líderes religiosos da nossa época, que responderiam: "Tragam um músico". O que a música tem a ver com o mundo *real*? O texto bíblico relata que, enquanto o músico tocava, a força do Senhor veio ao profeta. Também registra que muito sangue correu no dia seguinte. A música, ao que parece, tem o poder de empurrar as coisas ou na direção de maior violência ou rumo à reconciliação. Esse é outro incidente isolado?

Talvez. Minha evidência é casual e não científica.[2] Mas considere por um momento os casos da história, tanto remota como próxima.

Quadro A. Por meio da pesquisa de Patricia Burdette (2003) cheguei a um texto escrito pelo chefe Leon Shenandoah em 1946. Ele descreve como o processo de criação da Grande Liga de Nações – às vezes chamada Confederação Iroquesa – superou um obstáculo. Os vários chefes das nações tinham concordado com a paz, com uma importante exceção: o chefe onondaga Tadodaho não se deixava persuadir. Com a liderança de uma extraordinária mulher, Jikonhsaseh, formou-se uma delegação para ir ao encontro do chefe recalcitrante. Shenandoah (1946:12-13) escreve:

> Eles o descobriram em um pântano – lugar bruto, sujo. Disseram que a aparência era de dar medo. Havia serpentes embaraçadas no cabelo, o corpo parecia distorcido e deformado, e tudo a seu respeito era desagradável ao olhar. A expressão facial mostrava às pessoas que ele era insuportavelmente cruel. Eles estavam cantando uma canção providenciada especialmente para esse encontro. Quando ouviu a música, Tadodaho de início se sentiu ameaçado. Mas foi aquela canção que o fez virar, e ele se suavizou quando ouviu aquela música. Concordou em ouvi-los. Havia muito que ele vinha sendo o pior ser humano do mundo, tão terrível que as pessoas diziam "A mente naquele corpo não é a mente de um ser humano". E ele foi o último a se reformar, mas eles conseguiram tirar com pente as serpentes de seu cabelo e transformar sua mente usando canções e palavras para lhe trazer saúde e paz. Jikonhsaseh havia dito que usassem música e palavras para transformar a mente dele e que ele seria o líder – como um facilitador – do Grande Conselho. Essa é a história do notável líder do Haudenosaunee – as Seis Nações. O título foi passado de geração em geração, como o título do Dalai Lama ou do Papa. Hoje eu sou Tadodaho.

Esta pode, ser considerada uma estranha história folclórica transmitida de geração em geração. Ou pode ser tomada pelo que é: a capacidade que tem a tradição oral de lembrar e manter viva a identidade e a origem de um povo. Um breve lembrete é oportuno para não perdemos o senso de contexto histórico. A construção da Grande Paz, a formação da confederação de seis nações liderada pelo chefe Tadodaho, antecedeu e inspirou a redação da Constituição dos EUA (Brown Childs, 2003). Em um dado momento, o povo índio das seis nações recorreu aos flautistas de Hamelin da época, que tinham a imaginação moral para transcender o desafio de seus padrões e tratar dos desafios concretos do inimigo por "canções e palavras" para se tornarem "seres humanos sãos". Poderíamos argumentar que uma canção mudou uma pessoa e transformou nosso globo.

Quadro B. Nos anos 1980, duzentos anos mais tarde, Burkina Faso e Mali explodiram em guerra por questões de fronteira. Numerosos esforços internacionais de mediação fracassaram e não conseguiram fazer parar a luta. Então Ahmed Sékou Touré, o presidente da vizinha Guiné, persuadiu seus colegas presidentes Thomas Sankara, de Burkina Faso, e Moussa Traore, do Mali, a participarem de uma reunião em seu palácio. Samuel Doe e Emmanuel Bombande relatam os eventos inesperados que se seguiram:

> Na frente do palácio presidencial em Conacry, um dos mais célebres *griots* (cantores de elogios) da África ocidental, Kanja Kouyate, fez uma espetacular apresentação diante do anfitrião e dos presidentes visitantes. A apresentação assumiu a forma de entretenimento, mas Kanja Kouyate estava apelando aos dois presidentes beligerantes para que fizessem as pazes. A forma como fez isto foi evocando seus ancestrais e apelando à bondade inerentemente humana para que, como líderes, conduzissem seu povo para uma saída do conflito. Através de poesia, música e dança, destacou as qualidades que eram a marca dos verdadeiros líderes africanos e desafiou os dois presidentes a se voltarem para seus ancestrais e trazerem de volta para os respectivos povos a dignidade em lugar da vergonha e do sofrimento. O espetáculo foi tão emocional que os dois presidentes não apenas derramaram lágrimas e se abraçaram publicamente, como também fizeram um juramento solene ante o público, com os ancestrais como testemunhas, de não voltar à guerra. (Doe e Bombande, 2002:164)

A história não acaba aí. Nos meses seguintes, sob o estímulo dos presidentes, foi assinado um acordo de paz. Até hoje não transgredido. Diríamos que os povos de Burkina Faso e Mali serendipitosamente receberam uma visita do flautista de Hamelin.

Quadro C. No dia 27 de maio de 1992, no centro de Sarajevo, uma padaria abriu por algumas horas. Formou-se uma longa fila na porta, prolongando-se até as ruas próximas, com pessoas ansiosas, mas pacientemente esperando o alimento básico que havia se tornado um recurso escasso durante o horrendo cerco da cidade. Em uma colina a quilômetros de distância, atiradores de elite miraram a fila de pão. Uma granada explodiu aos pés das pessoas que esperavam. Quando as pessoas correram para ajudar os feridos, os atiradores começaram a atirar no pessoal de emergência e em qualquer um que se aventurasse perto da explosão. Vinte e duas pessoas morreram. A padaria ficava na vizinhança de Vedran Smailovic, violoncelista de renome internacional que havia se recusado a abandonar Sarajevo durante a guerra. Ele correu para a praça naquela tarde e passou uma assustadora noite de angústia assistindo à morte sem sentido de outros vizinhos. Ele conta:

> Cheio de tristeza, finalmente caí no sono de madrugada e fui acordado por novas explosões e pelos gritos dos vizinhos, que estavam carregando crianças e cobertores para abrigos. Fui eu próprio para o abrigo e voltei para casa depois do fim do bombardeio. Lavei o rosto e as mãos, fiz a barba e, sem pensar, vesti minha camisa branca, terno preto de noite e gravata borboleta branca, peguei meu violoncelo e saí de casa.
> Olhando para as novas ruínas, cheguei ao lugar do massacre. Estava adornado com flores, corbelhas e mensagens de paz; havia cartazes nas lojas locais dizendo quem havia morrido. Em uma mesa por perto havia um livro solene de condolências que as pessoas estavam assinando. Abri o estojo do violoncelo e me sentei, sem saber o que iria tocar. Cheio de tristeza e dor, ergui o arco e espontaneamente fiz música. (Smailovic, 1998)

Quando parou de tocar espontaneamente, Smailovic descobriu que haviam se juntado pessoas para ouvir perto da praça. No café ao fim da tarde, amigos próximos lhe disseram o quanto aquilo havia tido significado e pediram que tocasse de novo, porque se sentiam melhor quando ele tocava. "Entendi então", escreveu ele, "que o adagio de Albinoni é música curativa, que a música cura, e que aquilo não era mais uma questão puramente pessoal". Resolveu voltar à Praça do Massacre do Pão e tocar todos os dias por vinte e dois dias seguidos, um dia para cada pessoa morta no massacre. O bombardeio não cessou nesses dias, mas nem a música. Smailovic tornou-se um símbolo da resistência civil contra a tirania do ódio e da violência.

Em uma ocasião, durante uma pausa no bombardeio, um repórter de noticiário de televisão abordou o violoncelista sentado na praça e perguntou: "Você não é louco de tocar música enquanto eles bombardeiam Sarajevo?". Smailovic respondeu: "Tocar música não é louco. Por que você não vai perguntar àquelas pessoas se elas não são loucas de bombardear Sarajevo enquanto eu estou aqui sentado tocando meu violoncelo?". A imaginação moral que deu esperança e força para resistir, um ato criativo que transcendeu a insanidade da violência, encontrou-se nas mãos de um celista que permaneceu sentado firme no meio da geografia do ódio. Sarajevo ao que parece encontrou a dádiva do flautista de Hamelin.

Quadro D. A última das grandes bombas que destruíram prédios e vidas durante os Tumultos da Irlanda do Norte veio vários anos depois da declaração de cessar-fogo. Em 15 de agosto de 1998, na cidade de Omagh, os avisos sobre a bomba foram enganadores. Em consequência, em vez de as pessoas serem encaminhadas para longe da ameaça, foram evacuadas para o caminho da bomba. O artefato oculto explodiu. Morreram vinte e nove pessoas e duas crianças não nascidas. Mais de 400 foram feridos. Os eventos na comunidade de Omagh irradiaram ondas de choque para o mundo inteiro. Muitos temeram que o processo de paz irlandês fosse entrar em colapso. Parecia iminente uma volta aos ciclos de violência.

O público – tanto no local como bem mais longe – reagiu de maneira bastante semelhante à morte da princesa Diana, ocorrida no ano anterior. Chegaram flores e corbelhas às centenas, enchendo o local da bomba, as ruas dos arredores e o terreno do hospital local. Foi um extraordinário extravasamento de dor e solidariedade. Algumas semanas depois, ainda abaladas pela devastação, as autoridades municipais viram-se frente a um dilema, abertamente expresso pelo prefeito em uma entrevista de rádio. "O que vamos fazer com as flores?" As flores estavam murchando, mas no entanto eram como um templo sagrado que não poderia ser removido. Viajando no seu carro, a artista Carole Kane ouviu a entrevista e teve imediatamente uma ideia: fazer papel. Ela telefonou para Frank Sweeney, chefe do Departamento de Artes e Turismo do distrito de Omagh. Assim começou a jornada de cura que veio a ser conhecida como Pétalas de Esperança (Kane, 1999).

Homens, mulheres e crianças, de todos os modos de vida e dos dois lados da fronteira de identidades em Omagh, participaram de uma série de oficinas que guardaram as pétalas de flores e processaram a matéria-prima das corbelhas e arranjos. Com o passar do tempo, a massa orgânica se transformou em papel texturizado de diferentes tons. Pessoas comuns, em busca de uma forma de reagir aos fatos, se tornaram os artesãos que fizeram pedaços pequenos e grandes de papel incorporando as pétalas preservadas. Carole Kane, ao lado deles, desenvolveu uma série de peças. À medida que as pessoas trabalhavam com as mãos, falavam do lugar em que estavam quando a bomba explodiu, do que lembravam da experiência. Tocar e fazer alguma coisa enquanto se conversava foi o início da cura.

Em 10 de março de 1999, foi aberta uma exposição das peças de papel produzidas, restrita às famílias que haviam perdido membros com a bomba. Os que trabalharam e criaram os objetos artísticos escolheram uma peça para dar a cada família que havia perdido alguém com a bomba. Em um livro de condolências enviado a Omagh, Seamus Heaney, poeta e laureado Nobel, escreveu três estrofes da "Cura de Tróia", dando permissão para que fossem usadas como títulos de três peças.

> Tenha esperança de uma grande mudança no mar
> Do lado oposto da vingança.

> Acredite que plagas distantes
> São alcançáveis partindo daqui.

> Acredite em milagres,
> Em sarar, em poços de cura.

A exposição foi então aberta ao público e depois viajou pela Irlanda e pela Europa. Kane (1993:32) relata sua experiência ao observar as famílias vendo as peças pela primeira vez:

> Na noite da exposição restrita, havia uma quietude no espaço da exibição. A sensação era de um santuário ... as famílias falavam em voz baixa entre si ... Não era como uma inauguração comum, em que eu pensaria se as pessoas iriam gostar e comprar as obras. Nenhuma das coisas normais importava ... Falei com Stanley McCombe sobre

seu quadro, pois a senhora que fez esta peça havia pedido que fosse dada em memória da esposa de Stanley. Era a imagem da pomba, que foi dada por uma pessoa católica para uma pessoa protestante. Isso resumiu o sentido do meu trabalho, e Stanley ficou comovido com o gesto.

Acreditar no ato criativo, com diz Heaney é acreditar "em sarar e em poços de cura". Como podemos transcender os padrões que criam uma dor tão grande e ainda cuidar do pântano onde nossos pés parecem atolados? Vim a acreditar que isso tem mais a ver com a busca artística do que com um feito de engenharia. É um processo que precisa de um fôlego de vida, precisa colocar asas na pimenta e pintar a tela do que poderia ser, sem se esquecer do que foi. Omagh também encontrou seu flautista de Hamelin.

Aplicação artística

O que isso tudo significa para o mundo da transformação de conflito e construção da paz? Há duas arenas que acredito merecem exploração. A primeira é ligada à nossa noção de processo, mudança e cura, especialmente em torno do desafio da reconciliação. A segunda será compartilhada por meio de uma jornada pessoal, enfocando o que significaria se nos víssemos como artistas.

A qualidade das minhas reflexões sobre a arte e a construção da paz, e minhas interações com elas, receberam um impulso através de outra dessas aventuras serendipitosas – pois o último lugar em que se espera realmente esperaria descobrir coisas sobre arte e mudança social é quando você é membro de uma banca examinadora de tese de doutorado. Mas esse foi o processo de acidente e sagacidade com meu amigo próximo e colega profissional Herm Weaver, embora nós dois ainda estejamos lutando para localizar a sagacidade.

Herm se declara marido, pai, compositor, telhadista e professor universitário de psicologia, mais ou menos nessa ordem. Em geral não inclui em seu currículo informal que já foi também um reverendo. Há alguns anos decidiu fazer seu doutorado. Ele queria examinar os processos psicológicos que sustentam a reconciliação e a cura. Como parte de sua pesquisa, começou uma investigação sobre a natureza da música e da cura. Herm tinha visão periférica, então não demorou para que o interesse colateral viesse a ocupar a posição central. Embarcou em uma jornada para levar a música a sério, tanto quanto ele levava seus estudos intelectuais, e focalizando de forma mais direta a música no processo de cura e reconciliação. Essencialmente ele escrevia canções e prestava atenção às possíveis relações entre o processo criativo e o processo de cura.

Houve, claro, muitos resultados fascinantes desse processo, incluindo a produção de um CD musical, *Viajando para casa e voltando*, e uma tese completa explicando-o (Weaver, 1999a, 1999b). Para mim, porém, um dos melhores elementos do processo todo foi o levantamento de uma única hipótese, que agora eu formularia assim: E se a reconciliação fosse mais um processo criativo artístico do que uma fórmula linear de atividades cumulativas voltadas para a produção de um resultado? Às vezes é preciso uma dissertação inteira para formular uma boa pergunta.

Herm chegou a um intrigante sumário do que surgiu da busca criativa e da pesquisa empírica. Ele encerrou com os elementos que, pela sua observação, guiavam o processo artístico, e com a forma pela qual esses elementos poderiam explorar os caminhos rumo à resposta da questão da conexão da arte com a reconciliação. A lista, que no caso dele foi formulada em torno da criação musical, era a seguinte:

1. A música deveria ser orientada por padrões *internos* e não externos.
2. A música deveria ser *honesta*.
3. Nós valorizamos a *simplicidade*.
4. Tentamos fazer *espaço para o ouvinte participar*.
5. Nosso objetivo era criar música que *viesse do coração e da cabeça em igual medida*.
6. Estávamos comprometidos a *nos divertir*. (Weaver, 1999b:105-106).

Com relação à reconciliação, isso nos leva para uma direção desafiadora. O processo artístico não é linear; ele dá voltas e vem à tona das formas mais inesperadas. Encarar seriamente a relação entre arte e reconciliação iria então sugerir que está última não deveria tentar obrigar as pessoas a pensarem ou agirem linearmente: "se você fizer A e depois B, consegue C".

O processo artístico tem sua própria noção de tempo e não é cronológico. Quando o processo artístico é forçado ou obrigado, o resultado é artificial e inferior ao desejável. As pessoas que trabalham com reconciliação precisam repensar a cura como um processo com ritmo determinado por seu próprio tempo interno, que não pode ser programado ou pressionado para se encaixar em um projeto. As pessoas e comunidades têm seu próprio relógio.

O processo artístico atinge seu nível mais alto quando encontra expressão simples e honesta. Muitas vezes a elegância e beleza são captadas quando a complexidade é refletida nas mais simples linhas, curvas, texturas, melodias ou ritmos. A reconciliação retratada como um processo intelectualmente complexo muitas vezes cria tanto ruído e distração que a essência é perdida. A chave é encontrar a essência. O argumento de Weaver era que a honestidade da experiência, mais que a correção na percepção, é a chave da reconciliação. A arte e a reconciliação podem ter em comum esta diretriz: "Seja honesto desde logo. Seja honesto com frequência". Na cura, não há substituto para a honestidade direta, mesmo se for dolorida.

O processo artístico não pode ser entendido como algo que trata principalmente da cabeça. A racionalidade intelectual é apenas um elemento da experiência humana, porém, é o que mais deseja controlar os outros. O processo artístico inicialmente rompe e ultrapassa o limite do que pode ser racionalmente entendido, então volta para um lugar de compreensão que pode analisar, refletir e associar um sentido. É muito parecido com o processo de reconciliação. As rupturas rondam nossa alma. A cura precisa de uma jornada similar. Não é possível cognitivamente planejar e controlar a cura. "A cura", W. A. Auden disse citando o conselho do pai, "não é uma ciência e sim a arte intuitiva de cortejar a natureza" (citado em Cameron, 2002:247).

O processo artístico é divertido. Os maiores artistas de todos os tempos tinham jeito para brincar, para ver a vida que existe nas coisas. Seriedade em excesso cria arte com mensagem, mas raramente cria grande arte. Não há evidência científica de que a seriedade leve a um maior crescimento, maturidade ou *insight* sobre a condição humana do que uma atitude de brincadeira. Isso é verdade até para a cura, algo que compreendi pela primeira vez através de Edwin Friedman (1990). Reconciliação é lidar com o pior da condição humana, é o esforço de reparar a quebra de relacionamentos e da própria vida. Parece um assunto muito sério. Ironicamente, pode ser que o caminho para a cura não consista em ficarmos mais sérios. Isso pode explicar por que as pessoas de tantas geografias de violência desenvolveram um senso de humor e brincadeira tão extraordinário.

Alguns anos depois de escrever sua tese, e refletindo novamente sobre sua lista, Weaver acrescentou este pensamento:

> A reconciliação fica complicada quando tentamos tratá-la puramente ao nível intelectual. Em algum momento, começamos a pensar que os ferimentos ficam alojados na memória cognitiva. Os ferimentos e as quebras se encontram essencialmente na memória emocional. O motivo pelo qual gosto das artes – música, teatro, dança, qualquer forma – é precisamente porque elas têm a capacidade de construir uma ponte entre o coração e a mente (Weaver, 2003).

Sem dúvida há algo de natureza transcendente que ocorre tanto na busca artística como na reconciliação autêntica. Essa natureza transcendente é o desafio da imaginação moral: a arte e a alma de criar espaço e construir o ato criativo, o nascimento do inesperado.

Uma segunda aplicação artística vem em outra pergunta simples: "O que significaria se os construtores da paz se vissem como artistas?" Seria um erro se pensássemos que somente os que têm um dom artístico em uma disciplina particular iriam conseguir. No livro *Walking in the World* [Caminhando no mundo], Julia Cameron chamou a isto o "cenário de deixar aqueles que amamos e ir para algum lugar solitário e talvez exótico, onde seremos Artistas com A maiúsculo" (Cameron, 2002:17). A meta de fazer uma ponte entre a arte e a construção da paz não é a de tentarmos nos tornar algo que não somos. Nem é a busca das "artes" a fim de encontrar uma forma de milagrosamente nos tornarmos bem dotados em uma das suas formas como a música, poesia ou pintura. Fazer experiências e trabalhos com essas coisas pode criar *insights*, força interior e sustentação. Mas não estou apelando aos construtores da paz nem propondo que precisam ser artistas no sentido profissional da palavra a fim de ligar a arte à mudança social. A chave é mais simples que isso: precisamos achar uma forma de tocar o senso artístico que repousa dentro de nós todos. A título de exemplo, deixe-me esclarecer o contexto de onde surge meu próprio senso de conexão artística com o mundo.

Sou um menonita por família bem como por escolha adulta. Cresci em comunidades rurais no oeste (dos EUA) e tive a sorte de conhecer todos os meus avós e duas bisavós. Minha herança, por assim dizer, nunca esteve longe da fazenda, de pessoas que levavam uma vida de interior relativamente simples. No canto de minha sala de visitas está uma escrivaninha da altura do teto e um armário feito como presente de casamento para meus bisavós em 1888 por um carpinteiro menonita. Em nossa cozinha temos uma mesa de cerejeira que minha avó encomendou de um homem amish local na Pensilvânia. Em cima de nossa cama está uma colcha de retalhos que minha tia comprou como presente para nosso casamento, costurada por mulheres menonitas e vendida para levantar dinheiro para esforços de ajuda humanitária no exterior. Na minha parede tenho pendurada uma pequena *fraktur* (iluminura tradicional da Pensilvânia), impressa à mão por uma mulher menonita, captando os preceitos de um de nossos fundadores. Cada peça dessas tem uma beleza simples e elegante. No entanto se você perguntasse às pessoas que as criaram: "Você é um artista?", duvido que qualquer uma dissesse sim. Conhecendo meu povo, imagino que poderiam dizer: "Não, apenas gosto de trabalhar com as mãos e de tomar cuidado de fazê-lo bem". A arte é uma forma de amor. É encontrar beleza e conexão no que fazemos.

Lembro-me que quando ainda era muito criança observava minha avó Nona e tia-avó Leona fazendo tortas de maçã na fazenda Miller no norte de Indiana. Duas lembranças ainda estão comigo até hoje: como eram saborosas aquelas tortas e como essas mulheres faziam a casca. Havia uma arte para esticar a massa e então jogá-la na panela, mas não terminava aí. Ainda ouço a lâmina da faca passando na borda da panela de torta cortando o excesso de massa. Então a beirada da crosta era apertada com o polegar e os dedos ao longo da borda, mas uma impressionante simetria seguia os dedos e ficava sobre a panela. O recheio de maçã, provavelmente com açúcar demais, era despejado até a borda. Então, a última operação, a torta era coberta com faixas cruzadas. Para ser honesto, quando a torta saía do forno, qualquer um com um pouco de senso estético hesitaria em comê-la. Para nós isto nunca foi problema. Os menonitas são um bando de pragmáticos. Pode ser bonita, mas a finalidade é comer!

Esse é meu contexto. Cresci com toda uma comunidade de pragmatismo artístico. Eles viam as coisas como elas eram, e geralmente falavam também. Eles viam o trabalho por fazer e geralmente o faziam. Mas de alguma forma eles nutriam um senso de beleza. Desde a dona de casa até o fazendeiro, desde quem construía silos até quem fazia colchas de retalhos, por mais comum que fosse a tarefa, podia ser preenchida com o respeito da beleza simples. Se você não acredita em mim, vá de carro até uma região amish próxima por volta do mês de junho, antes que o milho esteja crescido demais. Pare e olhe um minuto ou dois como os jardins são traçados, cuidados e nutridos. Lá você encontra amor e arte.

O desafio da conexão artística reside em como respeitar o que criamos, nutrir amor pelo que fazemos e trazer beleza ao que construímos, até nas tarefas mais simples. Acabamos vendo nosso trabalho pela mudança social e construção da paz excessivamente como uma jornada intelectual: processos cognitivos de analisar corretamente e desenvolver a técnica que facilita a administração do processo de mudança. Não cultivamos o artista. Para cultivar o artista, porém, não precisamos nos tornar o que não somos. A verdade é o contrário disso. O que é necessário é prestarmos atenção ao que já está dentro de nós e das nossas capacidades.

Conclusão

Não tenho certeza se sou capaz de responder às perguntas levantadas neste capítulo sobre a conexão entre a arte e o pragmatismo das mudanças políticas no mundo. O que sei é que a arte está ligada ao encontro do caminho de volta à nossa humanidade. A política de rotina não se mostrou particularmente capaz de gerar mudanças autênticas em benefício da comunidade humana. Temos que reconhecer que as mudanças sociais construtivas, assim como a arte, são um tanto espasmódicas. Os maiores avanços, quando você olha realmente de perto, muitas vezes germinaram a partir de algo que entrou em colapso, desmoronou e então fez nascer algo que foi além do que era conhecido. Essas sementes, como o próprio processo artístico, tocaram a imaginação moral. Acreditar na cura é acreditar no ato criativo.

14

SOBRE A VOCAÇÃO
O mistério do risco

> *Desde que fui cortada do canteiro de junco, faço este som de lamúria.*
> – **Rumi**, *A flauta de junco*

AO LONGO DAS PÁGINAS ANTERIORES, FIZ MENÇÃO A UMA QUARTA disciplina mas não a explorei: o risco. O comprometimento com uma relação sempre implica risco. Estar na desordem e ambiguidade da complexidade, e ao mesmo tempo recusar-se a tratá-la em termos dualísticos, exige risco. Acreditar que a criatividade realmente pode acontecer é assumir um risco. Entrar no terreno de um senhor guerreiro é um risco. Encontrar todos os grupos armados em Magdalena Medio foi risco puro. Mas o que é risco exatamente?

Risco é mistério, requer uma jornada. Risco significa que damos um passo para dentro do desconhecido. Por definição, o risco aceita a vulnerabilidade e abdica da necessidade de *a priori* controlar o processo ou o resultado dos assuntos humanos. É a jornada dos grandes exploradores, pois opta, assim como as imagens em mapas antigos, por viver nas margens da cartografia conhecida. Risco significa marchar para um lugar onde você não tem certeza do que vai vir ou acontecer.

A palavra *mistério* tem aparecido continuamente em meu trabalho. Em uma recente iniciativa de pesquisa, não consegui encontrar outra palavra além de *mistério* para explicar certo tipo de atitude, atividade e reação das pessoas que vivem em cenários de grande violência. O Centro de Pesquisas Maryknoll iniciou um esforço para estudar a reação das bases comunitárias diante da violência. Quando fui procurado pela primeira vez por Tom Bamat, diretor de pesquisas na Maryknoll, achei que ele havia cometido um erro. Ele queria que eu acompanhasse o processo de pesquisa, ouvisse o que foi descoberto e então fizesse comentários *teológicos* sobre o que vi e ouvi. Depois de várias rodadas de esclarecimentos sobre minhas limitações como teólogo, aceitei.

Durante a pesquisa, fiz o que Tom havia descrito. Assisti a reuniões e ouvi os pesquisadores no terreno. O trabalho deles consistia em entrevistar pessoas locais, realizando levantamentos de pesquisa etnográfica em comunidades diretamente afetadas por violência. A pesquisa foi realizada em Mindanao, Sudão, Ruanda, Irlanda do Norte, Guatemala, Sri Lanka e em territórios de gangues urbanas desde Los Angeles até Filadélfia. As pessoas com quem os pesquisadores falaram não eram profissionais de construção da paz e não usavam título semelhante nem informalmente. Eram pessoas comuns do dia a dia, que estavam tentando descobrir como iriam reagir diante da violência para sobreviver. Os pesquisadores procuraram ver como pensavam as pessoas sobre temas amplos como paz, violência e imagens do Divino. O resultado se encontra em *Artisans of Peace* [Artesãos da Paz], que comporta esses estudos e respostas populares (Cejka e Bamat, 2003).

Ao chegar perto do final da primeira fase, foram apresentados estudos de caso e descobertas preliminares. Minha tarefa naquela reunião era apresentar minhas primeiras impressões sobre a teologia, particularmente daquilo que enxergava como temas iniciais vindo à tona através das vozes e das descobertas nos estudos de caso. Compartilhei alguns pensamentos sobre os temas espaço e tempo, que se tornaram subseções daquele livro e agora estão sendo explorados mais plenamente nesta publicação. A terceira seção que sugeri foi a "Teologia do mistério".

Na reunião daquela tarde, descrevi o que a expressão *"teologia do mistério"* poderia significar. Minha impressão era que os sujeitos da pesquisa nos níveis de base nos casos de exemplo tomaram atitudes de envolvimento vital, em muitos casos empreendendo ações extraordinárias, mas os pesquisadores estavam um tanto perplexos porque essas mesmas pessoas não tinham uma teologia cognitiva explícita nem uma teoria da paz. Quando perguntadas sobre qual era sua visão da construção da paz, estando elas engajadas na reconciliação com os inimigos, muitas não tinham um discurso ou uma explicação muito ensaiada. É como se não tivessem pensado muito a respeito. Precisavam parar e pensar que palavras dar para suas ações. Tinham encontrado meios de se engajar construtivamente e até se reconciliar com os inimigos em meio à violência. Mas não tinham as palavras que descrevessem o que haviam feito. Os resultados foram relatados inicialmente pelos pesquisadores na forma de frases simples e aparentemente insignificantes: "Era a coisa certa para se fazer", "Nós acreditamos em parar a violência", "A paz é o caminho de Deus". Sugeri que isso não reflete o fato que esse pessoal não tinha uma teologia nem sofisticação. Era um reflexo do fato de que as ações tinham sido misteriosas. Eles haviam se aventurado em uma jornada para terras totalmente estranhas. A exploração dessa terra desconhecida que se chama construção da paz, pensei eu, era semelhante à misteriosa viagem para o sagrado. É a mesma terra, como vim a acreditar, que a imaginação moral nos pede para explorar.

Em função do que sugeri, nosso pesquisador da Irlanda do Norte, John Brewer, forneceu um *insight* extraordinário. Refletindo sobre o país, ele comentou:

> Em nosso contexto de mais de trinta anos de Tumultos, a violência, o medo e a divisão são conhecidos. O mistério é a paz! As pessoas têm medo da paz. É ao mesmo tempo emocionante e amedrontadora. Esse é o mistério. A paz pede muita coisa de você. A paz pede que você compartilhe memórias. Pede que você compartilhe espaço, território, lugares concretos e específicos. Pede que você compartilhe um futuro. E pede que tudo isso seja feito junto de seu inimigo e na presença dele. Paz é Mistério. É andar para dentro do desconhecido (Cejka e Bamat, 2003:265).

Achei nos casos de estudo, nas explicações das pessoas e nas descrições dos pesquisadores algo que observei muito em cenários de conflito prolongado. As pessoas encontram formas inovadoras de reagir para situações de conflito impossíveis não porque são profissionais bem treinados ou especialmente bem dotados. As reações inovadoras surgem pois esse é o seu contexto, o seu lugar. A essência da reação não está no que eles fazem, mas sim em quem eles são e como se veem em relação aos outros. Eles falam por meio da sua própria vida.

Quando abordamos o mistério do risco como parte da construção da paz em cenários de violência, acredito que estamos explorando o propósito da vida mais do que a eficiência profissional. Um não é desvinculado do outro, nem são antíteses, mas o propósito da vida nos leva para um terreno mais profundo, que não está prontamente disponível se ficarmos parados na esfera da ética e da conduta profissional. O risco e a imaginação moral escavam esse tipo especial de solo, que não é comumente discutido nem na literatura científica nem na profissional de transformação de conflito e construção da paz. É um solo para encontrar nossa voz, para encontrar uma forma de falar com nossa vida. É o solo potencialmente rico – mas poucas vezes aproveitado ou fertilizado – da vocação.

A primeira vez que entendi isso foi pelo livro *Let Your Life Speak* [Deixe sua vida falar] (Palmer, 2000). *Vocação* tem sua raiz na palavra latina significando "voz". Como diz o autor: "Vocação não é a meta que busco. Significa um chamado que ouço. Antes de dizer para minha vida o que quero fazer com ela, preciso ouvir minha vida me dizer quem sou" (Palmer, 2000:4).

Em resolução de conflitos e construção da paz, gastamos muita energia ensinando as pessoas a ouvir. O foco é como ouvir os outros. Muitas vezes me chamou a atenção como investimos pouca energia ouvindo a própria voz. No entanto as duas coisas estão intimamente ligadas. Cada vez mais sou da opinião de que as pessoas que ouvem os outros melhor e mais profundamente são aquelas que encontraram uma forma de estarem em contato com sua própria voz.

Para entender em profundidade a vocação como voz, precisamos ir além do que é inicialmente visível e audível, do que tem ritmo, movimento e sentimento. Voz não é um externamento de sons e palavras. Literal e metaforicamente, a voz não está localizada na boca nem na língua, onde as palavras se formam. A voz é mais profunda. As palavras são apenas uma pequena expressão dessa profundidade.

Pense na maneira com que falamos da voz e a percebemos. Falamos com admiração de uma pessoa que tem voz profunda e ressonante. Os barítonos e sopranos, cuja vozes soam de forma tão cativante que quase se esquece de respirar, nunca cantam com a boca. Cantam a partir de um ponto interior profundo, um lugar capaz de sustentar ao máximo as vogais e as notas. Tive uma vez lições de voz para melhorar meu canto. Embora não tenha melhorado minha estatura enquanto cantor, eu me lembro bem da instrução. A única coisa em que o professor de canto insistia era esta: "Faça força a partir de dentro, do diafragma, indo para cima". O som e a sustentação da música precisam ser buscados no fundo, caso contrário serão fracos e incompletos. O elemento menos importante é a boca. O mais importante são as fundações da voz, o lar onde se encontra a voz. Esse lugar é literalmente o ponto de encontro entre o coração e os pulmões.

A voz está localizada onde o fôlego morre e nasce, onde aquilo que é aspirado dá vida, onde o que já serviu seu propósito é novamente liberado. A voz está localizada na fonte do ritmo, no batimento interno da própria vida. Quando Emerson, o poeta, disse que andamos "ao som de um tambor diferente", estava falando sobre a voz, o senso interno de ritmo. Não podemos subestimar a enormidade das histórias do Gênesis e de narrativas paralelas em muitas tradições sobre a forma como a vida veio a existir: "Deus soprou o barro". A vida foi criada a partir do lugar em que se encontram o fôlego e a terra, e a partir desse lugar surgiu a voz. A voz é a essência de ser pessoa.

Onde você encontrar essa confluência, o lar onde se reúnem o coração e os pulmões, onde o fôlego se mistura ao sangue, lá você encontrará a voz. Quando você descobrir seu caminho para esse lar, você encontrará a si mesmo, esse presente singular que Deus colocou nesta terra. Achará o lugar de partida de sua jornada e o lugar para onde ela retorna quando o caminho é confuso e difícil. Esse é o senso profundo de vocação.

Tenho lido poetas persas como parte de minha educação pessoal para trabalhar na Ásia Central, principalmente no Tadjiquistão e no Vale Fergana. Tive o privilégio de conhecer novos amigos nessa parte do mundo. Um deles é Faredun Hodizoda, o filho do mais eminente erudito vivo de literatura persa no Tadjiquistão, Rasul Hodizoda. Ao viajarmos recentemente pelo extremo sul do Vale Fergana, onde trabalha Faredun, perguntei sobre os poetas que eu estava lendo. Descobri que a poesia, escrita dentro de um contexto e tradição muçulmana, tem uma característica muito similar à literatura de sabedoria que encontro nos Provérbios, Cantares de Salomão e Salmos, com os quais tenho familiaridade através do Velho Testamento. Attar, Saadi, Saanai, Rumi, Hafez – os nomes são conhecidos de uns poucos especialistas no Ocidente, mas são familiares nas tradições orais de grande parte da Ásia Central. Dentro do islã, esses poetas são os místicos, os sufis. Falam do amor, da vida e da natureza do Divino. Muitas vezes escrevem os ensinamentos em parábolas e histórias. Comecei a notar que muitos desses poetas fazem referência à flauta de junco. Em uma de nossas viagens, perguntei a Faredun o significado da flauta.

"Ah, a flauta", respondeu ele. "Veja, a flauta é feita cortando a taquara, o junco. Quando se toca a flauta, os lábios são colocados no bocal e o fôlego é soprado dentro do junco. O som, como você deve ter notado, é de lamento. É um apelo. Diz-se que o junco sempre quer voltar para casa, para seu lugar. Rumi uma vez escreveu a história narrada pelo junco."

> Desde que fui cortada do canteiro de junco,
> faço este som de lamúria.
> Quem está longe da pessoa amada
> entende o que digo.
> Qualquer um arrancado de sua fonte
> anseia pela volta. (Barks: 1988:17)

"Veja," prosseguiu Faredun, "o som da flauta de junco é um chamado para encontrarmos o caminho de casa. Os poetas usam a flauta de junco para dizer que é como se Deus colocasse os lábios nos humanos e soprasse vida. O sopro cria um som, uma voz no corpo que busca essa fonte da vida. Então o junco quer voltar para casa. É o retorno a Deus. Os poetas dizem que a voz da flauta é um anseio pelo verdadeiro lar".

Anseio pelo verdadeiro lar, isso é vocação. Encontrar o caminho para esse lar é uma jornada para entender quem sou. Na sua essência, o lar dá um senso de lugar. Vocação é a mesma coisa. Saber quem você é significa encontrar onde você está, como na frase "Tenho o senso de meu lugar no mundo". Com frequência procuramos nosso senso de lugar através do que fazemos profissionalmente. É aqui que se inicia a confusão que vincula a vocação ao trabalho, aos empregos e aos títulos. Mas a vocação não é uma profissão. Nitidamente não é "trabalho", menos ainda "emprego". Vocação é conhecer e se manter fiel à voz profunda. A vocação se movimenta dentro de nós, apela para ser ouvida e seguida. Ela nos acena para voltarmos ao lar. Quando levamos uma vida que mantém a vocação ao alcance dos olhos e ouvidos, como o ponteiro de uma bússola, a vocação fornece um senso de localização, lugar e direção. É por isso que podemos dizer a amigos, expressando um profundo elogio em apreciação à genuína aceitação que nos dão: "Eu me sinto confortável aqui com você. Posso ser eu mesmo. Eu me sinto em casa".

As pessoas que estão perto de casa independentemente do lugar em que moram ou viajam, ou do trabalho que fazem, são pessoas guiadas pela própria voz. São os caminhantes da voz: conseguem ouvir a flauta de junco. Em uma jornada permanente, o lar sempre está ao alcance do seu ouvido.

Caminhantes da voz

Conheci muitos caminhantes da voz na minha vida. Eles raramente se destacam de imediato. Você os reconhece não pelas primeiras impressões, mas depois de algum tempo. Vidas não falam em conversas isoladas. Falam com o passar do tempo.

Talvez o primeiro sinal pelo qual você os note sejam as coisas que eles não confundem. Eles não confundem emprego ou atividades com a pessoa que são. Não confundem reconhecimento com valor próprio, nem crédito recebido como sucesso. Não confundem crítica com inimizade. Não confundem verdade com poder social ou político. Não confundem seu trabalho com a salvação do mundo. Não confundem culpa com motivação.

Em seguida você poderá notar algo que não é fácil apontar: o que faz a diferença não é tanto o que fazem, e sim o que são. Ouvem de tal forma que parece que sua própria agenda de objetivos não bloqueia o caminho. Respondem mais por amor do que por medo. Riem de si mesmos. Choram com a dor alheia, mas nunca assumem a jornada do outro. Sabem quando dizer "não" e têm a coragem de fazê-lo. Trabalham muito, mas raramente estão ocupados demais. A vida deles fala.

Rose Barmasai, a quem dedico este livro, era uma caminhante da voz com extraordinária imaginação moral. Ela deu sua vida, literalmente, para caminhar para cima e para baixo nas áreas de choque étnico do Rift Valley no Quênia, sua terra natal. Ajudou a dar início, e depois a levar avante o Projeto de Paz e Desenvolvimento de Comunidade do Conselho Nacional de Igrejas do Quênia. Ela era uma mágica, no melhor sentido da definição de David Abram, pois estava nos limites de sua própria comunidade, movimentando-se e fazendo mediação no mundo das guerras tribais, ao mesmo tempo que era parte do tecido onde elas aconteciam. Ela era, nas palavras da canção de Van Morrison, um "habitante do limiar".

Tive o privilégio de muitas reuniões e conversas com ela, e pude observá-la quando estava com seu próprio povo. Nunca teve medo de falar com líderes políticos ou religiosos do mais alto nível sobre o que estava acontecendo em campo, sobre o impacto de suas palavras e ações sobre a vida das pessoas reais, ou sobre novas ideias que precisavam ser levadas adiante. Nunca perdeu a atenção ou o respeito deles. Rose era conhecida por caminhar, aparentemente sem medo, para áreas tribais inimigas quando as coisas estavam prestes a explodir. Essa mulher de meia idade recorria a todas as intuições de que dispunha, desde a maternidade até os ancestrais, quando em mais de uma ocasião ela entrou em reuniões *baraza* (reuniões abertas na praça da cidade) violentamente explosivas que poderiam evitar ou causar guerra. Aproximava-se com igual coragem de sua própria tribo, nunca forçando uma falsa opção entre o amor e a verdade.

Eu a vi rindo contagiosamente. Fiquei sentado com ela enquanto chorava profundamente. Eu a vi fazendo nascer esperança nos outros. Com um portfolio de vida de experiências e realizações de construção da paz que poucos de nós poderíamos imaginar, observei seu insaciável desejo de aprender em seminários e salas de aula. Porém, mais do que tudo, vi uma pessoa que andava em contato com sua voz e, a partir desse lugar, dava voz aos outros. Rose viveu o mistério da vocação, o mistério do risco.

Em outubro de 1999 Rose morreu em um trágico acidente de automóvel voltando de reuniões no Rift Valley. Dois anos mais tarde o Quênia, por um processo de eleições nacionais, passou para uma nova era de liderança. Talvez pela primeira vez na história queniana contemporânea, o período de eleições transcorreu sem ser manchado por grande violência. Uma década de caminhantes da voz com seus seminários, oficinas, *barazas*, reuniões de líderes seniores, conversas com parlamentares – mas sobretudo com sua presença – havia feito nascer um presente quase imperceptível: um espaço para que as mudanças acontecessem sem violência. Tenho certeza de que os ancestrais observavam. E tenho certeza de que Rose riu contagiosamente.

Conclusão

Há um sentido no qual toda a construção da paz poderia ser resumida como a busca e construção da voz. Aconteceu entre o senhor guerreiro e o filósofo, entre o jovem e o chefe. Foi o que ocorreu quando os camponeses se envolveram com os violentos atores ao seu redor em Magdalena Medio. Começando com umas poucas mulheres no mercado, uma comunidade inteira encontrou uma voz que fez parar uma guerra.

Esse é o tipo de coisa que usualmente visualizamos como nosso trabalho: como ajudar as pessoas a encontrarem aquela voz que sustenta e possibilita as mudanças. A jornada para a mudança que essas pessoas promovem requer mais do que uma estratégia de boas ideias ou uma técnica. Fundamentalmente, implica uma disposição para arriscar e uma grande vulnerabilidade. Eles estão entrando no desconhecido, dentro do mistério do risco. A jornada da voz encontra sua fonte na esfera da vida e da vocação.

No importante processo de profissionalização de nossa área, não cuidamos adequadamente da necessidade de tocar e ouvir a voz da vocação. Não podemos ter a expectativa de que outros entrem no mistério do risco, que dá o passo transpondo a violência e entrando na geografia não mapeada da relação com o inimigo, a menos que nós próprios compreendamos e nos engajemos no mistério do risco e da vocação. Não podemos ouvir e dar apoio aos outros à medida que encontram sua voz se nós próprios vemos isto apenas como técnica ou gestão de processo. A capacidade de incitar a imaginação moral se liga a esse nível, pois ela recorre à fonte que possibilita as mudanças transcendentes: a capacidade de arriscar.

15

SOBRE CONCLUSÕES
O imperativo da imaginação moral

A lógica o leva de A para B. A imaginação o leva a qualquer lugar.
– Albert Einstein

As CONCLUSÕES NUNCA SÃO FÁCEIS DE ESCREVER. ELAS PERCORREM a estreita senda entre a redundância e a síntese útil. Ao leitor que está entrando na nossa conversa pelo fim do livro, bem-vindo! Este pode ser um ponto inicial tão bom quanto qualquer outro. Nossa busca não foi linear. Os capítulos anteriores teceram uma tapeçaria de teias de aranha, fermentos e sifões, haicais e ancestrais, flautistas de Hamelin e os príncipes de Serendip, todos buscando algo iminentemente disponível e no entanto extraordinariamente fugidio: como invocar a imaginação moral no meio do conflito e da violência humana. Segundo muitos, Einstein teria feito a observação de que "a imaginação o leva a qualquer lugar".

Os livros não são propriamente um empreendimento de oportunidade. As ideias, atentas aos eventos do dia a dia mas não conduzidas por eles seguem um ritmo e uma evolução anacrônicos, até chegarem definitivamente à página escrita. Este livro foi produzido durante os três anos seguintes aos eventos de 11 de setembro de 2001. Da perspectiva das relações internacionais, pouco pode ser encontrado na esfera da política oficial nesses anos desde aquele momento que forneça exemplos da imaginação moral. Efetivamente, os principais eventos e padrões manifestaram a antítese do que exploramos neste livro.

Nos primeiros anos deste novo século, muitos lugares de conflito onde trabalhei décadas com colegas dedicados, ou onde encorajei e apoiei estudantes à medida que promoviam iniciativas de construção da paz, passaram por significativa deterioração. O Oriente Médio entrou em uma espiral de ciclos de violência e contraviolência que não cedem. Os mortíferos conflitos dentro da Colômbia pioraram e se expandiram. Mindanao sucumbiu a novas lutas. A Libéria caiu em nova rodada de devastação. Foi declarada a guerra ao terrorismo. Em menos de três anos, os líderes dos Estados Unidos conduziram a única superpotência que ainda resta a duas guerras terrestres plenas no encalço de inimigos fugidios.

As notícias sobre esses ciclos mortíferos domina nossos jornais e televisões. A retórica justificando o envolvimento de um lado ou outro desses violentos conflitos promete um horizonte de maior segurança, bem-estar para a comunidade humana, e liberdade. No entanto as ações e reações que sustentam a violência prolongada reproduzem uma diretriz narrativa que é a antítese do local de nascimento da imaginação moral. O isolamento e o medo paralisam a capacidade de imaginar a rede de relações interdependentes. Linhas duras de inimizade e lentes ideológicas estreitas forçam as pessoas e as decisões políticas a adotar falsos quadros de referência, do tipo ou-isso-ou-aquilo, que dão uma falsa impressão da complexidade dos desafios que nossa comunidade local e global enfrenta neste século. Os poderes econômico e militar se transformam no contraforte que tenta controlar os resultados e garantir a segurança dos mais poderosos. Ao fazê-lo limita ou destrói a capacidade de criar alternativas para os conflitos globais mais profundamente enraizados. Os riscos assumidos pelas lideranças em resposta ao que percebem como ameaças iminentes em todos os cenários de violência acima mencionados invariavelmente puseram populações civis indefesas em posição de maior vulnerabilidade e entregaram o tesouro global das novas gerações à implacável destruição pela violência. Diariamente foi posta no ar nos últimos três anos uma retórica que apela à nossa lealdade e justifica a violência tentando colocar-se em posição de superioridade moral. As palavras do compositor Paul Brady (1992), escritas há mais de uma década na Irlanda do Norte, parecem prescientes em esfera global. "Aqui em cima", cantava ele, "sacrificamos nossos filhos em favor dos sonhos desgastados de ontem". Em ciclos de violência, o "aqui em cima" não se refere a um plano moral mais elevado e não nos conduziu ao prometido horizonte de segurança. A verdade é o contrário. Os últimos anos geraram uma verdadeira indústria do medo e da insegurança, alimentada pela lógica da violência e incapaz de transcendê-la e transformá-la.

15 – Sobre conclusões

A conclusão a partir do mosaico de capítulos anteriores é que, se devemos sobreviver como comunidade global, precisamos compreender a natureza imperativa de fazer nascer e dar espaço à imaginação moral nos assuntos humanos. Precisamos enfrentar o fato de que grande parte do atual sistema de reação aos mortíferos conflitos locais e internacionais é incapaz de superar os ciclos de padrões violentos, precisamente porque nossa imaginação foi encurralada, acorrentada pelos próprios parâmetros e fontes que criam e perpetram a violência. Nosso desafio é como invocar, liberar e sustentar respostas inovadoras às raízes da violência e ao mesmo tempo nos elevarmos acima dela. As histórias deste livro contam como pessoas nas piores condições geraram precisamente esse tipo de imaginação, e sugerem quatro caminhos para assistir seu nascimento:

- Precisamos passar do isolamento e das atitudes de "dominar ou ser dominado" para a capacidade de visualizar e agir com base no fato de que vivemos e somos parte de uma rede de relações de interdependência, que inclui nosso inimigo. O destino de nossos netos é um só.
- Não podemos ser vítimas da armadilha dos dualismos estreitamente definidos, que impõem uma severa limitação à nossa maneira de enquadrar os desafios e opções. Precisamos encontrar formas de alimentar uma capacidade de questionamento que explore e interaja construtivamente com a complexidade das relações e realidades com que se defrontam nossas comunidades.
- Acima e abaixo, para fora e para além das estreitas muralhas com que a violência deseja enclausurar nossa comunidade humana, precisamos viver na confiança de que a criatividade, divinamente embutida no espírito humano, está sempre ao nosso alcance. Como uma semente no solo, a capacidade criativa está dormente, cheia de potencial que pode germinar inesperadamente, criando pontos de virada e sustentando as mudanças construtivas. Precisamos desmascarar e quebrar a falsa promessa que deposita confiança na violência como *o* defensor e fornecedor de segurança.
- Aceitando a vulnerabilidade, precisamos dar o passo arriscado para terras desconhecidas e imprevisíveis e buscar um engajamento construtivo com as pessoas e coisas que menos compreendemos e mais tememos. Precisamos assumir a jornada inevitavelmente perigosa, mas absolutamente necessária que nos conduz de volta à humanidade e à construção de uma genuína comunidade.

Algumas implicações

Esses caminhos têm implicações significativas para a construção da paz e para a condução dos assuntos humanos em geral. Eles mostram a necessidade de expandir a maneira como nós, profissionais de conflito, justiça e paz, enxergamos nossas teorias e nossa prática. De forma geral, o imperativo da imaginação moral exige de nós uma reflexão profunda sobre nosso trabalho e sua inserção no objetivo maior de iniciar e promover processos de mudança social construtiva; coloca também desafios e perguntas quanto ao desenvolvimento de nossa profissão. Várias indagações amplas, surgidas dos capítulos precedentes, ilustram a natureza desses desafios:

- O que aconteceria à prática da construção da paz se passássemos de uma metáfora-guia de que estamos fornecendo serviços profissionais para uma outra, segundo a qual estamos engajados em uma vocação para alimentar as mudanças sociais construtivas? A abordagem de rede, por exemplo, sugere o desenvolvimento de lentes que aguçam nossa capacidade de visualizar o contexto relacional como um espaço onde as mudanças acontecem e os nossos serviços são oferecidos. Assim, nossa capacidade de iniciar, projetar e apoiar serviços específicos está embutida e baseada na capacidade de compreender e desenvolver abordagens estratégicas ao espaço social – o *know-who* do contexto relacional imediato e mediato dentro do qual operamos. Em vez de estreitar e especializar, expandimos nossa visão de "serviços" no contexto amplo da sociedade e dos processos de mudança social. Nossos projetos e intervenções não são definidos tanto pelos parâmetros de certas habilidades de gestão de processo; ao contrário, nossas habilidades técnicas são definidas e se encaixam nos horizontes de mudanças mais amplas, bem como no potencial de construir espaços relacionais transformativos. A rede exige que pensemos estrategicamente sobre os processos de mudança no contexto de relações imediatas, finalidade última e espaço social.

- O que acontece ao desenho de processo quando nos vemos como *artistas e especialistas profissionais* com perícia técnica? Uma das ideias mais básicas propostas neste livro é a simples noção de que transcender a violência exige imaginação que se traduz em atos criativos. Depois de anos de trabalho com pessoas em uma grande variedade de iniciativas aplicadas de construção da paz, tenho a convicção de que existe um elemento de criatividade constante em nossa prática profissional. Entretanto, fico sistematicamente impressionado ao ver como esse aspecto de nosso trabalho é empurrado para categorias que nós parecemos entender e às quais chamamos construção de habilidades e perícia técnica. A ideia que quero defender é que precisamos dar espaço ao lado artístico desse trabalho. O que aconteceria ao desenho de processos e intervenções se nós intencionalmente criássemos espaços que possibilitassem categorias que chamaríamos de "momentos e atitudes artísticas" no desenho de respostas profissionais às mudanças sociais? Isso poderia sugerir, por exemplo, que encorajaríamos de forma muito mais intencional as disciplinas e alegrias de escrever diários, contar histórias, poesia, pintura, desenho, música e dança como parte do próprio processo de desenho. Os resultados específicos de qualquer dessas atividades criativas não deveriam ser vistos como um "produto". Em lugar disso, agora compreendemos que a construção do espaço artístico exige de nós a abertura do próprio processo de desenho para formas diferentes e criticamente importantes de saber o que aconteceu, está acontecendo ou poderia acontecer na complexa realidade em estudo. Poderiam surgir duas consequências. Primeiro, encontraríamos vários momentos *ah-hah* ou haicai que penetram a complexidade na forma de *insight* decisivo. Segundo, estaríamos alimentando uma atenção muito mais construtiva à intuição, tanto individual como de grupo. Com o tempo, acredito que iríamos manter a vitalidade da nossa profissão, com um senso de maravilhamento e respeito e iríamos preencher nosso trabalho-artesanato com arte e alma.

- O que aconteceria se considerássemos uma compreensão da serendipidade como parte integral de nossa educação e prática profissional? Isso parece uma incongruência. Mas lembremo-nos que serendipidade é a descoberta por acidente e sagacidade de coisas que não estávamos buscando. A disciplina primária da serendipidade é atenção às coisas presentes no caminho que inicialmente não eram o que definimos como meta, mas que no final criaram um novo e significativo *insight* que contribuiu criativamente para uma finalidade última. A serendipidade cria uma mudança da visão, passando de túnel para a periférica. As implicações mais significativas dessa virada podem bem ter a ver com a forma como nós profissionais nos tornamos praticantes realmente reflexivos e não técnicos maquinais. Os práticos reflexivos mantêm uma curiosidade sobre o trabalho e seus propósitos e sobre o aprendizado. Essa atitude e maneira de ser é o espaço que liga a experiência à teoria, e a teoria de volta à prática. A serendipidade não é apenas a abertura para o inesperado. Ela exige de nós o aprimoramento das disciplinas que constroem conhecimento e sabedoria.

- O que aconteceria se a construção da intuição e da arte fossem incluídas no treinamento para resolução de conflitos, mediação e construção da paz? O treinamento é tipicamente visto nesses campos como o desenvolvimento de habilidades de análise e gestão de processos. Se a imaginação moral repousa em nós como uma semente adormecida, se esta semente detém a chave para quebrar os ciclos de conflito destrutivo, então nosso desafio é como invocar o crescimento desse tipo de imaginação como parte integral do desenvolvimento de profissionais inovadores. Grande parte dos atuais "treinamentos de habilidades" estão orientados para a compreensão e gestão de respostas cognitivas e comportamentais nas interações humanas. Explorar o lado criativo, tocar a intuição, conhecer as coisas de forma cinética, visual, metafórica e artística exige caminhos de exploração no processo educacional que aproveitam partes completamente diferentes do "ser" e do "conhecer" humano. Isso sugere que os programas de treinamento construam espaços para se ouvir a voz interior, reconhecendo e explorando vários caminhos de conhecer e tocar a realidade. Por exemplo, incorporei há algum tempo a música, poesia e artes visuais (pintura, fotografia e escultura) em meu ensino e treinamento. Nos meus estilos mais experimentais, gasto manhãs inteiras em eventos de treinamento de cinco dias sobre construção da paz para ensinar os rudimentos de haicai, ou convido um músico para escrever uma canção com a classe. Não há uma fórmula exata nem resultados imediatos surgindo dessas tentativas, mas há uma sensação cada vez maior de que, se devemos invocar a imaginação moral, então precisamos incitar e estimular o artista que existe em nós.
- O que aconteceria se víssemos o treinamento e a educação como apoios não só para a perícia profissional como também para a vocação? A imaginação moral propõe que o engajamento do tipo que desencadeia pontos de virada e transcendência em cenários de violência

surge primariamente não a partir do lado das habilidades técnicas da nossa profissão de construção da paz. As histórias-guias deste livro (capítulo 2) sugerem que esse tipo de imaginação desabrocha como parte de uma jornada de vida que se preocupa com a natureza, com a qualidade das nossas relações e nossas comunidades e com a forma de passarmos das relações definidas por divisões e medos para aquelas caracterizadas pelo respeito e amor. Uma das coisas que descobri com os anos é que frequentemente as pessoas que trabalharam profissionalmente em cenários de conflito violento lutam não tanto com pontos específicos de suas habilidades e especialidades e sim com as questões mais profundas colocadas pelo próprio cenário: Quem somos? O que estamos fazendo? Para onde estamos indo? Qual é nosso objetivo? Essas são questões que continuam vindo à tona, mas, da forma como as coisas estão, têm pouco espaço para serem exploradas dentro da própria profissão. A imaginação moral sugere que a educação e o treinamento estão incompletos em todos os campos relacionados à mudança social se não construírem continuamente, e desde logo, o espaço para explorar o sentido das coisas, os horizontes para onde deve se dirigir a jornada e a natureza da própria jornada. Essa busca precisa levar a sério o processo de ouvir a voz interior profunda – uma exploração espiritual e profundamente humana que não deveria ser relegada a conversas ocasionais entre amigos ou, pior ainda, aos divãs terapêuticos quando surgem crises profissionais na vida. Isso é o coração, a arte e a alma daquilo que somos no mundo, e não pode ficar desconectado do que fazemos no mundo.

- O que aconteceria se os líderes políticos nacionais e globais invocassem o artista, especialmente em momentos em que a violência está presente ou seu uso está prestes a ser justificado? Nossa tese sugere que as formas comuns de os políticos e líderes invocarem os artistas raramente incita a imaginação moral. Com muita frequência os artistas são chamados em comemorações, inaugurações e vitórias, ou quando as decisões dos líderes precisam de uma bênção, ou quando o etos do grupo ou da nação precisa ser solidificado e os sentimentos de lealdade e aliança reafirmados, ou quando precisa ser expressa a tristeza nacional. Raramente, ou talvez nunca, os líderes, ao se defrontarem com questões de vida e morte em larga escala, convidam artistas – músicos, poetas, pintores, cineastas e dramaturgos – para reagirem imaginativamente através de suas disciplinas aos desafios que enfrentam como líderes. No entanto, após os eventos, é com frequência o artista que penetra a essência mais profunda da situação humana. Por que não antes? Por que a política precisa ser um campo de atividade humana que confia quase exclusivamente na compreensão cognitiva de realidades complexas e, em virtude de sua autodefinição, limita sua capacidade de imaginar possibilidades e *insights* inteiramente novos?

- O que aconteceria se os ocupantes de cargos eletivos locais e nacionais, bem como os líderes civis, religiosos e educacionais significativos que dirigem os assuntos públicos e humanos, fossem obrigados a participar de educação continuada em uma Escola de Imaginação Moral? Admito que pode ser difícil imaginar, mas talvez algumas diretrizes possam ser úteis. Poderia começar com uma semana por ano. Isso não é pedir muito. A classe seria constituída de pessoas que raramente interagem entre si, incluindo inimigos políticos e ideológicos e uma mistura criativa das pessoas que eles alegam servir. Haveria muito tempo para chá e café e poucas aulas. Os participantes seriam solicitados a fazer uma coisa simples: conversar aberta e honestamente entre si sobre esperanças e temores, sobre a vida e a família. Os professores seriam apenas contadores de histórias, em sua maioria pessoas comuns, escolhidas em função de seu histórico de vida e pela forma como superaram obstáculos, aparentemente intransponíveis, para escaparem à injustiça e ameaça sem recorrerem à violência. Poderiam ser filhos de refugiados, sábios fazendeiros idosos ou sobreviventes de comunidades destroçadas pela guerra. Pelo menos durante parte do dia, os participantes ouviriam música, escreveriam poesia ou fariam papel juntos, com as próprias mãos. Ao final de cada semana, passariam um dia plantando no jardim, quatro ou cinco pessoas por canteiro. Acima da porta de saída da escola haveria uma pequena placa que cada líder deveria ler antes de sair e comentar no ano seguinte. Os dizeres seriam:

> Aproxime-se de quem você teme.
> Toque o coração da complexidade.
> Imagine além do visível.
> Arrisque a vulnerabilidade, um passo por vez.

Epílogo
Uma conversa

Epílogo: Um discurso ou poema breve endereçado aos espectadores por um dos atores na conclusão de uma peça.
– Compact Oxford English Dictionary

Nada de epílogo, peço a vocês, pois sua peça não precisa de desculpa.
– **Shakespeare**, *Sonho de uma noite de verão*

"Como faço a imaginação moral aparecer?", perguntou um leitor. "Não tenho uma fórmula mágica. Não existe receita", disse o dramaturgo. "Mas se você prestar atenção, sua busca será acompanhada de conselhos. Observe e ouça!"

"Quando se sentir denegrido", disse o jovem konkomba, "ofereça respeito".

"Face a face com o medo", aconselhou Abdul, "ofereça sua vulnerabilidade".

"Quando houver divisão e ódio à sua volta", responderam as mulheres de Wajir, "construa solidariedade com os que estão ao seu alcance e depois vá em busca dos outros o mais longe que você puder tocar".

"Frente a frente com a violência e ameaças", disseram Josué e os *campesinos* de Magdalena Medio, "ofereça verdade, transparência e diálogo".

"Quando estiver afogado na complexidade", riu o mestre haicai, "busque a elegante essência que a mantém inteira".

"Pense no espaço à sua frente", sugeriu a aranha de teias circulares. "Verifique quanta seda você tem. Seja flexível esperto."

"Ande com cuidado", disseram os observadores de teias. "Você é parte de algo maior que você, mesmo que isto não seja visível".

"Não deixe que a meta da viagem", aconselharam os príncipes de Serendip, "impeça que você aprenda, ao longo do caminho, sobre seu propósito".

"Deixe a música entrar", cantou o flautista de Hamelin.

"Siga sua voz rumo ao lar", disse a flauta de junco. "Continue andando. Os ancestrais estão à sua espera."

Glossário

Abordagem de rede: busca de mudanças sociais iniciada por estratégias espaciais e redes. Essa estratégia identifica, reforça e constrói espaços sociais e intersecções que ligam indivíduos, grupos, redes e organizações, formais e informais, ultrapassando divisões sociais, setores, níveis e geografias que constituem o cenário de conflito prolongado.

Atitude haicai: a disciplina de preparação, uma predisposição para tocar e se deixar tocar pelo estético; em outras palavras, para perceber e ser tocado pela beleza. Os poetas haicai falam de humildade e sinceridade como sendo valores-guias que fundamentam seu trabalho à medida que enfrentam a vida e procuram ver a verdadeira natureza das coisas.

Capacidade horizontal: capacidade de construir e manter espaços relacionais de interação construtiva superando linhas de divisão em sistemas e sociedades divididas por padrões históricos de conflitos de identidade.

Capacidade vertical: construção de relações entre diferentes níveis de liderança, autoridade e responsabilidade dentro de uma sociedade ou sistema, desde as bases até os líderes mais altos e visíveis. Essa abordagem exige a consciência de que cada nível tem diferentes necessidades e contribuições únicas para fazer, mas em última análise são interdependentes, exigindo a promoção explícita de interações construtivas entre os níveis.

Espaços sociais: locais onde são construídas as relações e acontece a interação. Com referência às mudanças sociais construtivas, esses espaços se referem aos locais de interação entre pessoas que não têm mentalidade semelhante em relação ao conflito e não têm uma posição semelhante em relação às divisões sociais e aos níveis de liderança dentro do cenário.

Estratégia de sifão: o sifão procura transferir líquido de um recipiente para outro usando apenas a energia natural disponível. Introduz-se um tubo em um recipiente. Na outra ponta do tubo, uma pessoa aspira, criando um vácuo que puxa uma quantidade inicial de líquido contra a força da gravidade, até que ele comece a descer para o outro recipiente, puxando consigo o restante do líquido do recipiente original. A física do sifão não se preocupa em transferir o líquido todo. Ela só está preocupada em fazer a primeira porção se movimentar contra a gravidade, sabendo que esse impulso vai puxar o resto. Aplicada a processos sociais, a estratégia do sifão levanta a seguinte questão: Quais pessoas, se ligadas entre si e se fizerem a jornada contra a gravidade social, teriam a capacidade de puxar o resto do sistema/sociedade na direção da mudança desejada?

Estruturas de processo: no mundo físico, fenômenos que são simultaneamente processos dinâmicos e que assumem a forma de uma estrutura identificável. Alguns têm uma forma que à distância parece estática. Aplicada à mudança social, a construção da "pazjusta" é um processo que precisa ser adaptável ao contexto e à evolução dos eventos, mas no entanto precisa ter visão, direção, propósito, infraestrutura de apoio e um formato que ajude a manter seu movimento rumo às mudanças desejadas.

Fermento crítico: em lugar da *massa crítica*, que segundo a crença geral é o momento da mudança quando um número suficiente de pessoas apoia uma ideia ou movimento, o fermento crítico não se concentra na produção de grande número de pessoas. O fermento crítico faz a pergunta referente às mudanças sociais: Quais as pessoas em um dado cenário que, se reunidas, teriam a capacidade de fazer as coisas avançarem para a meta desejada? O foco não é em números e sim na qualidade das pessoas reunidas, que representam ligações singulares entre uma ampla gama de setores e locais dentro do cenário do conflito.

Imaginação moral: imaginar respostas e iniciativas que, ao mesmo tempo que são enraizadas no mundo real, são por sua própria natureza capazes de se elevarem acima dos padrões destrutivos e fazerem nascer aquilo que ainda não existe. Com referência à construção da paz, é a capacidade de imaginar e gerar respostas e iniciativas construtivas que, enraizadas nos desafios do dia a dia de cenários violentos, transcendem e finalmente quebram os grilhões dos padrões e ciclos destrutivos.

Integração vertical e horizontal: estratégia para buscar mudanças dentro de um sistema ou sociedade dividida que explicitamente engendra e apoia processos que ligam indivíduos, redes, organizações e espaços sociais que demonstrarem ter capacidade de construir relações verticais e horizontais.

Mudanças construtivas: a busca de uma mudança nas relações, afastando-se daquelas que são definidas pelo medo, recriminações mútuas e violência, e marchando na direção daquelas caracterizadas pelo amor, respeito mútuo e engajamento proativo. Em conflitos humanos, as mudanças sociais construtivas procuram transferir o fluxo da interação dos ciclos de padrões de relacionamento destrutivos para ciclos de dignidade relacional e engajamento respeitoso.

Momento haicai: *insight* penetrante; o aparecimento de uma profunda ressonância que liga a verdade profunda à experiência imediata. Os poetas de haicai chamam a isto "o ah!", que alguns podem considerar como o momento "aha", o momento em que as pessoas dizem "sei exatamente o que você quer dizer". Em meio à complexidade, o momento haicai penetra e resulta em um *insight* preservado como um todo – simples, elegante e orgânico.

"Onde" estratégico: fornece lentes que focalizam o lugar e a geografia que têm significado estratégico para tratar de processos sociais e conflitos. Em vez de ver o conflito exclusivamente em termos de conteúdo da questão ou de processo, o "onde" estratégico indaga sobre a interdependência das pessoas e o local de seu conflito. Procura geografias de interação e intersecção social singulares, e então explora o desenho em função desses locais. São exemplos de lugares estratégicos os rios, mercados, escolas, hospitais ou estradas, geografias para o surgimento de transformações de conflito potencialmente construtivas, em virtude das interdependências e intersecções relacionais únicas criadas na confluência desses lugares.

"Pazjusta": orientação da transformação de conflitos caracterizada por abordagens que reduzem a violência e os ciclos destrutivos de interação social *e ao mesmo tempo* aumentam a justiça em qualquer relação humana.

Plataformas: espaços sociais e relacionais em andamento; em outras palavras, pessoas em relacionamento que geram processos criativos, iniciativas e soluções para padrões destrutivos profundamente arraigados e para os altos e baixos do conflito social no dia a dia. Assim, uma plataforma tem uma capacidade geradora contínua que reage aos padrões relacionais de longo prazo e se adapta a ambientes mutáveis. O foco de uma plataforma é criar e sustentar um alicerce capaz de gerar processos adaptáveis de mudança que tratam tanto da expressão imediata do conflito como também do epicentro mais profundo do contexto relacional conflitivo. Uma plataforma é como uma esteira móvel de um aeroporto combinada com um trampolim. A esteira se movimenta continuamente no tempo, e o trampolim tem a capacidade de fazer saltarem novas ideias em resposta a problemas que surgem inesperadamente, ao mesmo tempo que sustenta uma visão de longo prazo de mudanças construtivas.

"Que" estratégico: análise de uma ampla gama de questões e problemas focalizando o desafio cujas opções encerram o maior potencial para criar um impacto significativo no cenário. Fundamental aqui é optar por investir em determinada questão que tenha uma capacidade inerente de convocação (questões em função das quais podem ser convocadas pessoas de mentalidade dessemelhante e situadas em posições dessemelhantes no conflito). O "que" estratégico evita a todo custo as abordagens de pular de crise em crise e de apagar incêndio.

"Quem" estratégico: análise de sistemas sociais em conflito voltada para a identificação de agentes chaves de mudança, especialmente aqueles com a capacidade de construir integração vertical e horizontal.

Serendipidade: a descoberta, por acidente e sagacidade, de coisas que você não estava buscando, mas criam uma ênfase no aprendizado sobre processo, substância e propósito ao longo do caminho, à medida que se desenvolvem as iniciativas para mudanças. Para alimentar a serendipidade, precisamos prestar especial atenção ao desenvolvimento da visão periférica, a capacidade de sermos observadores e aprendermos no caminho, ao mesmo tempo que mantemos um senso claro de direção e propósito.

Vocação: ouvir com mais profundeza a voz interior ligada ao propósito e à posição singular das pessoas e de seus chamados na vida.

Notas

CAPÍTULO 2

1. A história seguinte foi recebida no decorrer de várias conversas com Emmanuel Bombande, que trabalha para a Rede para Construção da Paz da África Ocidental, em Gana. Também quero assinalar uma conversa pessoal sobre essa história com Hizkias Assefa e com o padre Clement Aapenguayo.

2. Essa história baseia-se em conversas pessoais com mulheres e homens do Comitê de Paz e Desenvolvimento de Wajir. Tenho uma dívida de gratidão especialmente com Dekha Ibrahim por seus conselhos e colaboração no desenvolvimento desta versão abreviada. Para mais informações veja *The Wajir Story* [A história de Wajir], um vídeo documentário produzido por "Responding to Conflict". Para leituras adicionais, veja "Breaking the Cycle of Violence in Wajir" [Quebrando o ciclo de violência em Wajir], de Dekha Ibrahim e Janice Jenner, na obra *Overcoming Violence: Linking Local and Global Peacemaking* [Superando a violência: ligando a construção da paz local e global], editado por Robert Herr e Judy Zimmerman Herr.

3. Esse relato foi extraído de *Hijos de la Violencia*, de Garcia. Tive o privilégio de encontrar e trabalhar com alguns desses *campesinos* no início dos anos 1990. A tradução espanhol-inglês do texto é minha.

CAPÍTULO 3

1. O termo "pazjusta" foi proposto para preencher uma lacuna na língua inglesa, refere-se a abordagens de resolução de conflitos voltadas para a redução da violência e o aumento da justiça nas relações humanas (ver Lederach, 1999).

2. Incluí na bibliografia uma série de livros que usam *imaginação moral* no título ou subtítulo. A lista inclui: Price, 1983; Clausen, 1986; Kirk, 1988;

Coles, 1989; McCollough, 1991; Allison, 1999; Beidelman, 1993; Johnson, 1993; Tivnan, 1995; Babbit, 1996; Bruce, 1998; Guroian, 1998; Stevens, 1998; Williams, 1998; Brown, 1999; Werhane, 1999; Fernandez e Huber, 2001; Fesmire, 2003; McFaul, 2003; e Newsom, 2003.

CAPÍTULO 5

1. Algumas partes dos dois próximos capítulos foram apresentadas pela primeira vez na conferência RIREC patrocinada pelo Instituto Joan B. Kroc de Estudos Internacionais de Paz, na Universidade de Notre Dame, sob o título de "Horizontes da construção da paz", em 26 de setembro de 2002.

2. Todas as figuras deste livro serão apresentadas como "rabiscos", desenhos semelhantes aos que eu apresentaria em reuniões informais com pessoas envolvidas em conflitos, ou estudantes em sala de aula. Sou grato à mão bem dotada de meu pai, John Lederach, pela elegante produção desses gráficos. Para uma melhor explicação, veja o capítulo 7.

CAPÍTULO 7

1. Jack Kerouac escreveu essa sentença exatamente dessa forma.

2. Um exemplo disso é encontrado no capítulo 12. *Inside the Maze* é um poema que escrevi e que surgiu de uma conversa dentro da prisão de Maze, na Irlanda do Norte.

CAPÍTULO 9

1. Algumas partes deste capítulo foram originalmente publicadas em "Building Mediative Capacity in Deep-Rooted Conflict" [Construindo a capacidade de mediação em conflitos profundamente arraigados], *Fletcher Forum of World Affairs* 26(1) (Inverno-Primavera de 2002): 91:101.

2. Embora estes tenham surgido no decorrer de várias conversas, sou grato a Deborah Overholt por uma pequena nota escrita depois de uma dessas palestras e que foi muito útil na identificação de vários fatores específicos do fermento.

CAPÍTULO 12

1. Este capítulo deve muito às conversas com Aküm Longchari e Jarem Sawatsky.

CAPÍTULO 13

1. Quero reconhecer a ajuda e orientação do Dr. David Bolton e Dr. Herm Weaver no desenvolvimento deste capítulo.

2. É importante acrescentar que há uma série de pesquisas científicas e ensaios explorando este tópico das artes e a construção da paz. Uma amostra incluiria as seguintes obras, que estão listadas na bibliografia: *Peacemaking Creatively Through the Arts* (Wezeman, 1990); "Arts", Capítulo 7 de *People Building Peace* (European Center for Conflict Prevention, 1999); *Art Toward Reconciliation* (Gernika Gogoratuz, 2000); "Constructive Storytelling: A Peace Process" (Senehi, 2002); "Symposium: Artists of Resistance" (Varea and Novak, 2003).

BIBLIOGRAFIA

ABRAM, David. *The Spell of the Sensuous.* Nova Iorque: Random House, 1996.

ALLISON, Dale. *The Sermon on the Mount: Inspiring the Moral Imagination.* Nova Iorque: Herder and Herder, 1999.

ALMOND, Gabriel Abraham. *Political Science Narrative and Reflection.* Boulder (CO): Rienner, 2002.

ARENDT, Hannah. *The Human* Condition. Chicago: University of Chicago Press, 1998.

BABBIT, Susan E. *Impossible Dreams: Rationality, Integrity, and Moral Imagination.* Boulder (CO): Westview, 1996.

BARKSS, Coleman. *The Soul of Rumi.* Atlanta: Maypop Books, 1988.

BARNES, Catherine. *Owning the Process: Public Participation in Peacemaking,* Accord 13, 2002.

BEIDELMAN, T. 0. *Moral Imagination in Kaguru Modes of Thought.* Washington, D.C.: Smithsonian Institution Press, 1993.

BERRIGAN, Daniel, e COLES, Robert. *Geography of Faith.* Boston (MA): Beacon, 1971.

BOULDING, Elise. *Building a Global Civic Culture: Education for an Interdependent World.* Syracuse (NY): Syracuse University Press, 1990.

BOULDING, Kenneth. *The Image.* Ann Arbor: University of Michigan Press, 1984.

_____. *Human Betterment.* Londres: Sage, 1985.

_____. *Three Faces of Power.* Londres: Sage, 1989.

BRADY, Paul. *The Island: Songs and Crazy Dreams.* Compact disc. Londres: Fontana, 1992.

BROWN, William P. *The Ethos of the Cosmos: The Genesis of Moral Imagination in the Bible.* Grand Rapids (MI): Eerdmans, 1999.

BROWN CHILDS, John. *Transcommunality: From Politics of Conversion to the Ethics of Respect.* Philadelphia (PA): Temple University Press, 2003.
BRUCE, Cicero. *W. H. Auden's Moral Imagination.* Lewiston (NY): Mellen, 1998.
BRUEGGEMANN, Walter. *The Prophetic Imagination*, 2. ed. Minneapolis (MN): Fortress, 2001.
BURDETTE, Patricia Wells. The Power of the Spirit: American Indian Worldview and Successful Community Development Among the Oglala Lakota. Ph.D. diss., Union Institute and University, 2003.
BURKE, Edmund. Reflections on the Revolution in France, in *The Works of the Right Honorable Edmund Burke*, v. 2, 515-516. Londres: Henry G. Bohn, 1864.
CALL, Charles T., e STANLEY, William. Military and Police Reform After Civil Wars, in *Contemporary Peacemaking*, John Darby e Roger MacGinty (eds.), 212-223. Nova Iorque: Palgrave, 2003.
CAMERON, Julia. *Walking in the World.* Nova Iorque: Penguin Putnam, 2002.
CEJKA, Mary Ann, e BAINAT, Thomas. *Artisans of Peace: Grassroots Peacemaking Among Christian Communities.* Maryknoll (NY): Orbis, 2003.
CHARTERS, Ann. *The Portable Jack Kerouac.* Nova Iorque: Penguin, 1995.
CLAUSEN, Christopher. *The Moral Imagination: Essays on Literature and Ethics.* Iowa City: University of Iowa Press, 1986.
COLES, Robert. *The Call of Stories: Teaching and the Moral Imagination.* Boston (MA): Houghton Mifflin, 1989.
COMPACT Oxford English Dictionary. Oxford: Oxford University Press, 2000.
CONNIFF, Richard. Deadly Silk. *National Geographic. (Ago.):* 30-45, 2001.
CROMPTON, John. *The Life of the Spider.* Cambridge: Riverside, 1951.
CROSSLEY, Michele. *Introducing Narrative Psychology: Self Trauma and the Construction of Meaning.* Philadelphia (PA): Open University Press, 2000.
DARBY, John, e MACGINTY, Roger. *Contemporary Peacemaking.* Nova Iorque: Palgrave, 2003.
DE GRUCHY, John. *Reconciliation: Restoring Justice.* Londres: SCM Press, 2002.
DOE, Samuel Gbaydee, e BOMBANDE, Emmanuel Habuka. A View from West Africa, in *Into the Eye of the Storm*, ed. John Paul Lederach e Janice Moomaw Jenner, p. 159-172. San Francisco (CA): Jossey Bass, 2002.

DUGAN, Maire. A Nested Theory of Conflict, *Women in Leadership* (Summer): 9-20, 1996.

ELMI, Asha Hagi; IBRAHIM, Dekhae e JENNER, Janice. Peace Is Milk, Peace Is Development, Peace Is Life: Women's Roles in Peacemaking in Somali Society, in *Rethinking Pastoralism: Gender, Culture and Myth of the Patriarchal Pastoralist*, ed. Dorothy Hodgson, 121-141. Londres: Curry, 2001.

EUROPEAN Platform for Conflict Prevention. Arts Chapter 7 in *People Building Peace*. Utrecht (Países Baixos): European Platform for Conflict Prevention, 1999.

FARAH, Ahmed Yusef. *The Roots of Reconciliation*. Londres: Action Aid, 1993.

FERNANDEZ, James W. e HUBER, Mary Taylor (eds.) *Irony in Action: Anthropology, Practice, and the Moral Imagination*. Chicago: University of Chicago Press, 2001.

FESMIRE, Steven. *John Dewey and Moral Imagination: Pragmatism* in *Ethics*. Bloomington: Indiana University Press, 2003.

FISAS, Vicence. *La Paz Es Posible*. Barcelona: Intermon Oxfam, 2002.

FOX, Matthew. *Creativity: Where the Divine and the Human Meet*. Nova Iorque: Penguin Putnam, 2002.

FREEDMAN, Jill, e COMBS, Gene. *Narrative Therapy: The Social Construction of Preferred Realities*. Nova Iorque: Norton, 1996.

FREIRE, Paulo. *Pedagogy of the Oppressed*. Nova Iorque: Seabury, 1970.

FRIEDMAN, Edwin H. *Friedman's Fables*. Nova Iorque: Guilford, 1990.

GARCÍA, Alejandro. *Hijos de la Violencia*. Barcelona: La Catarata, 1996.

GERNIKA Gogoratuz. *Art Towards Reconciliation*. Bilbao: Gernika Gogoratuz, 2000.

GLADWELL, Malcolm. *The Tipping Point*. Nova Iorque: Little, Brown, 2002.

GOLDBERG, Michael. *Theology and Narrative: A Critical Introduction*. Eugene (OR): Wipf and Stock, 2001.

GOPIN, Marc. The Use of the Word and Its Limits: A Critical Evaluation of Religious Dialogue as Peacemaking, in *Building Peace through Interfaith Dialogue*, ed. David Smock, p. 42-56. Washington, D.C.: U.S. Institute of Peace Press, 2001.

GUROIAN, Vigen. *Tending the Heart of Virtue: How Classic Stories Awaken a Child's Moral Imagination*. Nova Iorque: Oxford University Press, 1998.

HAUERWAS, Stanley, e JONES, Gregory (eds.) *Why Narrative: Readings in Narrative Theology*. Eugene (OR): Wipf and Stock, 1997.

HAYNER, Priscilla B. *Unspeakable Truths: Confronting State Terror and Atrocities.* Nova Iorque: Routledge, 2002.

HEINRICH, Wolfgang. *Report on the Life and Peace Institute's Somali Initiative.* Uppsala (Suécia): Life and Peace Institute, 1997.

HELMICK, Raymond, e PETERSEN, Rodney L. *Forgiveness and Reconciliation: Religion, Public Policy and Conflict Transformation.* Philadelphia (PA): Templeton Foundation Press, 2001.

HERR, Robert, e HERR, Judy Zimmerman. *Transforming Violence.* Scottdale (PA): Herald Press, 1998.

HOFER, Eric. *The True Believer.* Nova Iorque: Harper and Row, 1951.

HONEYMAN, Chris. The Common Core of Mediation, *Mediation Quarterly*. 8:73-82, 1990.

JOHNSON, Mark. *Moral Imagination: Implications of Cognitive Science for Ethics.* Chicago: University of Chicago Press, 1993.

KANE, Carole. *Petals of Hope.* Omagh (Irlanda do Norte): Omagh District Council, 1999.

KIRK, Russel. *Eliot and His Age: T.S. Elliot's Moral Imagination in the Twentieth Century.* Peru (IL): Sugden, 1988.

LAKOFF, George, e JOHNSON, Mark. *Metaphors We Live By*, 3. ed. Chicago: University of Chicago Press, 2003.

LEATHERMAN, Janie. *From Cold War to Democratic Peace.* Syracuse (NY): Syracuse University Press, 2003.

LEDERACH, John Paul. Of Nets, Nails and Problems: A Folk Vision of Conflict in Central America. Ph.D. diss. University of Colorado, 1988.

_____. *La Regulación del Conflicto Social.* Akron (PA): Mennonite Central Committee, 1986.

_____. *Enredos, Pleitos y Problemas: Una Guia Practica para Resolver Problemas.* Cidade da Guatemala: Semilla, 1992.

_____. Beyond Violence: Building Sustainable Peace, in *Beyond Violence*, Arthur Williamson (ed.), 3-8. Belfast: Community Relations Council, 1995.

_____. *Building Peace: Sustainable Reconciliation in Divided Societies.* Washington, D.C.: U.S. Institute of Peace Press, 1997.

_____. Justpeace: The Challenge of the 21st Century, in *People Building Peace*, Paul Van Tongeren (ed.), 27-38. Utrecht: European Centre for Conflict Prevention, 1999.

_____. The Challenge of Terror: A Traveling Essay. Publicado no website de Joan B. Kroc Institute for International Peace Studies, University of Notre Dame, 2001.

_____. Building Mediative Capacity in Deep-Rooted Conflict. *Fletcher Forum of World Affairs*. 26(1) (Inverno-Primavera): 91-101, 2002.

_____. *The Little Book of Conflict Transformation*. Intercourse (PA): Good Books, 2003a.

_____. Cultivating Peace: A Practitioner's View of Deadly Conflict and Negotiation, in *Contemporary Peacemaking*, John Darby e Roger MacGinty (eds.), 30-37. Nova Iorque: Palgrave, 2003b.

LIEBLICK, Amia; TUVAL-MASHIACH, Rivka e ZILBER, Tamar. *Narrative Research: Reading, Analysis and Interpretation*. Thousand Oaks (CA): Sage, 1998.

MAYER, Bernard. *The Dynamics of Conflict Resolution*. San Francisco (CA): Jossey Bass, 2000.

_____. *Beyond Neutrality*. San Francisco (CA): Jossey Bass, 2004.

MBITI, John. *African Religions and Philosophy*. Portsmouth (NH): Heinemann, 1969.

MCCOLLOUGH, Thomas E. *The Moral Imagination and Public Life*. Chatham (NJ): Chatham House Publishers, 1991.

MCFAUL, Thomas R. *Transformation Ethics: Developing the Christian Moral Imagination*. Lanham (MD): University Press of America, 2003.

MILLS, C. Wright. *The Sociological Imagination*. Nova Iorque: Oxford University Press, 1959.

MITCHELL, Christopher. Mediation and the Ending of Conflicts, in *Contemporary Peacemaking*, John Darby e Roger MacGinty (eds.), 77-86. Nova Iorque: Palgrave, 2003.

MONK, Gerald; WINSLADE, John; CROCKET, Kathie e EPSTON, David, (eds.) *Narrative Therapy in Practice: The Archeology of Hope*. San Francisco (CA): Jossey Bass, 1997.

NAIROBI Peace Initiative, Africa. *Strategic and Responsive Evaluation of Peacebuilding*. Nairobi: Nairobi Peace Initiative and the National Council of Churches of Kenya, 2002.

NEWSON, Carol A. *The Book of Job: A Contest of Moral Imaginations*. Nova Iorque: Oxford University Press, 2003.

PAFFENHOLZ, Thania. *Community-based Bottom-up Peacebuilding*. Uppsala (Suécia): Life and Peace Institute, 2003.

PALMER, Parker J. *Let Your Life Speak*. San Francisco (CA): Jossey Bass, 2000.

POLKINGHORNE, Donald E. *Narrative Knowing and the Human Sciences*. Albany (NY): State University of New York Press, 1988.

POUND, Ezra. A Few Don'ts by an Imagist, *Poetry: A Magazine of Verse*, 1 (Março), 1913.

PRICE, Martin. *Forms of Life: Character and Moral Imagination in the Novel*. New Haven (CT): Yale University Press, 1983.

RASHID, Ahmed. *Jihad: The Rise of Militant Islam in Central Asia*. New Haven (CT): Yale University Press, 2002.

REMER, Theodore. *Serendipity and the Three Princes*. Norman: Oklahoma University Press, 1964.

RIESSMAN, Catherine Kohler. *Narrative Analysis*. Newbury Park (CA): Sage, 1993.

ROBINSON, Randall. *The Debt: What America Owes the Blacks*. Nova Iorque: Penguin Putnam, 2000.

ROE, Emery. *Narrative Policy Analysis: Theory and Practice*. Durham (NC).: Duke University Press, 1994.

SAWASTSKY, Jarem. Correspondência pessoal, 2003.

SENEHI, Jessica. Constructive Storytelling: A Peace Process, *Peace and Conflict Studies* 9, n. 2: 41-63, 2002.

SHENANDOAH, Leon. *The Iroquois Book of Life: White Roots of Peace*. Paul A. W. Wallace. Philadelphia: University of Philadelphia, 1946. Sante Fe (NM): Clear Light, 1994 (reimp.).

SMAILOVIC, Vedran. Memento Mori Albinoni Adagio, trecho que acompanha o CD *Sarajevo Belfast*. West Chester (PA): Appleseed, 1998.

STEVENS, Edward. *Developing Moral Imagination: Case Studies in Practical Morality*. Nova Iorque: Sheed and Ward, 1998.

STROUP, George W. *Promise of Narrative Theology: Recovering the Gospel in the Church*. Eugene (OR): Wipf and Stock, 1997.

TIVNAN, Edward. *The Moral Imagination: Confronting the Ethical Issues of Our Day*. Nova Iorque: Simon and Schuster, 1995.

VAREA, Roberto Gutierrez, e NOVAK, Peter (eds.) Symposium: Artists of Resistance, *Peace Review* 15, n. 2.

VILLA-VICENCIO, Charles e VERVOERD Wilhelm. *Looking Back Reaching Forward: Reflections on the Truth and Reconciliation Commission of South Africa*. Cidade do Cabo (África do Sul): University of Capetown Press, 2000.

VOLKAN, Vamik D. *Bloodlines: From Ethnic Pride to Ethnic Terrorism.* Boulder (CO): Westview, 1999.

_____. e MONTVILLE, Joseph V. *The Psychodynamics of International Relationships: Concepts and Theories.* Lanham (MD): Rowman and Littlefield, 1991.

WALPOLE, Horace. *Letter to Horace Mann, 1754.*

WEAVER, Herm. *Travellin' Home and Back.* Singers Glen (VA): Reardon, 1999a.

_____.Travellin' Home and Back: Exploring the Psychological Processes of Reconciliation. Ph.D. diss., Union Institute and University, 1999b.

_____. 2003. Personal correspondence.

WEBER, Max. *The Theory of Social and Economic Organization.* Nova Iorque: Oxford University Press, 1947.

WERHANE, Patricia H. *Moral Imagination and Management Decision-Making.* Nova Iorque: Oxford University Press, 1999.

WEZEMAN, Phyliss Vos. *Peacemaking Creatively through the Arts.* Prescott (AZ): Educational Ministries, 1990.

WHEATLEY, Margaret J. *Leadership and the New Sciences.* San Francisco, (CA): Barrett-Koehler, 1994.

_____. *Turning to One Another.* San Francisco (CA): Barrett-Koehler, 2002.

WILLIAMS, Olive (ed.). *The Moral Imagination: How Literature and Films Can Stimulate Ethical Reflection in the Business World.* Notre Dame (IN): University of Notre Dame Press, 1998.

WINSLADE, John, e MONK, Gerald. *Narrative Mediation: A New Approach to Conflict Resolution.* San Francisco (CA): Jossey Bass, 2001.

YASUDA, Kenneth. *The Japanese Haiku.* 14. ed. Boston: Tuttle, 2000.

YEATS, William Butler. *Early Poems.* Nova Iorque: Dover Publications, 1993.

YEATS, William Butler. *The Collected Poems of W. B. Yeats,* Richard J. Finnerman (ed.). Nova Iorque: Scribner, 1996.

ZEHR, Howard. *The Little Book of Restorative Justice.* Intercourse (PA): Good Books, 2002.

ÍNDICE REMISSIVO

11 de setembro de 2001, 1, 12, 17, 22-23, 142, 207
abordagem de rede, 90, 96, 101-102, 111, 114, 118-119, 134, 210
  definição, 217
abordagem restaurativa, 174
Abram, David, 225
Aceh, 49
acordo
  metáfora do, 53
  significado de, 49, 50
acordos de paz
  institucionalização, 151
Afeganistão, 2
África, 162-164
África Ocidental, 174, 186
África Oriental, 174
Ah, 77, 80, 211
alma do lugar, 121, 123, 127-129, 134
América Central, 87, 138
análise de conflito, 123, 126, 140-141
Andani, 8
Antioch College, 34
aplicação artística, 190-195
aracnófilos, 122

aranhas, 85, 88, 90-97, 101, 121-122, 127, 151, 155
Arendt, Hannah, 28, 178
arte, 28, 42, 77-81, 135, 137, 141, 189, 195
  capacidade de inovação, 146
  das aranhas, 90-92
  definição, 37
  e disciplina, 80
  e educação, 148-149
artistas, 1, 3, 28, 83, 130, 146-150, 189, 211
  papel dos, 42-44
Ásia Central, 1, 201
Aso, 76
Assefa, Hizkias, 7
Associação dos Trabalhadores Camponeses de Carare, 15-16
Auden, W.H., 28, 192
Austrália, 128, 168
autenticidade, 55, 61, 63, 66-67, 70-71
  lacuna de autenticidade, 55
  prova de fogo, 65

Babbit, Susan, 29
Bálcãs, 174
Baleinkorodawa, Paolo, 144
Bamat, Tom, 197-198
Baramasai, Rose, 203
Barth, John, 135
Basco, 132, 145
Bashô, 73, 75-77, 83
Belfast, 160, 182-183
Berrigan, Daniel, 123
Bettelheim, Bruno, 31
Bogotá, 148
Boids, 35-37
Bolton, David, 223
bom senso, 146, 150
Bombande, Emmanuel, 7, 186, 221
Boulding, Elise, 23
Boulding, Kenneth, 46
Brady, Paul, 183, 208
Brewer, John, 199
Brown, William P., 28
Brueggemann, Walter, 25, 42
budong, 158, 165
Building Peace, 151, 166
Burdette, Patricia, 125
Burke, Edmund, 27
Burkina Faso, 186

Cameron, Julia, 193
caminhantes da voz, 203
Campbell, Joe, 160
Canal Discovery, 90
capacidade horizontal, definição, 217
capacidade mediativa, 111-114
capacidade vertical, definição, 217
Capello, Bianco, 136
Cavernas Luray, 125

CDR Associates, 33
Cejka, Mary Ann, 75
Centro de Pesquisas Maryknoll, 197
Cheroqui, 168
Cheiene, 126
Clement Aapenguayo, 221
Colômbia, 13-16, 44, 49, 51, 57-59, 105, 110, 174, 208
Comandante Coyote, 140
Comitê Central Menonita, 138
complexidade, 36, 61, 71, 214, 215
    definição de, 36
    ligações com a simplicidade, 33, 36, 74-75, 81, 84, 96
    teoria, 34
comunidade artística, 3
Conacri, 186
Confederação Iroquesa, 185
conflitos
    epicentro relacional dos, 52
    linha do tempo, 47-53
Coniff, Richard, 122
Conselho Nacional de Igrejas do Quênia, 162, 203
    Projeto de Paz e Desenvolvimento de Comunidade, 203
construção da paz, 3-4, 22, 25, 54, 126, 130, 140, 150, 172, 183, 190, 207
    abordagem de baixo para cima, 89-91
    abordagem de rede, 90, 96, 114, 118-119
    abordagem do meio para fora, 89-90
    arcabouço integrado para a, 166-167, 174
    capacidade horizontal, 90
    capacidade vertical, 90
    complexidade da, 33, 36

de cima para baixo, 89-91
desafio da, 36, 135, 141, 175
desafios profissionais, 210-214
disciplina e arte da, 75, 80, 144, 178
e espaço-tempo, 175-177
e imaginação moral, 31
e tempo, 166-175
essência da, 33, 38
estética da, 81
intuição na, 2-4, 55, 80, 83, 203, 212
luta dualística, 101-102
misteriosa jornada da, 198
ouvir na, 200
plataformas para, 53-55, 98, 154
pós-acordo, 47, 51, 59
processo artístico na, 96, 171-195
qualidade artística da, 37, 76, 211-212
reducionismo na, 149-150
risco na, 20, 43-44
serendipidade na, 142-143, 150
visão periférica na, 144
ver também mudança social
construtiva; reconciliação; relações
construção de redes, 38, 90-96, 121
natureza da, 101
relevância para a mudança social, 96
Costa Rica, 109, 138
criação de categorias, 49
criatividade, 31, 37-38, 42-44, 71-72, 95, 109, 114, 141, 181, 197, 210-211
risco na, 197
ver também processo artístico; música; poesia
criativo
aprendizado, 141, 144, 146-151
ato, 3-4, 28-30, 36, 42, 71, 82-83, 116, 179, 187, 194

processo, 4, 111, 191
respostas, 98, 208
crioulos afro-caribenhos, 157
cristianismo, 6
croatas, 171
Cummings, E.E., 45, 47
curiosidade, 148
paradoxal, 37-41, 44

Dagombas, 5-9, 20
Dekha, Ibrahim, 9, 221
Dewey, John, 28
disciplinas
baseadas na alma, 123
da imaginação moral, 4, 36, 116
Djibouti, 106
Doe, Samuel, 186
dominação colonial, 6
domínio ancestral, 159
dualismo, 38-43, 101, 115
Duchambe, 1, 17-18
Dugan, Maire, 166
durbar, 9

Eberhard, Bill, 85, 96
Edison, Thomas, xiii
Einstein, Albert, 101, 207
Eliot, T.S., 28
Emerson, Ralph Waldo, 201
empirismo científico, 9-10
engenharia da paz, ix
Equipe Nicaraguense de Conciliação, 158
escravatura, 5-6
espaço artístico, 211
espaço relacional, 86, 96-99, 114, 134, 211

compreensão do, 110
entrecruzamento, 97
natureza dinâmica do, 144-145
ver também espaços sociais
espaço-tempo, 164, 172, 175-177
espaços sociais, 42, 67, 90, 96-99, 121, 211, 217
   definição, 113, 217
   ver também geografia social; espaço relacional
Estados Unidos, 26, 174-175, 208
   constituição, 186
   Institute of Peace Press, vii
   Nasa, 29
estética, 37, 73, 77-81, 193
   da mudança social, 83
   etimologia, 78
   integração com habilidade, 79
estratégia de sifão, 109-111, 207, 218
Estratégias de Conscientização e Recuperação de Trauma (STAR), 174
estratégico
   onde, 219
   o quê, 220
   quem, 220
estruturas de processo, 153-154
   definição, 218
Etiópia, 9-10
Europa do Leste, 17

Fatuma, 10
fermento crítico, 118
   definição, 218
   teoria do, 101
   versus massa crítica, 105-106, 108, 118
   ver também fermento

fermento social
   princípios do, 106-109
Filadélfia, 198
Filipinas, 126, 158
Fisas, Vicenç, 31
flauta, 181-182, 201-203, 215
flautista de Hamelin, 181
flexível esperto, 96-99, 151-154, 215
   ver também plataforma
Fox, Matthew, 42
Freire, Paulo, 149
fronteira tadjique-afegã, 18
funções de "advocacia", 49

Gana, 5-6, 9, 44
Garcia, Alejandro, 14-17
geografia social, 64, 67, 88, 90, 96, 99, 134, 160
   ver também espaço relacional
Geórgia, 105
Gladwell, Malcolm, 105
Grande Liga de Nações, 1
Grande Marcha das Lágrimas, 168
grupos com chefia, 5-6
grupos sem chefia, 5-6
Guatemala, 168, 198
guerra civil, 2, 5-6, 12, !
Guerra das Galinhas-d'Angola, 6
guerra de clãs, 10
Guerra Intertadjique, 17
Guroyan, Vigen, 28

Haicai, 73, 75-81, 146, 207, 211
   atitude, 81, 219
   momento, 219
Hamlet, 132
Harrisonburg, Virginia, 125

Hart, Lawrence, 125
Heaney, Seamus, 189-190
história
   identidade de grupo, 171-172, 174-175
   lembrada, 171
   narrativa, 171-172, 175-177
   vivida, 168-171
   ver também presente de duzentos anos
Hodizoda, Faredun, 201-202
Hodizoda, Rasul, 201
Hofer, Eric, xii
Holmes, Oliver Wendell, 33-34
Holmes, Sherlock, 28
humildade, 38, 77, 127-129, 134, 136
   essência da, 128
hutus, 171

igreja morávia, 138, 157
Ilhas Fiji, 144
imaginação, 4, 28-30, 36, 39-43, 63, 66, 68, 71, 78, 81, 83, 110, 114, 121, 125, 145, 149, 166, 175-178, 181, 197, 208-211
   definição, 30, 71
   profética, 25
   sensual, 129, 132
   sociológica, 24, 25
   ver também imaginação moral
imaginação moral
   arte e alma da, 83, 177, 195
   caminhos, 210
   capacidade de incitar a, 205
   capacidades, 4, 31
   crenças da, 70-72
   definição, 31, 218
   disciplinas da, 4, 36, 116
   e o processo artístico, 27-28, 182-190, 195
   e o risco, 43-44, 71, 116, 200
   escola de, 213-214
   essência da, 36
   fazer nascer e dar espaço à, 208
   livros com o título de, 27-28
   misteriosa jornada da, 198
   o imperativo da, 207, 210
   papel chave da, 99, 130
   papel da serendipidade, 135-155
   papel dos sentidos na, 131-134
impacto intermediário, 114
Império Ashanti, 5
índios misquito, 138, 157, 166
índios rama, 157
índios sumos, 157
ingenuidade, 137
   divina, 137
Iniciativa de Paz de Nairobi-África, 162
inovação, 83, 95, 99, 151-154
   bagunça da, ix
   capacidade de, 146
Instituto Sandia, 34
Instituto Surikov de Arte de Moscou, 2
integração, 90
   horizontal, 90, 219
   vertical, 90, 219
interdependência, 36-38, 89, 95-99, 102, 113-114, 153, 208
intuição, 2-4, 46, 55, 77-84, 92, 132, 203, 211-212
Irlanda do Norte, 51, 105, 112, 116, 161, 174, 183, 199208
islã, 201
islamitas, 18
Itália, 136

Jikonhsaseh, 185
Johnson, Mark, 28
Jones, Wendell, 33-34
Josué, 13, 16, 215

Kahnawake, 159
Kalenjin, 162
Kane, Carol, 189
Kant, Immanuel, 28
Kerouac, Jack, 74, 78
Kierkegaard, Sören, 28
Kikaku, 73
King, Martin Luther, 28
Kiplagat, Bethuel, 145
know-who, 88, 210
Konkombas, 5-9, 20, 78, 215
Kouyate, Kanja, 186

La India, 13, 16
Lakota, 125
Lederach, Wendy, 139
lei do silêncio, 14-15
leste da África, 174
Libéria, 5-6, 49, 51, 105, 208
líderes da igreja crioula morávia, 138
Life and Peace Institute, 116
Linkletter, Art, 146
Londres, 136
Longchari, Aküm, 168, 171, 178, 222
Los Angeles, 198
Luzon, 126, 158, 174

Magdalena Medio, 13, 16, 20, 56, 197, 204, 215
Mali, 186
Manágua, Nicarágua, 140
Manila, 148

massa crítica, 102-105
  significado de, 104
  versus fermento crítico, 105-106, 108, 118
  versus ponto de virada, 105
Mayer, Bernie, 33-34, 110
Mbiti, John, 157, 162-164, 175
McAllister, Brendan, 160
McCombe, Stanley, 190
mediação, 13, 20, 59, 80, 87, 110-116, 162, 172, 174, 177, 186, 212
  definição, 111
  entre pares, 7
  papel da, 110-113
  versus capacidade mediativa, 111-114
memória coletiva, 171
menonitas, 193-195
metáforas, 27, 30, 46, 52, 64, 76, 87, 106, 110, 113, 140, 145, 149, 163, 210
  importância das, 81
  observar, 81-82
  ouvir, 81-82
Miller, Harold, 162
Miller, Lydia, 23, 153
Mills, C. Wright, 24-25, 65, 71, 84
Milosevic, Slobodan, 105
Mindanao, 198, 208
mistério, 197
  teologia do, 198
Mizshakarol, Akmal, 1-2
Montreal, 159
Montville, Joseph, 171
Morrison, Toni, 28
mortos-vivos, 163
movimentos guerrilheiros, 14-15
muçulmano, 6
mudança com arte, 182-190

mudança social, 130-131, 219
  arte e alma da, 31, 72, 83
  construção da, 97-99
  o tempo na, 169
  praticantes versus teóricos, 148
  processo artístico na, 150, 182-195
  serendipididade na, 136, 141
  sustentabilidade, 99, 104
  ver também mudança social
construtiva
mudança social construtiva, 4, 22, 31, 44, 46-47, 53-54, 118-119, 127, 195, 219
  abordagem centrada em relações, 87
  abordagem de teia, 96, 101-102, 134, 210, 217
  abordagem transformativa, 166
  chave para, 86
  definição de, 46, 219
  e o passado, 166, 179
  metáfora da, 109
  plataformas para, 98, 103, 153
  ver também construção da paz;
    relações; mudança social
mudança, alma da, 123-125
multidimensionalidade, 165, 178
música, 182, 191, 201
  papel na construção da paz, 183-191, 211-212
  poder da, 80, 181-187

nação mohawk, 158-160, 166
  tempo, 159
Nações Unidas, 16
Nagaland, 168
Nairobi, 148
Naivasha, 162, 165
National Geographic, 92, 121

Nicarágua, 138
  costa leste, 137-138, 157-158
Nigéria, 5

observação de teias, 39, 121-123, 126-127, 131, 134, 215
observadores de aranhas, 123
  ver também observação de teias
Oka, 160
Omagh, 189
Oriente Médio, 208
Otsuji, 77
ouvir, 74, 80, 121, 125, 127, 145, 200, 212-213
  definição, 80
Overholt, Deborah, 222

Palmer, Parker, 200
paramilitares, 14-15, 183
passado
  à nossa frente, 162, 165-166, 179
  futuro, vínculo com, 177-179
  vitalidade do, 160, 163, 166-167
  ver também história; tempo
Pasteur, Louis, xiii
"pazjusta", 23, 45, 68, 219
Pearse, Padraig, 160
pensamento Kaguru, 28
percepção sensual, 123, 129-133
pesquisa de táxi, 59
pessimismo
  construtivo, 66
  dádivas do, 62-65, 69
  etos do, 61
Picasso, Pablo, 147
plataforma, 49-56, 68, 98, 103, 108, 114-116, 118, 125, 127, 151-153

como elemento constitutivo, 53
definição, 219
dinâmica, 53
finalidade, 153
flexível esperto, 143, 151-154
metáfora para, 53
relacional, 54
transformativa, 53
poesia, 19, 26, 73-78, 81, 183, 186, 193, 201-202
caminho para a construção da paz, 74, 211-212
pontos de virada, 22, 31, 43
Pound, Ezra, 33
pragmatismo artístico, 193-195
Prêmio Nobel Alternativo da Paz, 16
Prêmio Nós Somos o Povo, 16
presente de duzentos anos, 23
processo artístico, 28, 31, 36, 42-44, 130, 182-183, 190-192
como ponte, 192
elementos que guiam, 191
na construção da paz, 96, 182-195
na mudança social, 73, 182-195
na reconciliação, 191-193
natureza transcendental do, 193
veja também criatividade
processos de mudança, 114, 142, 166
serendipidade nos, 141
ver também construção da paz: mudança social
Professor Abdul, 18-19
proxêmica, 63-65, 70
Puntarenas, 109

"quem" versus "quantos", 106
Quênia, 9-10
quietude, 124

rabisco, 49
Rashid, Ahmed, 18
re-historiar, 169, 177, 179
realismo bem fundamentado
realpolitik, 22, 67-68, 141
reconciliação, 49, 89,182, 184, 190-193, 198
essência da, 192
ver também transformação de conflito; construção da paz
Rede para Construção da Paz da África Ocidental, 221
relações
na construção da paz, 37-38, 44, 46, 72, 85, 110, 134
rede de, 53-54, 90, 208-210
Remer, Theodore, 137
resolução de conflito
orientada para a técnica, 58, 78-81, 87, 127, 210
Revolução Francesa, 27
Rift Valley, 162, 203
Rio Carare, 13-14, 115
risco, 2-4, 16, 36, 71, 92, 140, 179, 182, 197, 203-205, 210, 214
definição, 197
e criatividade, 197
mistério do, 43, 197-198, 203
na construção da paz, 31, 44
Rogers, Carl, viii
Ruanda, 198
Rumi, 197, 202
Rússia, 17

sagacidade acidental, 135-136, 155
definição, 151
San José, Costa Rica, 109, 138

Sandinistas, 116, 137-138, 157
Sankara, Thomas, 186
Sarajevo, 186-188
Sawatsky, Jarem, 168, 174, 222
Schlabach, Gerald e Joetta, 138
Segunda Guerra Mundial, 178
Sékou Touré, Ahmed, 186
Serendip, 135-136, 141, 148
serendipidade, 135-137, 142-146,
    149-150, 154-155, 211-212
    definição, 136-137, 220
    na construção da paz, 142-143, 150
    na mudança social, 136, 141
    na política, 142
    sinalizadores para encontrar, 143-155
Serra Leoa, 5-6
Sérvia, 105
sérvios, 171
Shenandoah, 185
Shevardnadze, Eduard, 105
Shogreen, Andy, 138-140, 157-158
sicarios, 16
simplicidade, 33, 36, 74, 78, 96, 191
    ligações com a complexidade, 33, 36,
    74-75, 81, 84, 96
Slim, Randa, 18
Smailovic, Vedran, 187
Somália, 9-11, 105-106, 116-118
Sri Lanka, 198
Suaíli, 163
Sudão, 49, 51, 198
Sufismo, 18, 201
Sumbeiywo, Jebuwot, 162-163
Sweeney, Frank, 188

tadjiques, 1, 17-20
Tadjiquistão, 1-2, 17-20, 44

Tadodaho, 185-186
tecelãs de teias circulares. Ver aranhas
tempo
    como *commodity*, 158
    e a construção da paz, 166
    visão africana de, 162, 165
    ver também história
teologia narrativa, 169
terrorismo, 142
Tolkien, J.R.R., 28
tráfico de drogas, 14
transcendência, 3, 26-28, 37, 70, 99,
    193, 205
transformação de conflito, xi
    processo artístico na, 191-193
    ver também construção da paz
Traore, Moussa, 186
trauma escolhido, 171
tutsis, 171

Universidade Menonita do Leste, 75, 174
    Programa de Transformação de
    Conflito, 174

Vale Fergana, 201
valor de coração, 40
valor de face, 40
Velho Testamento, 25, 184, 201
verdade
    comissões da, 172
    pública, 172
violência, geografia da, 59, 66, 71, 121,
    123, 130-131
visão de mundo
    africana, 164
    indígena, 158-159, 162-165, 175

maia, 168
ocidental, 159, 162, 165, 175
visão de túnel, 140-142, 212
    fraquezas da, 141-142
visão periférica, 141-146, 212
    ver também serendipidade
vocação, 25, 44, 70-71, 197, 200, 202-205, 212
    definição, 220
Volkan, Vamik, 171
voo dos pássaros, coordenação, 34-35
voz, 2, 8, 25, 28, 38, 43, 67-71, 74, 123, 160, 169, 172, 179, 200-202, 205, 213
    como vocação, 200-201
    localização da, 201
    metáfora da, 64
voz do artista, 26

Wajir, 9-12, 44, 56, 79, 110, 114
    Associação de Mulheres pela Paz, 10
    Comitê de Paz e Desenvolvimento, 12, 115, 221
    Conselho de Anciãos pela Paz, 11
    Juventude pela Paz, 11
    Rede de Educação para a Paz, 12
Walpole, Horace, 136, 143
Walpole, Robert, 136
Weaver, Herm, 190-191, 223
Wheatley, Margaret, 33, 37

Ya Na Yakubu Andani II, 8
Yangon, Birmânia, 26
Yasuda, Kenneth, 73, 75-77
Yatama, 138
Yeats, W.B., 85, 123

OBRAS DA PALAS ATHENA EDITORA
COMPLEMENTARES À TEMÁTICA ABORDADA NESTE LIVRO

Diálogo: comunicação e redes de convivência

Expoente da física e filosofia da ciência do século 20, o autor americano **David Bohm** tem seu interesse focado nas ciências cognitivas e relações humanas. Para ele, diálogo significa mais que o simples pingue-pongue de opiniões, argumentos e pontos de vista que habitualmente ocorrem entre dois ou mais interlocutores. O autor parte de uma premissa de suspensão temporária de todos os pressupostos, teorias e opiniões arraigadas em relação aos assuntos em pauta para observar o que emerge de novo no fluxo da conversação. O propósito de seu método é investigar o pensamento, não só depois de estruturado, mas também como o pensamento se forma, como são seus mecanismos e a sua dinâmica.

Transcender e transformar

Este manual prático nos oferece um método para transcender e transformar conflitos - desde os pessoais e domésticos, até as dissensões internacionais por motivos econômicos e religiosos, passando por confrontos que se originam em questões de etnia, classe e gênero. Revela a interligação entre o conflito, a cultura profunda e os estratos sociais; mostra que uma grande variedade de soluções está disponível para nós - se estivermos dispostos a explorá-las com empatia, criatividade e não-violência. É uma obra valiosa para todos os que lidam diariamente com conflitos. O autor, **Johan Galtung** é um dos fundadores dos estudos modernos sobre a paz; atua como professor de Estudos para a Paz e Teoria dos Conflitos em várias universidades, inclusive na Universidade Européia da Paz. Fundou e preside a Transcend, e atua como mediador internacionalmente.

O Princípio da Não Violência

Este panorama filosófico sintetiza o que pensadores ao longo da história humana disseram e defenderam sobre a não violência, descrevendo com lucidez as críticas contra e os argumentos a favor. Indo de Platão a Simone e Eric Weil, de Confúcio a Maquiavel e aprofundando-se nas ações de Mohandas Gandhi, o autor esclarece conceitos tradicionalmente nebulosos e aponta as razões filosóficas para recusar a ideologia da violência necessária, legítima e honrosa. O princípio de não violência implica a exigência de procurar formas não violentas de agir com eficácia contra a violência. O autor, **Jean-Marie Muller** é filósofo e diretor do Instituto Francês de Pesquisas sobre a Resolução Não Violenta de Conflitos (IRNC), que desde 1987 participa das reuniões da Secretaria Geral de Defesa Nacional do governo francês e atua em missões de paz no Canadá, Colômbia, Costa do Marfim, Costa Rica, Índia, Líbano, Nicarágua, Polônia, República do Tchad e Rússia. É professor convidado na Universidade para a Paz da Costa Rica e no Instituto de Estudos Políticos da Universidade de Lyon.

Trocando as lentes: um novo foco sobre o crime e a justiça – Justiça Restaurativa

A abordagem tem foco nas necessidades emergentes do conflito, bem como nos fatores determinantes do mesmo, e promove a aproximação de todos os envolvidos em torno de um plano de ações que visa a restaurar laços sociais, compensar danos sofridos e gerar compromissos de comportamentos futuros mais harmônicos. O autor, **Howard Zehr,** é reconhecido mundialmente como um dos pioneiros da justiça restaurativa. Atualmente atua como palestrante internacional e professor de Sociologia e Justiça Restaurativa no curso de graduação em Transformação de Conflitos da Eastern Mennonite University em Harrisonburg, Virginia, EUA, e co-diretor do Center for Justice and Peacebuilding na mesma cidade.

Pedagogia da Convivência

A obra é um convite ao diálogo, à reflexão crítica e à participação global sobre um tema fundamental: a necessidade e a possibilidade de educar para a convivência a partir de critérios democráticos. Respeito, direitos humanos, ternura, diálogo, solidariedade e esperança são alguns dos marcos e conteúdos que viabilizam um convívio edificante e promissor, capaz de orientar as energias vitais e cognitivas tanto de alunos quanto de professores, indivíduos, grupos e comunidades. Na perspectiva do autor, as famílias têm de ser o primeiro laboratório de resolução não violenta de conflitos, para o qual é necessário qualificar a capacidade de escuta e percepção de uma situação por diferentes ângulos, considerando sempre o contexto, os protagonistas e os valores que estão envolvidos nela. Fruto de sua experiência pessoal como professor, capacitador de facilitadores, criador e coordenador de programas de convivência, pesquisador, mediador e pai, a obra foi escrita por **Xesus Jares**, um dos pioneiros da Educação Para a Paz na Europa.

Processos Circulares

Metodologia criada para dirimir e transformar conflitos, tomar decisões consensuais, criar acordos com base nas necessidades de todos os envolvidos, promover o reconhecimento e a compreensão mútua e favorecer a emergência de um senso comunitário. Os processos circulares de construção de paz, facilitados por profissionais treinados, permitem a plena expressão das emoções numa atmosfera de respeito genuíno, fruto da escuta qualificada e do empoderamento de todos os participantes. Eles vêm sendo usados no sistema judicial e, nesse contexto, o Círculo envolve todas as partes afetadas a fim de participarem na decisão de como corrigir a situação depois de um crime. O processo identifica os danos e necessidades de todas as partes, determinando como tais necessidades serão atendidas. Nas escolas é aplicado para criar um ambiente positivo em sala de aula e resolver problemas de comportamento. Nos locais de trabalho oferece metodologia eficaz para lidar com conflitos e chegar a consensos, no serviço social, para desenvolver sistemas de apoio mais orgânicos, capazes de efetivamente ajudar pessoas que lutam por encontrar um sentido para suas vidas. A autora, **Kay Pranis**, pesquisa, ensina e implementa a justiça restaurativa internacionalmente, sendo autora de diversos livros sobre o assunto. Atuou como Planejadora de Justiça Restaurativa para o Departamento Correcional de Minnesota de 1994 a 2003.